시키지 마라,
하게 하라

시키지 마라, 하게 하라

📢 들어가는 말

저... 선배님... 저 이번 주까지만 나와요....

어! 왜? 왜 그러는 거야? 너 처음 입사했을 때에는
회사 생활 잘할 거라고, 두고 보라고 하면서 당당했었잖아...

죄송해요... 너무너무 힘들었어요...
제 자신이 누구이고, 제가 뭘 하는 사람인지
너무 혼란스럽고 힘들어요...

회사생활을 본격적으로 시작하기 전에는 누구나가 높고 넓은 꿈을 안고
비즈니스계의 전설을 남기겠노라 하는 투지를 가지고 있는 전사(戰士)와 같습니다.
하지만 회사생활을 시작하면서 이러한 드높은 의지는 서서히 시들어 갑니다.
거의 백이면 백 모두 그렇게 됩니다.
참으로 이상하게도 말입니다.

왜 그럴까요?
왜 모두들 그렇게 힘들어하면서 좌절하다가 결국 회사를 떠나는 걸까요?
저는 고민했고, 떠나는 그들에게 그 원인을 물어보았습니다.

그 안에는 공통된 원인이 있었습니다.
이 원인은 동서고금을 막론하고
회사, 단체라고 불리는 모든 집단에서는 항상 존재하고 있었습니다.
앞으로도 그럴 것이고...

그렇습니다.
사람들이 회사를 떠나는 원인의 중심에는
대부분의 경우 '사람'이 있었습니다.

직장생활을 하는 사람들에게 직장은 제2의 인생을 살아야 하는 터전이 됩니다.
더 심하게 말하면 직장생활을 시작함과 동시에 거의 대부분의 시간을 그 곳에서 보내기 때문에 그 자체가 인생이자 일상이 됩니다.

그렇기 때문에 직장생활을 누구와 함께 하느냐가
인생을 즐겁고 의미 있게 사는지 결정합니다.
힘듦과 고뇌의 시간인지, 아니면 성장과 성과의 시간인지는
함께 하는 사람으로 인해 결정됩니다.

결국 사람입니다.

회사에 불만이 많아도 회사에 남을 수 있도록 해주는 원동력은 결국 사람입니다.
또한 회사가 급여를 많이 주고 개성을 존중해주는 문화 속에서 일한다 하더라도
회사를 떠나가게 만드는 것은
결국 사람입니다.

그렇다면 어떤 사람일까요?

선배입니다!

공식 리더만이 아닌 비공식 리더의 역할도 엄청나게 중요합니다.
즉, 팀장만이 아니고 더 넓게 포괄적으로 선배의 역할이 중요합니다.

최근 많은 조직의 고민이자 화두는 크게 두 가지로 압축됩니다.
하나는 애자일(Agile)이고 나머지 하나는 리더십(Leadership)입니다.
두 가지는 상호보완적 요소입니다.
애자일(Agile)은 불확실한 시대에 빠르고 민첩한 대응을 할 수 있는 조직구성, 업무방식에 집중합니다. 좋은 Process와 Product를 만드는 것에 초점이 맞춰져 있습니다.

나머지 하나는 리더십(Leadership)입니다.
리더십은 좋은 People(문화, 몰입환경 구축을 포함)의 상태를 지향합니다.
몰입하여 성과를 내는 인재를 확보하고 이끌어 가는 사람인 리더의 중요성이
점점 커지고 있습니다.
기술이 발달하는 동시에 사람은 어느 때보다 더 중요해지고 있지요.
그래서 리더십 교육이 그 어느 때보다 많이 진행되고 있습니다.
하지만 리더십 교육의 대부분은 '팀장' 또는 '본부장' 등을 대상으로만
진행하는 경우가 다반사입니다.

공식적인 조직장에게만 리더십 교육을 집중하는 경우가 많습니다.
즉, 크든 작든 조직을 책임지고 있는 사람이 해야 하는 역할과 행동을 학습하는 것에
리더십 교육의 포커스가 맞춰져 있습니다.

이는 팀장의 리더십이 뛰어나면 모든 구성원들이 행복하게 몰입할 것이고,
팀장의 리더십이 좋지 못하면 모든 구성원들이 자신의 처지를 불행하게 여기고
회사를 떠날 것이라는 전제를 가지고 접근하는 것입니다.

하지만, 현실은 많이 다릅니다. (적어도 제가 보기에는 그렇습니다.)
팀장보다 더 직접적인 관계에 있는 사람의 리더십 부족이
구성원의 행복에 가장 큰 원인이 될 수도 있다는 점을 간과해서는 안 됩니다.

직장 내 실무자들, 특히나 주니어급(예를 들면 사원, 대리, 선임)의 구성원에게
직접적인 영향을 가장 많이 미치는 사람들은
팀장의 밑에서 움직이고 있는 중견급 선배사원들입니다.

예를 들어 신입사원에게 가장 직접적인 영향을 미치는 사람은 멘토로 지정된 사람이거나
사원, 대리급 주니어를 이끌면서 성과는 내야 하는 직장 내 고참들입니다.
(팀 내 비공식적으로 존재하는 파트의 리더, 일명 '파트장' 포함)
이 책에서는 이런 사람들을 '선배'라고 통칭합니다.
(팀장도 포함될 수 있으며, 후배와 함께 일을 하되 후배에게 일을 부여하는 행위를 하는
모든 직장인들을 '선배'라는 단어로 불렀습니다.)

임원이나 팀장이 훌륭한 리더십을 발휘한다 하더라도
중간에 있는 이러한 '선배'들이 제대로 된 역할을 하지 못한다면
그 팀의 후배 구성원들은 불행해집니다.
또한 회사가 사람의 중요성과 사람의 육성을 강조하고
중요시하는 문화와 제도를 가지고 있다 하더라도
중간에 있는 '선배'들이 이를 무시하는 행동을 해버리면
회사의 철학과 제도는 모두가 물거품이 됩니다.

가장 직접적인 영향을 미치는 사람들이 어떤 모습을 가지고 있는가에 따라서 밑에 있는
후배들의 희로애락이 결정된다는 것을 알아야 합니다.

그래서 이 책은
일반적인 조직장(組織長)의 리더십만을 가지고 이야기하지 않습니다.

필자로서 저는 이 책을 통해 조직장(組織長)의 리더십도 매우 중요한 요소이지만,
그와 더불어 업무 현장에서 말단 실무자들에게 실제 영향을 미치는
'선배'의 리더십도 매우 중요하다는 것을 강조하고 싶습니다.

평가권한을 가진 공식 리더인 조직장은
팀의 성과와 관련된 모든 상황에서 리더십을 발휘하게 됩니다.
예를 들면 업무 프로세스 정립, 적절한 인력배치, 타 팀과의 협력관계 유지,
팀 내 회의문화, 단합을 위한 소소한 활동 등입니다.

그러나 평가권한은 없지만, 후배들에게 영향력을 미치는 행동의 대부분은
'업무'를 중심으로 발생합니다.
업무를 부여하고 결과물을 평가하고 관리하는 상황 속에서
후배들에 대한 영향을 미치는 상황이 발생합니다.
따지고 보면 업무를 하는 시간이 대부분일 수밖에 없는 직장생활의 메커니즘상
이 영향력의 효과는 엄청납니다.
선배들은 후배들의 업무시간을 고통과 번뇌의 시간으로 만들 수도,
또는 행복과 기쁨의 시간으로 만들 수도 있습니다.

리더가 되어서야 리더십을 학습하는 것은 너무 늦습니다.

이 책에서 다루는 내용은
기존의 리더십을 다루는 책과 크게 두 가지 접근이 다릅니다.

1) 팀장 이상의 공식적 매니저만이 아닌

    과장, 차장급 이상의 '직장 내 고참급'을 대상으로 합니다.
    (물론 매니저, 팀장, 임원도 포함됩니다.)

2) 일반적인 리더십이 아닌

    업무지시와 관련된 상황을 깊게 파고 들어가
    '바람직한 업무지시 행동'을 제시합니다.

따라서 이 책에서는
선배로서 행해야 하는 올바른 업무지시 리더십을 아래의 구분으로 풀어내었습니다.

✔ 후배에게 일을 지시하는 선배의 올바른 태도와 방법, 그리고 그 이유

✔ 후배에게 일을 지시한 후 과정을 관찰하는 선배의 올바른 태도와 방법, 그리고 그 이유

✔ 후배가 해 온 일을 평가하는 선배의 올바른 태도와 방법, 그리고 그 이유

이 책을 읽는 사람이 후배의 입장이라면

직장생활을 하면서부터 자아(自我)를 잃어가고 있는
자신의 슬픈 상황을 그대로 보여주는 사례가 많을 겁니다.
앞으로 리더가 되었을 때에 자신도 모르게
'잘못된 선배'의 모습을 반복하지 말 것을 당부합니다.

일반적으로 후배들은 밉든 곱든 자신과 함께 했던 선배의 모습을
자기도 모르게 답습하는 경우가 많습니다.
정말입니다.
욕하면서 배운다는 말이 괜히 있는 게 아닙니다.

이 책을 읽는 사람이 선배(팀 내 중견 고참)의 입장이라면

자신도 모르게 (또는 의도적이었더라도)
후배들의 마음을 다치게 하고 상처받게 했던 상황을 느낄 수 있을 겁니다.
그러한 행동을 바로잡기를 당부합니다.

이 책을 읽는 사람이 팀장, 임원의 입장이라면

설마 우리 조직은 안 그럴 거라는 생각을 버려주기를 바랍니다.
장담컨대 (정도의 차이는 있지만) 모든 조직 내에서는
이 책에서 다루는 상황이 반복될 겁니다.

"저 퇴사해요…"의 원인을 살펴보면
거의 대부분 근원적 원인은 결국 '선배'였습니다.
이 세상에 '잘못되고 고약한 업무지시'가 없어진다면
힘든 직장생활 속에서 조금이나마 의미를 찾을 수 있을 것이고,
일을 하는 과정에서 행복을 찾을 수 있을 겁니다.

업무를 하는 과정에서 발생하는 잘못된 리더십 때문에 자아(自我)를 잃어가고
사람으로 인해 깊은 상처받는 직장인들이
더 이상 발생하지 않기를 간절히 바라는 마음입니다.
회사를 왔으면 일을 해야지 사람 때문에 힘들면 안 됩니다.
그리고 이 시간에도 말없이 소리 없이 마음으로 흐느끼며
자아(自我)를 잃어가며 야근을 하고 있는 실무자들에게
한 줄기 희망이 되었으면 하는 바람입니다.

일이 힘들어도 사람 때문에 힘들어 하지 않는
우리의 직장 유토피아를 꿈꾸며…

나에게 무한한 신뢰를 주시는 존경하는 양가 부모님,
내 인생의 벗 지은,
나의 미래인 두 아들 지혁, 은혁이에게
이 책을 바칩니다.

목차

Intro 회사 보고 들어와서, 사람 보고 나가더라

1. 후배가 떠나는 이유 ··· 004
   - 어렵게 들어왔는데 왜 떠날까요?
   - 사람을 유지하기도 하고, 내보내기도 하는 것도 결국 '사람'입니다.
   - 후배가 못 견디는 업무상황
2. 선배의 역할은 그냥 완장이 아닙니다. ················· 018
   - 선배와 노란 완장
   - 실무자 근육을 덜 쓰고, 리더십 근육을 강화해야 합니다.
   - 우리는 일을 통해 성장합니다.
3. 후배는 선배의 파트너 ·· 029
   - 재료가 아닙니다.
   - '알바' vs '후배'

Part 1 대충 시키면 대충 일합니다

1. '일하는 것'보다 어려운 '일 시키기' ···················· 040
   - '일이나 하고 있는 느낌' vs '일을 하고 있는 느낌'
   - 우리는 업무지시를 너무 못합니다.
2. 귀하게 일을 줍시다. ·· 054
   - 일을 대충 시키면 대충 해오기 마련입니다.
   - 좋은 업무지시를 위한 선배의 마음가짐
   - 인텔 CEO의 업무위임 철학
3. 좋은 업무지시를 위한 1단계 : 업무의 맥락을 캐치합니다. ··· 067
   - '설사'라는 용어를 알고 있나요?
   - 우선 과제의 맥락을 캐치합니다.
4. 좋은 업무지시를 위한 2단계 : 적격자를 선정합니다. ··· 087
   - 이 업무는 누가 즐겁게 잘할 수 있을까요?
5. 좋은 업무지시를 위한 3단계 : 명확하게 대화합니다. ··· 100
   - 계획한 후, 얼굴 보고, 구체적으로!
   - 업무지시 대화모델 'C.O.A.C.H'
   - 업무지시 대화모델 'C.O.A.C.H'의 다양한 이해
6. Hub가 되어주십시오! ·· 151
7. 업무지시도 상황에 따라 유연하게 ····················· 159
   - 일을 시킬 때도 직급별로 상황별로 다르게
   - 시켜야 할 일들 vs 토론해야 할 일들
   - 다음 장으로 넘어가기 전에

시키지 마라,
하게 하라

Part 2 선배는 후배의 네비게이터

1. 방임하지 말고 위임해야 합니다. ··············· 172
   - '방임'과 '위임'의 차이
   - '결과'와 '성과'의 차이
2. 과정을 관찰하십시오! ······················· 190
   - 선배의 도움은 타이밍이 절반입니다.
   - 일하는 과정을 보아야 합니다!
   - 첫 번째 장애물만큼은 미리 예측하고 도와주십시오.
3. 후배의 업무상황, 이럴 땐 이렇게 ············· 208
4. 성과의 환경을 만들어 주어야 합니다. ·········· 216
5. 업무지시의 번복상황! 지혜롭게 대처해야 합니다. ··· 228
6. 후배의 Burn Out을 막아야 합니다. ············ 239
   - Burn Out은 일의 의미를 잃을 때 발생합니다.
   - 중간 동기부여를 등한시하지 마십시오.

Part 3 마무리, 또 다른 일의 시작

1. 마무리가 가장 중요합니다. ··················· 260
   - 일에 있어서 마디와 매듭이란…
   - 일을 귀하게 거둔다는 것은
2. 선배가 빠지기 쉬운 3가지 두려움 ············· 276
3. 시간을 내어 제대로 피드백하십시오. ··········· 283
   - 긍정적이든, 부정적이든 피드백을 해야 합니다.
   - 후배가 잘한 점은 더욱 잘하도록
   - 유지강화를 위한 피드백(칭찬)에 필요한 10가지 기술
   - 개선이 필요한 점이 있다면, 대책과 함께
   - 악역도 보스처럼 하십시오!
4. 후배 스스로도 평가의견을 내보도록 하십시오. ··· 316
마무리하며 ································ 324

부푼 꿈을 안고 직장에 들어가서도 결국 '사람' 때문에 나갑니다.
심하면 그를 피해 도망갑니다!

과연 어떤 '사람'일까요?
직장 생활에서 가장 많은 영향을 미치고 있는 사람은
바로 자신에게 일로 엮여서 관계를 맺고 있는 선배입니다.

어떤 선배를 만나느냐에 따라서
그 사람의 직장생활의 희비가 교차하게 되고,
더 나아가서는 그 사람의 인생도 바뀔 수 있습니다.

이 편에서는 직장 내에서 '선배'가
얼마나 그리고 어떻게 후배에게 영향을 미치는지를 소개합니다.

간혹 바람직하지 못한 선배의 모습을 책에서 제시하는데
"에이... 설마 나는 아니겠지."
"내가? 난 아니야... 내가 얼마나 후배들에게 잘해주는데..."와 같은 생각은 접어두고
이 책을 읽어주길 바랍니다.

모든 직장인들이 '나쁜 선배'의 습성을 조금씩은 가지고 있습니다.
그리고, 내가 생각하는 나와
후배들이 생각하는 나의 모습은 많이 다릅니다.

Intro

회사 보고 들어와서,
사람 보고 나가더라

01
후배가 떠나는 이유

어렵게 들어왔는데 왜 떠날까요?

기업들은 성과주의, 역량주의를 중시합니다.
따라서 능력 있고 성과를 내는 사람은 어디에서나 인정받고,
다른 곳에서도 계속 이직을 권유하는 러브콜을 받는 시대입니다.
지금보다 좋은 환경, 더 높은 급여, 그리고 원하는 업무를 수행할 기회가 온다면
편한 마음으로 업무터전을 옮기는 경우가 많아졌습니다.

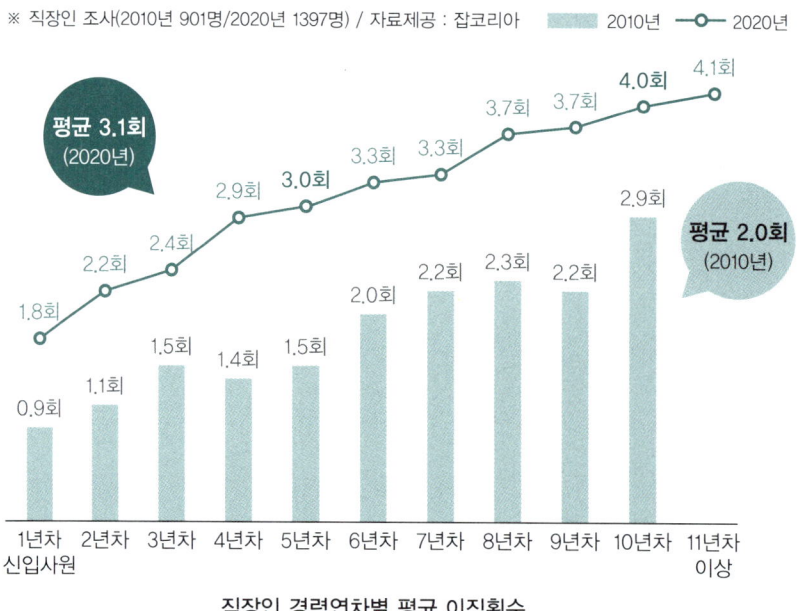

직장인 경력연차별 평균 이직횟수

잡코리아가 실시한 직장인 대상의 이직관련 조사 결과를 잠시 보면,
2020년 기준 직장인들은 평균 3.1회 정도의 이직을 한다고 합니다.
2010년에는 평균 2.0회였음을 대비해 보면 이직률이 50% 정도 높아진 겁니다.
특히나 경력 1년차의 신입사원에 집중하여 볼 때 이직경험자는 77%였고,
이는 2010년 대비 2배가 상승한 수치라고 합니다.
이제 개인에게 이직(移職)이라는 행위가 자연스럽게 받아들여지는 시대입니다.

하지만 회사 입장에서 직원들의 이직률이 높다는 것은
기업의 존폐를 결정할 정도로 상당히 큰 문제가 됩니다.

성과를 내지 못하는 하위인력(일명 부진인력)들이
제 발로 회사를 나가주는 것은 기업의 입장에서는 고마운 일입니다.
허나 절대로 나가서는 안 되는 핵심인력들이
다른 회사로 유출되는 것은 엄청나게 큰 리스크입니다.
특히나 사람이 부가가치를 내는 최고의 자산인 요즘 시대에
이직으로 인해 발생되는 업무 공백이나, 경험/노하우(Know-How)의 유출,
조직 분위기의 저하 등은 상당한 손실로 작용할 수밖에 없습니다.

따라서 회사는 이직률을 낮추기 위해 필사적인 노력을 하고 있으면서도
우수한 인력을 외부에서 영입하려는 노력 또한 하게 됩니다.

어떻게 보면 안으로는 '이직'이라는 행위를 줄이면서도,
밖으로는 계속해서 이직을 부추기는 활동을 같이 하고 있는
이율배반적인 행위, 또는 모순과 같은 행위가 벌어지고 있는 것입니다.

그렇다면 왜 사람들은 이직을 하는 걸까요?
어떤 이유 때문에 이직을 고려하는 걸까요?

높은 연봉을 찾아서?
내 꿈을 더 크게 펼치기 위해서?
이 말도 맞습니다. 하지만 그 이면에 있는 불편한 진실을 우리는 수용해야 합니다.
그 이유를 좀 더 깊이 알아보기 위해 가벼운 퀴즈부터 하나 풀어보시기 바랍니다.
다음의 문장 중 A에 해당하는 것은 무엇이고, B에 해당하는 것은 무엇일까요?

> **A**을(를) 보고 회사에 들어오고,
> 　　　　　　　　　　입사
> **B**을(를) 보고 회사에서 나간다.
> 　　　　　　　　　　　퇴사

위의 문장은
직장인들, 특히 후배들이 무엇을 보고 회사의 입사를 결정하는지,
그리고 무엇을 보고 회사의 퇴사를 결정하는지를 잘 보여줍니다.

먼저 A에는 무엇이 해당할까요?
대부분 회사가 가진 성장잠재력, 회사의 연봉, 회사의 시장 내 인지도(Name Value),
하고 싶은 업무, 해외업무의 기회 등이 이에 해당하는 경우가 많습니다.
A는 B에 비해서 다채롭습니다.
개인의 취향이 많이 반영되는 항목이기 때문입니다.

그러면 다음 B에 들어갈 수 있는 단어는 어떤 것들이 있을까요?
힌트를 드린다면 이제부터 이야기할 내용의 핵심 단어를 포괄합니다.
그리고 A와는 달리 거의 대부분 퇴사를 하는 사람들이
같은 대답을 하는 일관성을 보입니다.

직장인이 말하는 퇴직사유 몇 가지를 먼저 보십시오.

> **직장인이 퇴직하면서 말하는 퇴직사유 레퍼토리(무순위)**
> - 현재 회사의 비전이나 사업성이 없다.
> - 연봉이 적다. 생활 유지가 힘들다.
> - 회사의 문화에 적응할 수 없고, 불합리한 것이 너무 많다.
> - 내가 하고 싶은 일을 하고 싶다. (소모되고 있는 것 같은 느낌이다.)
> - 하지 못했던 공부를 하고 싶다.
> - 주변 사람들과의 인간관계가 어렵다.

위에 제시된 퇴직사유 리스트들을 보면서
'결국 회사가 문제야... 나는 아무 잘못이 없어.'라며
스스로 면죄부를 주려 하지 말기 바랍니다.

B의 답은 바로 '사람'입니다.
많은 후배들이 인사담당자와의 퇴직면담의 자리에서 말하는 퇴직사유를 꼽아 보면
'공부를 더 하고 싶어서(진학)',
'연봉을 더 받고 싶어서(금전)' 등의 이유를 이야기합니다.
하지만 실제로 후배들이 퇴사하면서
친한 동기나 지인들에게만 털어놓는 진실,
진짜 그들이 퇴사하는 이유는 거의 '사람' 때문입니다.

회사생활 속에서
더 이상 참을 수 없는 수치심과 두려움, 실망감을 느끼면서
이직을 결심하는 후배들이 많습니다.

회사의 하드웨어적인 요소(네임 밸류, 시스템, 환경)를 보고 들어왔지만
소프트웨어적인 요소(조직문화, 업무 프로세스, 리더십 등)에 환멸을 느끼면서
후배들은 이직을 고려합니다.

이는 단순한 이직의 문제만이 아닙니다.
좋은 스펙과 능력을 가진 사람은
원하는 하드웨어적인 모습과 동시에
원하는 소프트웨어적인 모습을 갖춘 회사로 쉽게 이직할 수 있습니다.
하지만, 이렇게 되면 회사에 쭉정이들만 남을 수도 있다는 점이 치명적입니다.
회사가 이러한 인간적인 측면에서 개선과 정상화를 시도하지 않는다면
쭉정이만 남는 회사가 될 수도 있습니다.
(이 이야기는 한 조직에서 근속연수가 높은 사람이 쭉정이라고 치부하는 것이 아닙니다.
좋은 인력을 안착시키지 못하는 조직 문화가 초래하는
극단적인 단점을 제시하고 있는 것입니다.)

사람을 유지하기도 하고, 내보내기도 하는 것도 결국 '사람'입니다.

결국 '사람' 때문에 나갑니다.

그렇다면 여기서 말하는 사람이란,
직장 내 동기를 포함한 모든 사람들이 해당할까요?

아닙니다. 특히나 주니어급이 말하는 퇴직사유 속의 '사람'에는
자신들에게 가장 영향을 많이 주었고, 오랜 시간을 함께했던 사람이
해당하는 경우가 많습니다.

조직의 비전과 자신의 비전과 맞지 않았기 때문에 회사를 나갈까요?
말도 안 되는 소립니다. 비전을 제시하지 못하는 사람 때문일 확률이 높습니다.
여기서 비전은 개인 인생의 비전이 아닙니다.
개인의 비전을 회사가 제시해주는 것은 말이 안 됩니다.
개인에게 스스로 인생의 방향을 찾아가는 주체성이 없는 격이니까요.

일을 통한 미래 성장의 모습을 찾지 못하는 것을 퉁쳐서 말하는 것이
회사에서 비전이 없다고 하는 것입니다.

그럼 정확하게 그 사람은 누구일까요?
위에 있는 임원 때문에? 더더욱 말도 안 되는 소립니다.
최소 과장급 이상은 되어야 직속임원과 업무관계를 가지게 됩니다.

주니어급의 구성원들에게 임원은 한 단계, 또는 두 단계 이상을 거치는 인물로,
단지 멀리서 관망하는 인물일 뿐입니다.
(예를 들어 군대에서도, 이등병이나 일등병을 직접 관리하고 훈계하는 사람들은
상병이나 병장이지 소대장, 중대장, 대대장 등이 아닙니다.)

퇴사에 영향을 미치는 사람은 바로 '윗 선배'입니다.

여기에서 말하는 바로 '윗 선배'란 후배에게 일을 지시하며 관리하는 사람을 뜻합니다.
(자신보다 2~3년 먼저 들어왔으나,
자신에게 일을 지시하고 관리하는 업무관계가 형성되어 있지 않은 선배라면
이 영역에 포함되지 않습니다. 나와 일로 엮여있는 선배를 말합니다.)

신입사원에게는 자신의 '멘토, 사수'로 지정된 팀 내의 직속선배일 것이며,
보다 넓게 보면 팀장일 수도 있습니다.

'선배'는 후배의 직장생활에 있어 가장 많은 비중을 차지하고,
후배가 보내는 시간 중 거의 대부분의 시간과 연결되는 사람들입니다.

따라서 선배와의 문제나 갈등은 후배들을 힘들게 하는 결정적 요소입니다.
그와 동시에 이는 쉽게 피해갈 수 없는 해결 불가능한 문제에 가깝다는 점이
후배들의 퇴사에 가장 큰 영향을 미치게 됩니다.

세상을 살아가면서 닥치는 문제나 위기는 크게 3가지로 나눌 수 있습니다.

- 시간과 노력을 통해 돌파하거나 헤쳐나갈 수 있는 문제
- 수용하거나 받아들여 수긍해버리는 문제
- 본인의 의도와 노력으로는 해결이 불가능하여 회피하거나 피하는 것이 차라리 상책인 문제

대부분의 직장인들에게
본인이 하고 있는 과제가 마음에 들지 않는다거나,
조직의 내부 규정이 불합리하다거나 하는 것은
외면하거나 일부 수용할 수 있는, 즉 감당해 낼 수 있는 문제라고 할 수 있습니다.
불만요인을 상쇄할 수 있는 또 다른 동기부여 요인을 찾아내면
그래도 수월하게 해결될 수 있기 때문입니다.

술자리에서 삼겹살을 구워가며 소주 한잔을 기울이면서,
동료들과 함께 하는 넋두리 등을 통해서 마쳐질 수 있습니다.
"야! 임마... 지구에 존재하는 그 어떤 회사도 딱 나한테 맞는 회사는 없어!"
"이 세상 회사들 다 거기서 거기야!"
라는 주변인의 충고로 인해서도 마음고생이 무마될 수 있습니다.

하지만 그 불만의 근원이 사람인 경우,
특히 가장 직접적이면서 관계의 깊이가 깊은 직속상사 또는 직속선배라면
얘기는 달라집니다.

나와 코드가 안 맞고, 정신적으로 너무 힘들게 하는 선배.
그를 일시적인 현상으로 생각하고 극복하는 대상으로 보기보다는
회피, 외면의 대상으로 여기게 됩니다.
특히나 아직 감정의 굳은살이 덜 박힌 주니어들은 말입니다.
결국 퇴사, 이직의 가장 큰 요인으로 작용하는 것은
직속선배나 직속상사인 경우가 많습니다.
다만 그들이 퇴직 면담하는 과정에서 직접적으로 대놓고 원인을 말하지 않을 뿐입니다.

> **이 또한 지나가리라.**
> *This too shall pass.*
>
> 〈솔로몬〉

"이 또한 지나가리라."라고 크게 쓰인 종이가
한 직장인의 책상 위에 붙어 있는 것을 본 적이 있습니다.

성경 속의 다윗 왕이 솔로몬에게 지시하기를
힘들 때 위로가 되며, 즐거울 때 자만에 빠지지 않도록 하는
최고의 한 문장을 찾아내어 자신의 반지에 새기라고 했었습니다.
솔로몬이 오랜 고심 끝에 찾아낸 최고의 문장이 바로 "이 또한 지나가리라."입니다.

어렵고 힘든 과제나 프로젝트를 수행할 때,
야근의 연속으로 체력이 바닥났을 때
이 또한 지나가는 한 과정으로 여기면 극복하려는 전의(戰意)가 생깁니다.

하지만 언제 끝날지도 모르고,
어떻게 대처해야 할지 모르는 존재,
불편하고 불만족스러운 선배나 상사는 말 그대로 '쥐약'입니다.

왜일까요?
어지간해서는 쉽게 지나가지 않는 대상이 선배나 상사이며,
또 다른 대체재가 존재하여 이를 이겨낼 수 있는 그 무엇을 찾기 어렵기 때문입니다.

회사생활의 행복과 불행을 결정하는 가장 큰 요소가 선배(상사)입니다.
직장인들에게 선배가 좋으면
희(喜)와 락(樂)이 생기고, 선배가 싫으면 노(怒)와 애(哀)가 생기게 됩니다.
열정과 에너지를 가지고 꿈에 부풀어 입사해서 좋은 선배를 만나는 경우,
실제로는 아무리 연봉이 적고 하는 일이 마음에 들지 않아도
이를 헤쳐나가려는 의지와 성향이 짙어질 수 있습니다.

하지만 반대로 이상하고 못된 선배를 만나게 되면
처음에는 최대한 맞추려고 노력하다가,
지치고 지쳐서 모든 열정과 에너지를 소진(Burn-Out)하게 된 후
결국 다른 곳으로 눈을 돌리게 됩니다.

결국은 선배(상사)입니다.

수치로 계산해 보겠습니다.
직장인들은 일반적으로 아침에 9시에 출근해서 저녁 6시까지 일합니다.
(사실은 더 합니다. 야근이 없는 회사를 천국에 비유하는 게 직장인들이니까요.)

출퇴근 전후 시간, 점심식사 시간까지 포함해서 계산했을 때,
하루에 10시간 정도를 회사라는 공간에서 체류하는 셈입니다.
한 달이면 주 5일 근무로 계산하는 경우 220시간이 됩니다.
이 상태가 일 년이 되면 평균 근무일이 240일이니 2,640시간이 됩니다.

한 직장에서 10년 근무를 한다고 치면,
결국 회사에서 거의 2만 6천 시간을 보내는 겁니다.

말이 2만 6천 시간이지, 엄청난 시간입니다.
우리가 깨어있는 시간 중 거의 80%를 직장과 관련하여 사용하는 겁니다.
인생의 황금기에 자신이 눈 뜨고 있는 시간의 80%를
밉고, 싫은 사람하고 있어야 하는 것은 말 그대로 생지옥이 아닐까요?
그러니까 탈출이 답이 되어버리는 극단적 상황으로 치닫는 것입니다.

몇 년 전 글로벌 컨설팅회사 보스턴 컨설팅 그룹(BCG)에서
회사 업무의 몰입도와 만족도에 대하여
30여 개의 항목을 근간으로 상관도를 묻는 설문을 진행했습니다.
회사 조직 만족도와 가장 높은 상관관계를 가지는 항목은 바로
'직속상사와의 관계' 항목들이었습니다.

평균 상관관계는 60%였는데,
직장상사와 관련된 대목은 73~78%의 상관관계를 나타냈습니다.

즉, 선배와 사이가 좋은 직원은 회사 자체를 긍정적으로 볼 가능성이 높은 것이고,
선배와 사이가 안 좋은 직원은 회사 자체를 부정적으로 볼 가능성이 높은 겁니다.

후배들에게 회사는 결국 바로 선배(상사)인 것입니다.
후배는 회사에 가는 것이지만, 이는 결국 선배(상사)를 만나러 가는 겁니다.

TIP | 직장인들의 퇴사 충동

국내 헤드헌팅 업체가 조사한 바에 따르면, 응답자의 75%가
직장상사와의 마찰로 퇴사 혹은 이직 충동을 느낀다고 답했습니다.
대부분의 직장인은 상사를 통해 새로운 회사의 문화와 수준을 가늠한다는 사실을 엿볼 수 있습니다.

"직장인의 이직은 회사를 떠나는 것이 아니라 직장상사를 떠나는 것이다."

미국의 유명 컨설팅회사인 페르소나 인터내셔널사의 HR(인력관리) 전문가 존 곤스틴 박사의 얘기입니다.
사람들이 퇴사를 하면서 인사(人事)부서와의 퇴직면담 때 얘기하는 공식적인 퇴직사유에는
더 높은 연봉, 미래에 대한 비전 등의 이유로 회사를 떠난다고 하지만,
사실은 직장상사와의 갈등 때문에 회사를 떠나는 직원이 엄청나게 많다는 것입니다.

최근 연구조사를 보면 직장인이 퇴사 충동을 느끼는 상황에 대한 순위는 아래와 같습니다.
- 1위 '업무 스트레스가 극도로 쌓일 때'(62.1%, 복수응답)
- 2위 '일에 대한 보람, 흥미가 떨어질 때'(53.8%)
- 3위 '불합리한 업무를 지시받을 때'(45.6%)
- 4위 '인간관계에 갈등이 있을 때'(37.4%)
- 5위 '열심히 일해도 수중에 남는 돈이 없을 때'(35.9%)

또한 더욱 재미있는 것은 퇴사 충동을 가장 많이 유발하는 상대 1위는
직속상사로, 전체 응답률 중 41%를 보였습니다.

종합해보면,
업무 스트레스가 쌓이고, 일에 대한 보람이 없고 흥미가 떨어지며
불합리한 업무를 지시받았을 때를 가장 힘든 상황으로 느끼고 있으며
이러한 힘듦의 많은 비중을 직속상사로부터 느끼고 있음을 알 수 있습니다.

후배가 못 견디는 업무상황

각종 면담과 워크숍을 통해서 정돈한
후배가 힘들어하는 업무상황 몇 가지를 보십시오.

통계수치를 바탕으로 한 것은 아니므로 정성적인 의견입니다만,
회사의 업무지시 현실을 아주 정확히 보여줍니다.
"설마 우리 회사는 아닐 거야."라는 생각을 부디 접기를 바랍니다.
감히 장담컨대 우리나라에 있는 대부분의 회사에는
이러한 내용이 고스란히 적용될 것입니다.

1. 단순업무의 반복
저는 아무도 하지 않고 모두가 하기 싫어하는 허드렛일만 계속하고 있어요.
이런 일을 통해서 내가 성장하고 있고 기여하고 있다는 느낌을 도무지 가질 수가 없어요.
그러니까 더더욱 주눅이 드는 것 같아요.
복사, 회의실 예약과 자리 세팅, 문서에 있는 자료 파일로 옮기기 등
이런 일들만 몇 년째…
이렇게 가만히 있으면, 서류정리, 복사만 하는 사람으로 계속 남아있을 것 같은데,
이런 일천한 경험과 능력만으로 나중에 이직이라도 할 수 있는 건가요?

2. 무기한 대기
일단 대기는 군대에서나 하는 건 줄 알았어요.
그런데 입사한 첫날부터 저는 면벽 수행(面壁修行)을 했어요.
심지어 입사하고 나서 제 업무용 PC를 받은 것은 3일이 지나서였으니까요.
그동안은 아무것도 없이 회사 로고가 박힌 다이어리하고 볼펜 하나 달랑 들고
책상에 멍하니 앉아있었어요.
벌써 입사한 지 한 달 정도가 흘렀는데, 제가 하는 일은 거의 없어요.
주변의 선배는 분위기 파악하는 시간이라고 하지만,
아무것도 하지 않고 하루를 보내는 것이 얼마나 고역인지 몰라요.
시간도 안 가고, 나는 이 팀에서 환영받지 못하는 존재인가 하는 자괴감도 들어요.

가장 참기 힘든 말이 뭔지 아세요?
"너는 그냥 가만히 있어."라는 말이에요.
심리학 관련한 유튜브를 보다가 '무망감(無望感, Hopelessness)'이라는 단어를 들었어요.
무망감은 희망이 없다고 느끼는 상태인데, 우울증의 주요한 증상이래요.
특별한 역할이 없이 두리번거리면서 책상에 앉아있는 모습이 딱 저에게는 무망감이에요.

3. 막연한 업무지시

못된 선배는 어떤 선배인지 아세요? 일 시키지도 않고 안 했다고 혼내는 선배예요.
이보다 더 나쁜 선배는
일 시켜놓고 시킨 것만 했다고 혼내는 선배예요.
이보다 더 나쁜 선배는
일 시켜놓고 그걸 뭐하러 했냐고, 왜 그렇게 했냐고 발뺌하는 선배예요.
3일간 야근하면서 겨우겨우 했더니, 결국 안 해도 될 일을 한 거였어요.
말은 못 했지만, 속으로 분을 삭였지요. 애초에 자기가 일을 잘못 지시한 거죠.
엉성하게 말이죠.
결국 그 탓을 모두 저에게 돌려요.
지금 생각해 보면, 과연 그 선배가 그 일을 하는 방법을 알고나 있었는지 의심이 들어요.

4. 나도 몇 년 후에 저 모습인가?

지금은 힘들고 고되어도 견딜 수 있어요.
원래 신입사원 때는 고생 좀 한다는 거 잘 알고 있고, 각오도 어느 정도 했었어요.
하지만 제가 가장 힘들고 참을 수 없는 것은
위의 선배들을 보면 가슴이 답답하고 꽉 막히게 느껴진다는 거예요.
선배님들이 일하는 모습이나 말하는 수준이나 뭐 그런 걸 보면 말이에요.
"내가 이렇게 몇 년 정도 지나면 저 사람처럼 되나 보다!" 하는 생각이 들면
정말이지 아찔해요... 쩝.
게다가 제가 하는 업무와 입사한지 몇 년 된 선배가 하는 업무가 별반 다르지 않아요.
선배인 그분도 그분이지만 미래의 저도 걱정되네요.

02

선배의 역할은
그냥 완장이 아닙니다.

선배와 노란 완장

소설가 윤홍길씨가 쓴 「완장」이라는 책이 있습니다.
이 소설의 줄거리는 시골 건달인 종술(주인공 이름)에게
저수지 주인이 노란색 완장을 하나 채워주고,
저수지 관리인을 시킨 후 벌어진 상황들을 묘사한 것입니다.

어수룩한 편이기는 하지만 나름대로 멀쩡했던 사람이
완장을 차자마자 180도 변합니다.
자신의 본분인 저수지 도둑을 방지하는 역할을 넘어서 권력의 이름으로 행패를 부립니다.
그러다가 결국 자신을 임명한 저수지 주인까지 몰라보고,
그 자리에서 잘리고 파국을 맞는 내용입니다.

이 소설에서 '완장'은
'별 볼일 없는 사람이
자신에게 부여된 알량한 권한을 마구잡이로 행사하면서
다른 사람들을 깔보는 잘못된 권위의식'을 대표합니다.

이러한 완장이라는 단어가 주는 불편한 이미지는
소설 속에서만 나오는 허구의 단어가 아니라

우리가 흔히 직장 내에서 접할 수 있는 불편한 이미지입니다.
소설의 주인공처럼 눈에 보이지 않는 완장을 차고서
완장 하나 믿고 개념 없이 날뛰는 모습이 바로 잘못된 선배의 언행입니다.

먼저 다음 표를 보십시오.

리더십 근육이 없는 선배가 완장을 차면	리더십 근육을 가진 선배가 완장을 차면
후배들을 몰고 간다.	후배들을 이끌고 간다.
'내가'라고 말한다.	'우리가'라고 말한다.
후배들 등 뒤에서 일한다.	후배들과 함께 일한다.
겁을 준다.	방향을 준다.
복종을 요구한다.	신뢰를 우선 얻는다.
후배가 뭘 잘못했는지 알려준다.	왜 문제가 되었는지 알려준다.
부하를 만든다.	지지자, 동료를 만든다.

(위의 표에는 '리더십 근육'이라는 단어가 갑자기 새로운 용어로 등장했습니다.
이에 대한 설명은 바로 다음 단락에서 하겠습니다.)

위에서 제시한 '잘못된 선배의 모습'은
그가 팀장이 되고 임원이 되어서도 쉽게 바뀌지 않는다는
치명적 위험성을 가지고 있습니다.
오히려 더 심해집니다.

'리더십 근육' 없이 '실무 근육'만 가득한 사람이
팀장이나 임원이 되는 상황을 생각해 보십시오.
영향력을 발휘하지 못하면서 실무만 챙기는 좁쌀 영감의 언행,
일명 마이크로 매니징이 반복됩니다.
이렇게 되면 조직도 죽어가고 후배도 같이 죽어납니다.

실무자 근육을 덜 쓰고, 리더십 근육을 강화해야 합니다.

선배가 되면 그 동안 한 번도 쓰지 않았던 새로운 근육을 써야 합니다.
바로 '리더십 근육'입니다.

개인이 혼자만 열심히 잘 하면 되던 실무자 시절에는
(서양에서는 이를 Individual Contributor라고 통칭합니다.)
업무성과와 관련된 비즈니스 근육만을 사용하면 됩니다.
하지만 후배가 들어오면 성과를 만드는 게임의 판도가 달라집니다.

누군가를 코치하고 함께 하며 성과를 내야 하는 선배의 입장이 되었다면
이 시기에 사용해야 하는 비즈니스 근육은 완전히 달라집니다.
이제부터는 영향력을 주는 비즈니스 근육을 사용하기 시작해야 합니다.
그것이 '리더십 근육'입니다.

평소에 운동을 하지 않다가 갑자기 욕심내어 10km 달리기를 했다거나,
안 하던 등산을 하면 다음날 삭신이 쑤시는 것처럼
평소에 안 쓰던 근육을 사용하면 몸에서 신호를 보냅니다.
하지만 계속해서 반복되는 운동으로 그 근육을 사용하게 되면
점차 익숙해지고 단련이 됩니다.
후배에게 리더십 근육을 사용하는 것도 마찬가지입니다.

분명 처음에는 어색하고 시행착오도 있을 겁니다.
하지만 처음의 어색함과 불편함을 이겨내고 노력하여
리더십 근육을 단련하게 되면
새로운 조직생활이 펼쳐질 수 있습니다.
점점 리더가 되어 가는 과정을 경험하게 될 것입니다.
그러면서 우리는 조직의 윗자리로 올라가는 준비를 스스로 하게 됩니다.

실무자 시절을 탈피하여 성숙한 선배가 되려면 비우는 동시에 채워야 합니다.
**과거에 혼자만 열심히 일하면 되는 시절에 활용했던
실무자형 업무 추진방식을 비우기 시작하고
그 빈 자리를 리더의 행동으로 차근차근 채워나가야 합니다.**

업무를 직접 하지 않고 후배에게 일을 가르쳐 가면서 성과를 내는 방식을 받아들이고,
자신의 일상을 그것으로 채워 나갈 때 비로소 좋은 선배가 됩니다.

주니어로서 업무를 할 때 썼던 실무 근육을 선배가 되어서도 그대로 사용하지 말아야 하고
그 동안 쓰지 않았던 새로운 근육,
즉 업무를 지시하는 리더십 근육을 새롭게 쓰기 시작해야 하는 겁니다.
이게 바로 변화인 거지요.

비단 공식적인 팀장이 아니더라도
**후배들을 리딩하면서 업무를 해야 하는 선배 입장이 되면
스스로 큰 변화를 일으켜야 합니다.**
(사실 이러한 변화는 다른 사람이 만들어주지 못합니다. 스스로 해야 합니다.)

흡사 나비가 기어 다니는 애벌레 시절에서
갑자기 날아다니는 나비로 바뀌어 새로운 삶을 사는 것처럼,
선배가 되면 기존과는 상당 부분 다른 역할과 행동을 받아들여야 합니다.

후배들과 함께하면서 일해야 하는 선배라면
당장 눈 앞에 보이는 일의 마무리를 쫓는 동시에,
후배들을 성장시켜야 하는 두 가지 숙제를 짊어지게 됩니다.
선배가 일 속에서 추구해야 하는 것은 바로 '성과'와 '성장'입니다.

하지만 좋은 선배로 변화하기를 거부한 '무늬만 선배'들이 많습니다.
이른바 '실무 근육 맹신'에 빠져있는 선배들은 '성과'와 '성장' 모두를 망치게 됩니다.

'성과는 낼 수 있는 것 아닌가?' 하는 생각이 들 수도 있지만 그렇지 않습니다.
아래의 두 가지의 좋지 않은 상황을 보시면 이해가 됩니다.

1. 선배가 모든 일을 도맡아 처리하고 후배들이 병풍을 서는 경우
    선배 혼자서 독야청청(獨也靑靑)하는 형국입니다.
    이런 경우가 계속되면 결국 선배만 빛이 납니다. 그리고 후배들은 편해집니다.
    개념이 없는 후배라면 '룰루랄라' 하면서 편하다는 마음이겠지만,
    제대로 된 후배라면 마음 한 켠에 큰 아쉬움을 가집니다.
    자신은 결국 아무것도 아닌 존재이며, 아무것도 얻는 것이 없는 겁니다.

    결국 후배들은 선배가 만들어 낸 성과의 뒷편에 쳐진 병풍 역할을 하는 것이고,
    선배만 자랑스럽게 포획한 사냥감 옆에서 멋있게 폼 잡고 있는 상태를 즐깁니다.
    이런 경우 선배가 머리가 되고, 후배들은 단순히 꼬리, 즉 하수인으로 남습니다.
    지금 당장은 업무가 진척되고 성과가 바로 나오겠지만,
    이러한 굴레가 지속되다 보면 조직은 서서히 망가지고 소멸됩니다.
    일을 하는 과정과 후배가 육성되는 과정이 병행되어야
    조직의 지속적인 성장을 도모할 수 있는데 그런 상태가 단절되기 때문입니다.

    또한 이런 경우 선배는 현재 자신이 하고 있는 일보다 더 높은 수준의 업무를
    수행하기가 어려워질 수 있습니다.
    후배는 계속 병풍으로 남아있어 자신의 빈 자리를 받쳐주지 못하기 때문입니다.
    실제로 이런 경우, 선배는 승진하기 어려워집니다.

    결국 후배도 현재에 머물게 되고 선배도 지금 현재 상태에 머물게 됩니다.
    직장생활의 연차는 늘어나지만 아무것도 하지 못하는 '짬밥 먹은 바보'들이
    조직에 넘치기 시작합니다.
    선배와 후배 둘 다 시킨 일만 효율적으로 잘하는 전형적인 일개미가 됩니다.

물론 양쪽 모두에게 비약적인 성장은 찾아보기 어렵습니다.
결국은 작은 성과, 작은 성장입니다.

2. **선배는 업무에서 거의 손을 떼고 후배들에게 일을 시키며
   빨간펜 질(일명 '지적질')만 하는 경우**
   이 경우는 위의 상황과 반대로 선배는 일에 대한 관여를 전혀 하지 않으면서
   후배들만 일하는 상태입니다.
   선배가 되었다는 점을 악용하는 Case가 여기에 해당합니다.
   게으른 말년 병장이 되는 겁니다.

   선배는 후배를 데리고 일을 한다는 상황에 쾌재를 부릅니다.
   그리고 '나는 이제 고생 끝 행복 시작이다.'라는 생각에 사로잡힙니다.
   이제부터 선배로서 올바른 역할을 해야 하며,
   직장생활에서 아주 중요한 변화타이밍이 도래했다는 것을 모릅니다.
   그리고 자신은 시키는 존재고 후배는 시키는 것을 하는 존재로 생각합니다.

   **후배들은 '따까리, 머슴, 내 밑에 있는 애'로 전락함과 동시에
   똑똑했던 수재들이 멍청하고 게으른 선배 밑에서
   일개미처럼 단순 노동만을 하게 됩니다.**

   더 큰 문제는 선배가 하는 '빨간펜 질' 또한 아주 수준이 낮고 즉흥적이어서
   후배들에게는 아무런 도움이 되지 않는다는 것입니다.
   불쌍한 후배들에게는 또 다른 상전(上典)을 얻게 된 것 말고는 달라지는 것이 없습니다.

   이러한 경우에도 선배의 성장이 멈추는 것은 당연합니다.
   일에서 손을 놓기 때문에 실무적인 감각이 떨어집니다.
   후배들은 그냥 '따까리' 역할을 하면서 시간을 보냅니다.
   또 다시 작은 성과, 작은 성장입니다.

우리는 일을 통해 성장합니다.

이 책의 시작에서 나왔었던 비슷한 유형의 퀴즈를 다시 한번 제시해 보겠습니다.
아래의 문장 중 A와 B에 해당하는 단어는 무엇일까요?

> 후배육성을 ㉮하면 _____A_____ 된다.
>
> 후배육성을 ㉯하면 _____B_____ 된다.

A. 후배육성을 잘하면 어떤 일, 어떤 상황, 어떤 상태가 될까요?
  - 후배육성을 잘하면 후배들이 성장합니다.
  - 후배육성을 잘하면 결국 나중에 선배가 편해집니다.
  - 후배육성을 잘하면 비로소 진정한 선배(Manager, Leader)가 됩니다.
  - 후배육성을 잘하면 선배가 또 다른 일을 할 수 있게 됩니다.
  - 후배육성을 잘하면 결국 선배가 성장합니다.

B. 후배육성을 잘 못하면 어떤 일, 어떤 상황, 어떤 상태가 될까요?
  - 후배육성을 잘 못하면 후배들이 퇴사합니다.
  - 후배육성을 잘 못하면 결국 선배들이 불편해집니다.
  - 후배육성을 잘 못하면 또 선배는 다시 육성활동을 무기한 해야 합니다.
    (결국 후배가 잘 될 때까지 다시 해야 합니다.)

이렇듯 제대로 된 업무지시는 선배와 후배의 성장을 돕게 됩니다.

후배육성 활동을 정의한다면,
제대로 된 업무를 통해 그를 성장시키는 행위라고 볼 수 있습니다.

전 세계적으로 유명한 교육훈련기관, 리더십 컨설팅 기관 대부분이 제시하는 구성원 육성의 Golden Rule이 있습니다.
바로 70 : 20 : 10 Rule입니다.

사람이 성장하는 경로

70 : 20 : 10 Rule은
일을 주는 것, 즉 업무지시를 하는 선배의 모습이 후배의 성장에 직결된다는 점과 그 업무지시와 수행과정이 아주 중요하다는 점을 다시 한번 각인시켜주고 있습니다.

좀 더 설명을 드려 보겠습니다.
70 : 20 : 10은 조직 내 구성원이 성장을 하게 되는 경로의 비중입니다.
먼저 조직 구성원의 성장을 하게 되는 경우 중 가장 많은 비중을 차지하는 것은
'자신이 하는 일을 통한 성장'입니다.
조직 구성원의 성장요인의 70퍼센트에 해당합니다.

그리고 성장요인의 20퍼센트는
'주변인에게 받는 직간접적인 코칭'입니다.

나머지 10퍼센트의 성장요인은 '공식적인 교육과정의 참여'로 인해 발생합니다.

이런 말까지 있습니다.
"500만원짜리 외부 위탁교육을 보내주는 것보다
선배의 업무 노하우를 전수해 주는 10분의 시간이 훨씬 값지다."

이를 보면 후배의 성장을 넓혀주고 가속화시켜 주는 것은
선배가 후배에게 부여한 업무의 질적, 양적 수준과
업무의 수행방식과 결과물에 대한 선배의 코칭과 직결됩니다.
(조직 내에서 주니어인 후배들은 자신이 스스로 일을 찾아서 하기 어려운 것이 사실입니다.
자신의 선배, 리더가 부여하는 일들을 우선 수행하는 경우가 많습니다.)

따라서 후배가 '일을 어떻게 받아들이는가'
그리고 '일을 어떻게 수행하는가'에 대한
긍정적인 상황, 긍정적인 경험을 만드는 것이
좋은 선배가 집중하는 후배의 성장촉진 포인트입니다.

이런 선배들이 나중에 고맙다는 소리를 듣습니다.
우리는 사람 좋은 선배가 아닌 '고마운 선배'가 되어야 합니다.

간혹 후배를 성장시키는 것을 두려워하는 선배들이 있습니다.
후배들에게 모든 것을 알려주면
자신의 자리가 위협받지 않을까 하는 두려움을 가지고 있는 겁니다.
그래서 후배에게 가치 있는 일을 시키는 것까지 꺼리고, 심지어는 견제하게 됩니다.

딱 잘라 말한다면,
이러한 사실(후배가 내 자리를 차지하게 될 것이라는 점)을
아예 처음부터 숙명으로 받아들이는 것이 현명합니다.
즉, 선배는 언제나 자신이 하는 업무영역에서 독보적일 것이고
후배는 자신보다 높은 업무 전문성을 가질 수 없으며,
그래서도 안 된다는 고정관념을 산산이 깨야 합니다.

다음 표를 보십시오.

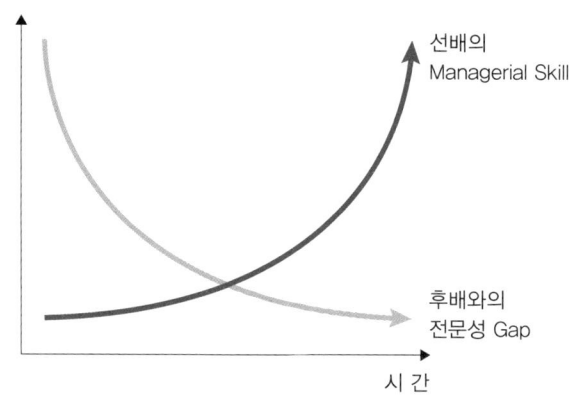

사람들은 보통 조직 내에서 성장이 일어날 때 이러한 경험을 하게 될 수밖에 없습니다.

하나의 직무에서 그 전문성이 최고조를 맞이하는 기간은
업무에 대한 경력이 약 8~12년 정도가 되었을 때입니다.
이때가 되면 보통은 최고조의 전문성을 발휘하면서 일을 하게 됩니다.

하지만 그 이후부터는
자신과 함께 하는 후배들에게 어떠한 영향력을 미치는가가
더 중요해지는 시점이 오게 됩니다.

드디어 진정한 리더로 변화해야 하는 데드라인이 온 겁니다.
이 때 변화하지 못하면 선배는 반드시 도태됩니다.

결국 우리는 후배들에게 전문성의 최고봉을 물려주고 나서야
그들을 진정으로 관리하고 이끄는 리더가 됩니다.
더 넓게 보면 임원이 되는 것이지요.

따라서 '선배'의 입장이 된다면,
후배를 육성하는 행동이 자신에게 해가 될 것이고
칼이 되어 나에게 돌아오지 않을까 하는 근시안적인 생각을 접어야 합니다.

후배가 선배의 전문성을 뛰어넘는 지점이 반드시 발생합니다.
이는 조직생활의 당연한 순리입니다.
이를 의연하고 담담히 받아들이고, 새로운 역할로 탈바꿈하는 것을 시작하여야 합니다.
시야를 멀리 보면 선배가 뛰어넘어야 하는 또 다른 큰 산이 저 앞에 있습니다.
그 산을 넘어가면서 우리는 리더가 되어 가는 것입니다.

TIP | 스타플레이어 = 훌륭한 감독?

흔히, 업무성과가 높은 사람은
다른 사람들을 지도해 줄 자격이 충분하다고 생각하는 경향이 있습니다.

그러나 업무를 잘하는 것과 타인을 지도하거나 코치해주는 능력은
별개의 문제임을 명심해야 합니다.
이는 현역 시절 스타플레이어였던 선수들 모두가
훌륭한 스포츠 감독이 되지 못하는 경우를 보면 쉽게 알 수 있습니다.

자신이 일을 잘하는 것과
다른 사람이 일을 잘하도록 하는 것은 차원이 다른 영역입니다.

"나는 일을 잘하니까 나랑 같이 일하게 되는 후배는 복 받은 거야!"
라고 생각하는 자만심은 아예 버리십시오.
그런 사람과 함께 일하는 후배들이 더 죽어나는 것을 흔히 봐왔습니다.

03

후배는 선배의 파트너

재료가 아닙니다.

경영학 용어로 '인적자원'이라는 말은
영어로는 'Human Resources'로 표기됩니다.
그리고 '조직 구성원의 선발, 육성, 평가, 보상'을 실행하는
인사(人事)업무는 영어로 'Human Resources Management'라고 합니다.
(최근에는 사람에게 자원이라는 용어가 붙여지는 것은 너무 과격하다고 해서
어떤 회사는 인사업무의 활동을 'Human Relation'이라고 재정의하는 경우도 있습니다.)

Resources라는 것은 '자원'의 개념으로서,
무언가를 추진하거나 달성할 때 기반이 되고 기초가 되는 근원으로 설명할 수 있습니다.

'자원'은 활용의 대상이기도 하지만,
'유지, 확보'의 대상으로도 보기 때문에
인적자원이라는 단어가 가진 뉘앙스에는
사람의 가치를 인정하고 소중하게 여기는 느낌이 같이 존재합니다.

하지만
인적자원에서 '자원'을 가장 하급의 개념으로 해석해 버리면
사람은 '자원'이 아닌, '재료'가 됩니다.
뉘앙스가 완전히 달라집니다.
'재료'라는 말이 가진 느낌을 생각해 보면
'투입해서 사용하는 그 무엇', '소진되면 다시 구매해서 사용하는 그 무엇' 정도입니다.

사람에게 '재료'라는 의미가 옆에 붙으면 비인간적인 느낌이 생성되고,
노예와 같은 이미지가 같이 동반됩니다.

경영학적인 접근에서 사람은 하나의 자원으로 간주 할 수는 있겠지만,
절대로 재료의 개념으로 치부되어서는 안 됩니다.

사람은 단순하게 일반적인 물질이 아닌,
정신적인 주체성을 가진 객체이자 개체이기 때문입니다.
후배를 바라보는 관점에 '재료'라는 개념이 반영되어서는 절대로 안 됩니다.

결국은 이러한 잘못된 관점이 리더십을 완전히 망칩니다.
나쁜 선배의 이미지는 '후배는 재료'라는 생각에서 만들어집니다.

많은 조직들은 '사람', 더 나아가서는 '인재'를 중시하면서
회사의 조직문화와 제도를 편성하고 있습니다.
아무리 회사가 사람의 중요성을 높게 부르짖고 경영의 이념으로 설정한다 하더라도,
현장의 '나쁜 선배'에게는 그저 뻔한 이야기로만 들리게 됩니다.

나쁜 선배는 후배를 바라볼 때
자신이 헤쳐나가야 하는 길의 동반자이자 반려자의 개념이 아니라
속칭 '내 밑에 있는 애들' 또는

'자신이 이용하거나 사용할 수 있는 근로자이자 노동자,
또는 인부(人夫)'로 생각하는 성향이 짙습니다.
물론 겉으로는 "후배들이 육성되고, 역량이 강화되는 것이
나에게는 최고의 기쁨이자 최고의 즐거움"이라는 가식적인 말을 하기도 합니다.

하지만 이들의 행동과 의사결정, 표현은 이러한 가식적인 말과 완전히 다릅니다.

나쁜 선배는
후배가 어떻게 생각하는지, 어떤 감정일지는 아랑곳하지 않고
업무 중심으로만 생각하거나,
자신의 조직 내 입지와 승진만 강조하면서 업무를 지시합니다.

나쁜 선배의 눈에는 '주변과 아래'가 아닌 '위'만 보입니다.
나쁜 선배의 머리에는 '관계와 감정'이 배제된 '일', '계획 대비 추진현황'만 생각납니다.
나쁜 선배에게는 현재 후배들이 느끼는 감정과 동기부여 상태가 중요하지 않습니다.
업무의 진척과 관리가 더 중요하기 때문에 상식적으로 이해하기 힘든 언행을 하게 됩니다.

예를 들어, 후배가 이러한 말을 했다고 한다면…

> "어젯밤에 아이가 너무 아파서 응급실에서 밤을 새웠습니다.
> 방금 두 살짜리 아들이 입원수속을 마쳤고 계속 상태는 지켜봐야 한다고 합니다.
> 오늘은 오전에 출근하기가 어려울 것 같습니다."

> "지금 방금 전화가 왔는데, 아내의 할아버지께서 돌아가셨다고 합니다."

나쁜 선배의 머릿속에 가장 먼저 떠오르는 생각은…

'오전에 계획된 상무님 보고는 어쩌라는 말이야? 보고일정 늦춘다고 하면 싫어할 텐데…
아 참 난감하네… 그냥 잠깐이라도 나오면 되는 거 아니야?'

'지금 하고 있던 프로젝트 마무리라서 엄청 바쁜데, 미치겠네!
왜 하필이면 이런 때에 그러는 거야?
어차피 직계가족도 아니니까 지금 하고 있는 업무 마무리는 다 해놓고 가라고 해야겠다!'

나쁜 선배는 이러한 생각을 우회적으로라도 바깥으로 표현하고야 맙니다.
그리고 후배가 해야 하는 일과 결부시켜 그 상황을 업무 중심으로 진행되도록
밀어붙여 버립니다.

직장생활에 휴머니즘이 사라진 장면입니다.
낭만이라고는 눈곱만큼도 찾을 수 없는 모습입니다.
일할 맛 뚝 떨어지는 이러한 상황에서 누가 업무에 몰입할 수 있을까요?
우리 모두는 직장인이기 전에 누군가의 가족이고, 감정을 가진 사람입니다.

이런 경우 과연 후배는 어떻게 느낄까요?
아무리 성과창출이 중요한 회사생활이라 하더라도 서로 간에 배려하고 이해하고
일정 부분은 포용해 줄 수 있는 것이 있을 터인데 말입니다.

선배이고 조직의 성과책임자라면
당연히 일 처리가 더뎌지는 것을 묵과하는 것은 잘못입니다.
하지만 그 이전에 후배가 어떤 심리상태일지를 고민하지 않는 선배의 행동은
분명 더 큰 잘못입니다.
결국은 사람을 잃게 될 것이기 때문입니다.
일만 좇는 나쁜 선배는 후배의 진실된 마음과 따름을 절대로 얻지 못합니다.

'알바' vs '후배'

기업에서도 정규직 사원을 채용하지 않고
부서의 낮은 난이도의 업무를 시키기 위해 '알바(아르바이트)'를 고용하는 경우가 많습니다.
이러한 알바는 서류정리, 우편물 전달, 오타 수정 및 편집, 서류복사, 창고정리 등
난이도를 요구하지 않으면서도 많은 사전 경험을 요하지 않는 일들을 수행합니다.

이들 사이에는 일정기간의 계약기간 동안의 고용관계만 형성되며,
처음에 계획했던 분량의 일이 종료되는 동시에 근로관계가 종료됩니다.

이러한 '알바'는 조직 차원에서는 순수하게 '활용의 대상'입니다.
업무를 지시할 때에도 단순한 업무만을 지시하기도 하거니와,
충분한 업무에 대한 배경과 일의 목적 등을 설명하지 않아도 무관합니다.
'알바' 또한 그 이상의 무엇을 요구하지도 않습니다.
'알바'는 육성의 대상이 아닌 것이 확실합니다.

하지만, '알바'가 아니고 '후배'라면 애기는 완전히 달라집니다.
후배에게 일을 맡길 때에는 '알바'를 대할 때처럼 아무거나 막 시켜서도 안 되고,
일에 대한 충분한 설명을 부연하지 않으면서 일을 시켜서도 안 됩니다.

후배들은 닥치는 대로 일을 던지고 해내라는 닦달을 받는 존재가 아닙니다.
후배를 선배와 함께 일을 해 나가는 파트너이자,
결국에는 선배의 높은 성과를 함께 만들어 주는
조력자 역할을 하는 사람으로 여겨야 합니다.

**후배는 결국 현재 선배인 자신이 하고 있는 일들을
가까운 미래에 대신 해내야 하는 존재들입니다.**

나중에 선배가 임원, 본부장이 되었을 때에
자신을 탄탄하게 받쳐 주는 든든하고 믿을 수 있는 팀장이 되어줄 사람들입니다.
그렇게 보면 후배라는 존재의 무게감 자체가 달라집니다.
기필코 키워내야 하는 대상인 겁니다.
그러므로 후배를 '일을 통해서 자존감(自尊感)을 느끼는 존재'로 보는 사람만이
진정 훌륭하고 존경받는 선배이자 리더가 될 자격이 있습니다.

하지만 오해하지는 마십시오.
이는 주니어급의 후배들에게
부서의 허드렛일을 시키지 말라는 이야기가 절대로 아닙니다.

신입사원이 부서에 배치되면,
부서의 막내로서 의례적으로 해야 하는 여러 가지 일들이 있습니다.
조그맣지만 팀의 성과에는 다 소중한 일들입니다.
오류가 있어서도 안 되고, 그 일이 등한시되어서도 안 됩니다.

작은 일들이라도
그냥 '툭' 던지고 아무런 설명 없이 시키지 말고,
그 일의 의미를 공감할 수 있도록 설명해 주어야 한다는 말입니다.

그러면 아무리 부서의 허드렛일이라 하더라도
이를 일방적으로 싫어하고 거부하는 후배들은 그리 많지 않을 것입니다.

예를 들어 보겠습니다.
"제가 기껏 복사하고 제본 뜨려고
지금까지 미친 듯이 공부하고 입사시험 준비했나 싶어요."라고
불평하는 후배들이 많이 있습니다.

복사하는 것을 요청받을 때 선배를 통해
"이 자료에는 어떤 내용이 담겨 있고,
어떤 사람이 무엇을 위해서 이 자료를 검토하는지"만 알게 되어도 후배는 덜 불평합니다.
오히려 호기심을 가지고
자기 것도 한 부 더 복사해 두고 나중에 밑줄을 치며 공부합니다.

대형 식당의 주방보조로 입사한 신입직원에게
"너는 그냥 조용히 설거지나 해."라고 하는 말은 너무 거칠고 공격적으로 들립니다.
설거지 업무를 지정해 주는 선배에게
"식당 주방에서 설거지를 담당하는 역할이 있어야
다른 사람이 재료를 다듬거나 조리하는 데에 더 몰입할 수 있다."라는 말을 들은 후배는
어떤 그릇을 먼저 설거지할지 전략을 짜고 더 잘하기 위해 고민을 시작합니다.

**그냥 알바나 일용직 근로자에게 일을 시키듯,
아무런 설명과 배려 없이 일을 던지듯이 주는 것이
팀의 화근(禍根)이 된다는 것을 선배는 인지해야 합니다.**

다음 표를 보십시오.

성 과	성 장
• 행 동 • 실 행 • 실 적	• 태 도 • 의 욕 • 몰 입
결과지향, 일회성, 후배활용	미래지향, 반복성, 후배육성

선배가 발휘해야 하는 리더십의 지향점은 크게 2가지입니다.
바로 '성과'와 '성장'입니다. (이는 책의 앞쪽에서도 가볍게 언급했습니다.)

성과지향형 리더십은 현재 또는 단기적인 미래에 초점이 맞춰져 있습니다.
후배로 하여금 조직이 원하는 행동을 발현하도록 하고,
그 결과 좋은 실적이 만들어질 수 있도록 하는 선배의 언행이 이에 해당합니다.

이윤추구가 최고 목적인 기업에서는
성과지향의 모습이 매우 중요한 리더의 역할인 것은 분명합니다.

반면, 성장지향형 리더십은 장기적인 미래에 초점이 맞춰져 있습니다.
후배의 태도와 의욕, 몰입을
좀 더 긍정적이고 반복적으로 만드는 선배의 노력이 이에 해당합니다.

'성과'와 '성장'
이 두 가지 리더십의 지향점은 서로 다른 결과 방향을 가지고 있지만,
선배는 끊임없이 균형을 맞추려고 노력해야 합니다.
선배의 선호도에 따라 양자택일의 개념으로 접근해서는 안 됩니다.
어렵지만 둘 다 잘해야 합니다.

좋은 선배, 좋은 리더는 결과지향적이면서도 미래지향적이야 하며
일회성의 성과만이 아닌 반복되는 장기적 성과를 만들 줄 알아야 하고,
후배의 능력을 잘 활용하되, 지속적으로 성장시킬 줄도 알아야 합니다.

그 중심에 '업무지시'가 있습니다.
업무를 중심으로 선배와 후배, 리더와 팀원이 어떤 관계로 어떻게 연결되느냐가
매우 중요합니다.
업무지시의 장면, 일을 중심으로 서로 교류하는 상호작용이
가장 현실적이고 일상적이면서도, 파급효과가 큰 리더십 포인트임을 잊지 말아야 합니다.
"언젠가 리더십을 발휘할 때가 오면 내가 좋은 선배라는 것을 보여주겠어!"
라고 다짐하지 마십시오. 리더십을 발휘하기 좋은 때란 없습니다.

리더십은 일상이고, 직장인들에게 업무와 관련된 상호작용이 제일 큰 일상입니다.
업무지시부터 전략적으로 잘 수행해야 최고의 선배가 됩니다.
리더십의 8할은 업무지시라고 해도 과언이 아닙니다.
선배의 리더십이 가장 빛이 날 수 있는 업무지시의 상황에 허투루 임하지 마십시오.

선배들이 후배들보다 연봉이 높고 경우에 따라서는 직책수당까지 별도로 제공받는 이유는
선배들이 일을 잘하기 때문만은 아닙니다.

그 이유는 최고경영진이 직접 다 할 수 없으니
선배들의 예하에 있는 후배들만이라도 감정을 읽어주고 시간을 내어 다독이며
더 큰 사람으로 키워달라고 하는 회사의 공식적인 부탁 때문입니다.

선배는 먼저 산정(山頂)에 올라서서 두 다리를 뻗고서
아래를 향해 두 손을 흔드는 사람이 아닙니다.

그는 산정을 향해서 먼저 출발한 사람이며,
그 과정에서 누구보다도 많은 시행착오를 겪은 사람이며,
그 실수의 경험을 헛되이 하지 않는 사람이며,
그 경험에서 온고지신의 지혜를 닦아내고,
그 지혜를 후배에게 건강하게 전달해 주는 사람입니다.

일로 엮인 인연, 우리는 직장인들입니다.
직장 선배와 후배는 결국 '일'로 엮이게 되어 있습니다.
'일'에 대한 관계가 흐트러지면 직장 속 관계는 뿌리부터 흐트러집니다.

선배는 후배에게 '일'을 부여하는 역할을 가진 사람들입니다.
하지만 너무나 큰 착각에 빠진 선배들은 이런 생각을 하게 됩니다.

"밑에 애들이야 뭐 내가 시키는 대로 하면 되는 거지..."
"선배라는 자리는 그냥 가위바위보 해서 딴 건줄 알아?"
"이제부터는 편하게 자리에 앉아서 후배들 시키면 되겠구나..."
"드디어 일을 시키는 입장이 되었어... 이제부터 고생 끝 행복 시작인거야."

이번 Part에서는
후배를 통해서 성과를 만들어야 하는 선배들이
업무를 지시할 때 가져야 하는 바람직한 마음가짐과 방법, 대화를 소개합니다.
귀하게 일을 주는 것이 어떤 것이어야 하는지
그리고 왜 그렇게 해야 하는지 이유를 소개합니다.

일은 귀하게 주어야 합니다.
그래야 후배들이 일을 귀하게 받습니다.
일을 천하게 주면, 천하게 해서 가져옵니다.

PART 1

대충 시키면 대충 일합니다

01

'일하는 것'보다 어려운 '일 시키기'

'일이나 하고 있는 느낌' vs '일을 하고 있는 느낌'

선배가 업무를 위임할 때에는
일하고 있는 후배의 마음속에 어떤 생각이 생길 수 있는지 미리 고민해봐야 합니다.

일이나 하고 있는…
vs
일을 하고 있는…

위에 나오는 표현은 둘 다 비슷한 뉘앙스를 가지고 있지만,
그 이면에서 느껴지는 동기부여의 수준은 엄청난 차이가 있습니다.

먼저 '일이나 하고 있는 느낌'을 보십시오.
이러한 경우 일을 부여받은 후배는 자신이 하고 있는 일을
'허접한 것', '선배들의 일손을 덜어주는 허드렛일'으로 생각합니다.
이 일이 왜 중요한 것인지 이 일을 하면 어떤 성과에 기여하는 것인지를 전혀 모르고,
단지 '시간 앵벌이'를 하듯이 일하는 경우에 이렇게 생각하게 됩니다.

따라서, 후배들은 마음 속에서 자신의 자아(自我)를 인식할 때
'출근해서 시간 때우고, 선배가 하기 싫은 잡스러운 일을 하는 존재'로
여기게 될 확률이 높습니다.
이러한 마음 상태에서 그 누가 흥이 나서 일을 하고 자신의 일처럼 일을 할까요?

후배가 신나서 일하지 않는 부작용 이외에
나쁜 업무지시로 인해 발생한 아프고 서글픈 마음은 질병까지도 연결됩니다.

스웨덴 스톡홀름 대학교의 연구에 의하면
업무지시와 관련한 선배의 무능함이 있는 경우,
후배에게 협심증이나 심근경색같은 심장질환이 발병되는 확률이 높아진다고 합니다.

선배가 다음과 같이 업무지시 행동에서 실패할 때 후배는 병들어가는 겁니다.

- 후배가 업무를 하는 데 있어서 필요한 정보를 제공하지 않음
- 효과적으로 변화를 수행하고 추진하지 못함
- 업무의 목표와 세부목표를 설명하지 않아
  후배 본인들이 하는 업무의 의미를 파악하지 못함
- 후배의 충분한 권한을 보장하지 않음

이 연구결과를 보면 업무지시를 잘해야겠다는 각오와 다짐이 생기는 것이 정상입니다.

이와는 반대로 '일을 하고 있는 느낌'은
훨씬 긍정적이고 프로다운 모습입니다.
후배들이 자신의 역할과 업무에 대해 좀 더 적극적으로 스스로 주도하며,
심지어는 진취적으로 임하는 모습을 보입니다.

자신이 맡은 이 일이 왜 중요한지,
자신이 이 일을 함에 있어 어떤 성과에 기여하는지 이해한 경우에만
후배들은 이러한 느낌을 가지게 됩니다.

이 경우 후배들은 맡은 업무가 부서 내에서 중대한 일이 아닐지라도
자신의 시간, 에너지 투입에 있어 조금이나마 의미를 찾을 수 있게 되고,
'무언가 더 나은 방법이 없을까?'를 끊임없이 고민하면서 일을 합니다.

인류의 발전을 촉진했던 최고의 질문은
'어떻게 하면 좀 더 사냥을 잘할까?'라고 합니다.
지금보다 더 잘하기 위한 동기를 가진 사람이라면
결국은 해결책을 찾아내고 더 효율적으로 일하려고 노력합니다.
손과 발이 아닌 머리를 쓰는 거지요.

'일을 하고 있는 느낌'을 가진 후배는 자가발전
自家發展(스스로 더 나아지는 것을 모색하는 것),
自家發電(스스로 자신에게 필요한 에너지를 만들어 내는 것)을
하면서 일을 수행하기 시작합니다.
선배가 만들어 줄 수 있는 최고의 상태입니다.

이를 통해서 후배는 자신이 개발되는 것을 느끼고,
하찮은 일일지라도 이를 경험으로 간직할 수 있게 됩니다.

MZ 세대의 직장인에게
회사생활에 대한 만족감을 정하는 최고의 기준은 바로
'내가 성장할 수 있는가?'입니다.

(이는 비단 90년대생만이 아니라 모든 연령의 직장인들에게 해당될 것이라 확신합니다.)
나는 성장하고 있는가? 앞으로도 성장할 수 있는가?에 대한
답을 얻는 장면은 "내가 어떤 일을, 왜 하고 있는가?"에 대한 질문을 던질 때입니다.

직장인은 자신이 하는 일을 통해서 자존감을 느끼게 됩니다.
결국 선배가 부여한 일을 후배가 어떻게 받아들이는지가
그 인생의 자존감에 많은 영향을 미칩니다.

당신의 신입사원 시절을 떠올려 보십시오.
'일이나 하고 있었던 시절'이 많았나요?
아니면 '일을 하고 있었던 시절'이 많았나요?
나는 더 힘들게 일했고 더 하대받았지만 참으면서 일했다고 말하지 마십시오.

당신이 그렇게 살아왔다고 해서,
후배들도 계속 그렇게 살아야 한다는 고정관념을 제발 버려야 합니다.
진정한 리더십은
'자신이 겪었던 부조리함, 불합리함의 대물림'을
내 선에서 끊어주겠다는 사명감에서 출발합니다.

우리는 업무지시를 너무 못합니다.

직장에서 우리가 하는 일은 모두 상하좌우로 연결되어 있습니다.
임원에서 팀장으로, 관리자에서 실무자로,
선배에서 후배로 일이 연결되고 넘어가는 과정에서 일어나는 실수가 잦습니다.

런던 비즈니스 스쿨의 줄리언 버킨쇼 교수의 이야기를 먼저 보십시오.

> "인간은 작은 부족 단위에서 수렵하고 채집하며 사는 데 적합하게 진화했어요.
> 그 결과 인간은 위험을 기피하게 됐죠. 위협을 느끼면 화를 냅니다.
> 인간은 상황을 통제하고 싶어해요. 그래서 권한을 남에게 맡기지 못합니다.
> 이는 수천 년 전에 형성된 자연적 본능입니다.
> 권한위임(Delegation)의 행동은 인간의 본능에 어긋난다는 점에서
> 자연스러울 수 없는 행동(Unnatural Act)입니다."

이처럼 사람의 본능 자체가 업무지시를 잘하지 못하게 되어 있다고 합니다.

그러므로 선배가 된다고 해서
누구나 처음부터 업무지시를 잘하지는 못합니다.

당연합니다. 태어나면서부터 좋은 리더십을 가지고 있는 사람은 없기 때문입니다.
점차 나아지면 되고,
어제보다는 조금 더 좋아진 업무지시를 할 줄 아는 사람으로 바뀌면 됩니다.
하지만 계속해서 업무지시를 제대로 해내지 못하는 것은
본인의 노력과 태도의 문제입니다.

바뀌지 않고 노력하지 않는 선배에게 변명의 여지가 없습니다.
좋은 업무지시는 선배의 노력과 성찰이 필요한 리더십 영역입니다.

하지만 그렇지 않은 경우가 많지요.
바쁘다는 핑계로, 급하다는 변명으로
막 시키는 후진 업무지시가 여기저기에서 창궐합니다.

조직 내 일상에서 빈도가 매우 높지만
효과성이 현저히 떨어지는 리더십 행동이 바로 업무지시입니다.
이러한 나쁜 상황이 자꾸 벌어지는 이유는
좋은 업무지시 행위가 무엇인지 모르는 것에 기인합니다.

사람은 행위의 기준이 없으면 그동안 봐왔던 내 선배의 행동을 그대로 따라합니다.
좋은 건지 나쁜 건지 모른 채 타인의 행동을 답습하는 것이 인간의 본능입니다.
이것을 심리학 전문용어로는 '거울효과(Mirroring)'라고도 합니다.

이렇게 되면 악습이 대물림되고 문화화 되어서
나쁜 업무지시의 문화가 방치되고 더욱 강화됩니다.

좋은 업무지시를 시도하고자 하는 선배에게는 다음과 같은 두 가지 생각이 들 것입니다.

"그래 알겠어... 그러면 어떻게 하란 말인가?"

"그래 알겠어... 그러면 어떤 행동을 하면 안 되는가?"

결국 좋은 선배가 되기 위해서는 바람직한 업무지시 행동이 무엇인지,
바람직하지 못한 업무지시 행동이 무엇인지를 알고 있어야 합니다.

이제 책의 남은 부분에서는
바람직한 업무지시를 위해 선배가 무엇을 어떻게 해야 하는지에 대한
이야기를 많이 선보일 예정입니다.
그래서 이번 챕터에서는
바람직하지 못한 업무지시의 상황에 대한 이야기를 다루려고 합니다.
잘못된 것을 알면 앞으로 그 행동을 덜 합니다.

업무지시에서 피해야 할 선배의 행동,
즉 '**업무지시의 Don't List**'를 소개해 보겠습니다.
이제부터 제시되는 총 18가지의 나쁜 업무지시 상황을 읽어 보시면
기존에 본인이 겪었던 직장생활 속 나쁜 기억까지 떠올릴 수 있을 겁니다.

1. 본인 영달 추구를 위한 과제 일색
    - "이걸 해내야 내가 다음 승진심사에서 빛이 날 거야."
    - 조직의 성과, 고객 만족과는 거리가 먼 본인의 영달을 위한 업무 만들어내기
    - 최고 경영진에게 알현하기 위해 과제 추진하기

2. 늘 바쁜 리더, 놀고 있는 팀원
    - "앓느니 죽지, 차라리 그냥 내가 할게."
    - 집에 못 가고 끙끙 머리 싸매고 일하는 리더, 눈치 보며 놀고 있는 구성원들

3. 건 바이 건 업무지시(무전략 단건업무)
    - 거시적인 전략, 전술은 모르고 표면적인 일만 함
    - 조직성과에 연관이 없어 보이는 쓰레기 업무의 향연
    - '똥에 광내기' 업무 일색(문서 줄 맞추기, 거래처 확인전화 돌리기)

4. '지시/번복/수정'의 무한궤도
- 즉흥적인 지시 + 결과물 함량 미달 + 지시번복 + 노가다의 연쇄반응
- "이 방식 말고, 다른 방식이 맞아. 다시 해! 내일까지 가능하지?"
- "내가 그렇게 시켰었어? 내가 언제?"
- "그럴 리가! 그렇다면 그때 나를 말렸어야지!"

5. 모든 일을 후배에게
- "너의 업무는 너의 것, 나의 업무도 너의 것"
- "네 일도 네가 하고, 내 일도 네가 하고"
- 개인적인 일까지 업무지시(사역)
- 본인이 한다고 선언했던 일까지 업무지시
  (초반 : 이건 내가 할게, 후반 : 이것도 네가 해라.)

6. 스타 플레이어 1명, 나머지는 쭈구리 만들기
- 광나는 일만 도맡아 하는 1명과 바닥 깔아주는 나머지 구성원들(병풍 세우기)
- (스타플레이어인 후배의 마음 속) '이놈의 회사는 일을 잘하면 보상을 줘야지. 일을 더 주고 있어.'

7. 하던 놈 계속 시키기(일명 말뚝세우기)
- '새로운 사람에게 시키면 뭔가 불안하고 신경쓰여... 기존에 하던 사람이 해야 내가 편하지.'
- 동일한 업무만 몇 년째 무한 반복
- "작년에 했던 일은 당연히 올해도 기본으로 깔고~
  (달팽이처럼 일이 시간이 갈수록 늘어남)"

8. 상대 간보기, 충성도 테스트
- (팀 회의 중에) 허공에 업무 던져서 지원자 받기 "이거 해보고 싶은 사람!"
- "○○ 아이디어가 좋은 것 같던데, 김대리는 어떻게 생각해?"
  (후배의 마음 속) '하라는 건지... 말라는 건지...'

9. 습관적, 고질적 카톡/메신저 지시
- 습관적인 카톡 업무 대화(주말, 야간 포함)
- 스피드 경영, 소통 경영이라는 명목하에 팀 단체 카톡방에서 업무지시
- 모두 출근해서 자리에 있는 상황인데도 팀 카톡방으로 대화 시작
  (소리 없는 무의미한 소통)

10. 설사하기
- 경영진 or 상위 리더의 지시사항 그대로 읊기
- 시키는 사람도 모르는 채 넘어가는 업무(설사하기)
- "나도 몰라. 상무님이 하래."

11. 주절주절(뭔소리야 ㅠㅠ)
- 뒤죽박죽, 두서없는 업무지시 대화
- "그래서 말이야 어쩌구 저쩌구, 아 맞다… 그걸 깜빡했네… 어디까지 말했지?"
- "ㅇㅇ를 해야 하는데…"
  "그런데 이걸 하는 방법은…, 그런데 이걸 왜 하냐면…, 그런데 이 자료 봤어?, 내 말 무슨 말인지 알지?"

12. SSKK! 시키면 시키는 대로
- "이 일을 왜 하는 거죠? 왜 저예요?" "시키면 토달지 말고 그냥 좀 해!"
- "나도 몰라, 우리 같은 노비가 뭘 알고 하겠어!"
- "시키는 일이나 잘해. 저번처럼 욕심내지 말고"

13. 아이디어 내면 그 사람 시키기
- "ㅇㅇ건은 김대리가 말한 거니까… 직접 책임지고 한번 해봐!"
- "'결자해지'라고, 말한 사람이 하겠다는 거 아니었어?"
- (후배의 마음 속) '회의 중에 개선 아이디어 내면 결국 나만 손해 ㅠㅠ'

14. 항상 촉박 + 엄청 채근
- "내일까지 상무님께 보고해야 해서... 미안한데 지금 당장..."
- "지금 바로 보내봐. 얼마나 됐어? 지금까지 한 거 가져와 봐."
- "오늘 밤 늦게라도 좋으니 메일로 보내."

15. 누가 누가 더 잘하나! 경진대회 시작
- "○○ 업무는 김대리, 박대리가 따로따로 해봐. 둘 중에 잘 된 것을 골라서 상무님한테 보고할 테니..."
- 팀 내부 자체 경진대회 시작

16. 시키고 방치 + 뒷북 작렬
- 시킬 때는 급한 듯이, 일하는 과정은 방치, 무관심
- "이거 봐... 잘못됐잖아. 내 그럴 줄 알았어."
- "이건 이렇게 했었어야지~ 저건 저렇게 했었어야지~"
- 사후 약방문형 코멘트 "나 같으면 이렇게 했을 텐데 말이야..."
- "아이구야~ 지금까지 고작 이거 한 거야?"

17. 내 마음을 맞춰봐!
- "글쎄... A는 아니야! 다시 검토해 봐."
- "글쎄... B도 아니야!"
- "그냥 C로 해."
- (후배의 마음 속) '이미 결정된 사항이 있었으면 미리 말을 해주지ㅠㅠ 의중과 방향이 있으면 미리 좀 말해주세요.'

18. 직급, 능력과 상관없는 업무배정
- (후배의 마음 속) '차장이 할 일이 있고, 대리가 할 일이 있을 텐데...'
- (후배의 마음 속) '이 짬밥에 이런 허드렛일을 하는 게 창피하다!'
- (후배의 마음 속) '신입사원이 본부 KPI를 수립하는 게 말이 되나요?'

지금까지 제시된 18가지 나쁜 업무지시 상황을 보면
아마 다른 세상 이야기 같지 않을 겁니다.
늘 겪어 왔던 우리의 일상인 분들이 상당히 많습니다.

이러한 나쁜 업무지시의 상황은 왜 발생할까요?
몇십 년째 반복되고 있는 나쁜 업무지시의 악순환을 끊기 위해서는
원인부터 알아야 합니다.

나쁜 업무지시의 병폐 속에 있는 원인을 살펴보면
보통 아래의 7가지 항목이 문제였습니다.

1. **리더 마인드 부재**
    후배 육성의 마음이 없으며,
    후배와 자신은 '성과파트너'라는 생각을 하지 않고
    사용하는 존재라고 여기는 선배
    또는 내가 더 잘할 수 있다고 우쭐대는 실무자 마인드가 가득한 선배

2. **(사전) 과제맥락 이해/검토 부재**
    해당 업무의 배경이나 전체적인 그림을 이해하지 못한 선배
    그냥 무턱대고 만나서 생각나는 대로 이야기하는 선배

3. **적정인물 지목의 문제**
    누가 이 업무를 해야 최선일까 고민하지 않고,
    쉽고 만만하거나, 자주 접하는 후배만 시키는 선배

4. **대면성 부족**
    직접 소통하지 않거나 우회의 방법으로 업무를 지시하거나
    상호교감이 충분히 진행되지 않은 업무지시 대화를 하는 선배

5. 사전 계획성 부족

업무의 큰 그림 없이 즉흥적으로, 생각나는 대로
부스러기 같은 업무를 마구잡이로 던지는 선배

6. 업무지시 내용의 구체성 부족

내가 알면 후배도 당연히 알고 있을 것이라는 기대를 하면서
뭉뚱그려서 지시하는 선배

7. 업무의 의미(Meaning) 전달 부족

이 업무가 왜 조직성과에 중요한지
실무자인 후배에게는 어떤 의미를 가지는지 알려 주지 않고,
그냥 '내가 하라면 너는 해야 한다.'는 식으로 밀어붙이는 선배

지금까지 소개한 7가지 선배의 문제행동이 바뀌지 않는다면
나쁜 업무지시의 상황들은 계속 발생하고 지속적으로 반복됩니다.

그리고 이 문제행동들은 서로 나쁜 영향을 강화시키면서
우리 일상의 업무지시 장면을 점차 흑화(Devilization)시킵니다.

선배의 문제행동이 실제 업무지시 상황에
어떻게 영향을 미치는지 다음 장의 표로 정리했습니다.
서로 어떤 인과관계가 있는지를 이해하실 수 있을 것입니다.

구 분	리더 마인드 부재	과제맥락 검토부재	적정인물 지목문제	대면성 부족	계획성 부족	구체성 부족	의미 전달 부족
본인 영달 추구를 위한 과제일색	✓						✓
늘 바쁜 리더, 놀고 있는 팀원	✓		✓		✓		
건 바이 건 업무지시 (무전략 단건업무)		✓			✓		
지시/번복/수정의 무한궤도		✓			✓	✓	
자기 일 떠넘기기	✓						✓
스타 플레이어 1명과 쭈구리들	✓		✓				
하던 놈 계속 시키기			✓		✓		
이거 하고 싶은 사람 손!	✓		✓		✓		
습관적, 고질적 카톡 지시				✓		✓	
설사하기 (경영진 지시사항 그대로 읊기)		✓				✓	
주절주절 (뭔소리야)		✓				✓	✓
SSKK! 시키면 시키는 대로	✓		✓				✓
아이디어 낸 사람 시키기			✓		✓		✓
항상 촉박 + 엄청 채근		✓			✓		
누가 누가 더 잘하나! 경진대회 시작	✓		✓		✓		
시키고 방치 + 뒷북 작렬	✓				✓		
내 마음을 맞춰봐!	✓					✓	
직급과 상관없는 업무 배정			✓		✓		✓

앞서 언급했던 바와 같이
나쁜 행동이 무엇이고, 왜 나쁜 것인지를 아는 것부터가 리더십 개선의 시작입니다.

이번 챕터에서 소개한 나쁜 업무지시 행동과 상황을 보며
뜨끔한 것이 있다면 이제부터 멈추면 됩니다.
그러면서 우리는 점점 좋은 선배가 되어가는 것입니다.

이제 남은 책의 내용에는
어떻게 해야 좋은 업무지시인 것이고 무엇을 해야 좋은 업무지시를 만들어 갈 수 있는지
'What'과 'How'를 중심으로 소개할 예정입니다.

02
귀하게 일을 줍시다.

일을 대충 시키면 대충 해오기 마련입니다.

일을 잘 시키는 것이 매우 중요한 리더십 스킬인 이유는…

일을 제대로 시키지 않은 경우에
아주 나쁜 악순환이 일어나기 때문입니다.
'대충'의 악순환입니다.

그 악순환의 순서를 보면 아래와 같습니다.
'무성의함'의 결과는
일을 대충 시킨 선배에게 고스란히 돌아오게 된다는 점을 기억하십시오.

> 대충의 향연
> 1. 일을 고민하지 않고 대충 시킵니다.
> 2. 일을 받게 된 후배는 일을 대충 이해합니다.
> 3. 후배는 일을 대충 합니다. (일명 삽질 or 뻘짓을 해 옵니다.)
> 4. 대충 진행되고 있는 일의 과정이 불완전합니다.
> 5. 대충 시작된 일에 결국은 마감기한(Deadline)이 다가오고 촉박해집니다.
> 6. 시간이 급하니 일단 대충 마무리합니다.
> 7. 후배에게 다시 시키자니 시간이 없고 믿을 수가 없어서 선배가 대충 완결지어 버립니다.
> 8. 일은 결국 처음에 기대했던 Quality를 포기한 상태에서 대충 종료됩니다.

이 악순환은 비즈니스가 일어나는 거의 모든 곳에서 흔히 볼 수 있는
'저성과의 악순환'이라고도 할 수 있습니다.
이러한 모든 악순환의 출발점은 어디에서 올까를 생각해 보면,
결국 초두에 대충, 즉 무성의하게 지시된 일에 기인합니다.

대충 이해한 후배 또는 대충의 완결성만을 보인 후배를 꾸짖기 전에
그 일을 대충 그리고 무성의하게 지시한 선배를
우선 질타해야 하는 것이 맞습니다.
왜냐하면 일을 천하게 주면,
천하게 받을 수밖에 없기 때문입니다.

선배가 일을 부여함에 있어서
충분히 고민하고, 일의 앞뒤 정황과 배경, 원하는 기대수준,
이 일의 의미, 예상되는 결과물의 형태 등을 알려주는 모습을 보였다면
이러한 악순환이 일어났을까요?

이 시대를 살아가는 후배들의 대부분은
다음과 같은 고충을 털어놓으며 푸념을 하곤 합니다.

> "출근을 해도 하루하루 삽질하고 있는 연속인 것 같아요."
> "의미 없는 일들로 매일 매일이 채워지는 느낌을 지울 수가 없어요."

이런 후배들의 고충은
앞에서 언급한 바와 같이 '**무성의한 업무지시**'에서 그 싹이 시작됩니다.

이처럼 학창시절에는 난다 긴다 했던 수재(秀才)들이
회사에 들어와서 바보가 되어가는 느낌을 갖는 이유는
'하고 있는 일의 진정한 의미'를 모르는 경우가 많아서입니다.

선배는 일을 대충 시키지 않고
충분히 고민하고 적절하게 시킨다는 것이 왜 필요한 것이며,
구체적으로 어떤 행동이 요구되는가를 생각해 봐야 합니다.

**단적으로 딱! 말씀드립니다.
업무지시의 장면에는 선배의 '성의'가 있어야 합니다.**

조직에서 수행되는 일의 속성상
업무지시는 위에서 아래로 내려오는 Top-Down 방식의 흐름이 일반적입니다.
이 흐름의 중간 과정에서 어떻게 커뮤니케이션을 하느냐에 따라
업무의 효율과 스피드가 결정됩니다.

요즘 한참 유행하는 단어 중에 '애자일(Agile)'이라는 단어가 있습니다.
민첩하고 빠른 변화의 대응, 업무성과를 만들어가는 데 있어
최대한 효율을 추구하는 것을 말합니다.
**애자일은 별 게 아닙니다.
후배들에게 삽질만 안 하게 해줘도 애자일입니다.**

초기 업무지시를 신중하고 명확하게 함으로써
잘못된 의사소통을 줄이고 불필요한 에너지의 낭비를 줄이도록 하는 것은
명백히 선배의 몫이라는 것을 간과해서는 안 됩니다.

이때 하게 되는 업무에 대한 사전 고민과 친절한 대화와 설명, 자기 시간 할애의 모습이
바로 선배의 '성의' 있는 업무지시입니다.

무성의한 업무지시는
기업 생산성 향상에 엄청난 독(毒)이 되고,
후배들의 사기 저하의 일등공신이라는 것을 잊지 말아야 합니다.

성의 있는 업무지시가 필요한 이유를 하나 더 들어보겠습니다.

**사람은, 특히나 우리 직장인들은
자신이 하고 있는 일을 통해서 자존감을 느낍니다.**
(이는 앞에서도 몇 번 이야기했던 사항이고, 앞으로도 지속 강조할 내용입니다.)

직장 속에서 우리는 일을 하기 위해서 만난 사람들이고 일로 엮인 관계입니다.
그렇기 때문에, 직장인들은 자신이나 다른 사람들을 평가할 때,
그들 또는 자신이 하고 있는 현재의 일을 가지고서
평가의 잣대를 드리우는 경우도 많습니다.

"우와, 저렇게 높은 수준과 파급효과가 있는 일을 하는 선배!"

후배들이 선배를 보고 멘토로 삼고 싶다고 하는 것은
그 사람의 품성 이외에도
그 사람이 하고 있는 현재의 일의 수준과 난이도,
그 사람이 만들어내고 있는 성과를 보면서 하는 말인 경우가 많습니다.

이러한 상태에서
자신이 하고 있는 일 또는 부여받은 일에 대해 아무런 가치를 느끼지 못하거나
아무런 개선과 발전이 없는 일을 하고 있다고 느끼면
후배들은 슬픔과 고뇌에 빠지게 됩니다.

처음에 멋모르고 "무조건 열심히 하겠습니다."라는
'무개념(無槪念)의 긍정성'에 빠져있을 때에는
그냥 조직 구성원이 되었다는 것에 기뻐하면서 일을 합니다.

하지만 시간이 지난 후 '무개념(無槪念)의 긍정성'이 가진 약발이 떨어지게 되면
우선 자기가 현재 하고 있는 일을 봅니다. 그리고 일과 자아를 동일한 가치로 생각합니다.

"나는 뭘 하는 사람인가?"라는 질문에 대해 긍정적인 답변을 스스로 만들지 못하면
후배는 슬퍼집니다.

후배로 하여금
자기가 하고 있는 그 일을 귀하게 여기도록 해주어야 합니다.

그래야 그가 신이 나서 일하고 더 좋은 성과로 보답합니다.
그래야 후배가 성장하여 내 역할을 대신해 줄 수 있으며,
그래야 선배는 새로운 일, 더 큰일을 하면서 조직의 윗자리로 올라가는 겁니다.

이 문장을 꼭 기억하십시오.
일은 귀하게 주어야 귀하게 받는다.

> **인간에게 있어 가장 심오한 원칙은
> 다른 사람으로부터 인정받고자 하는 갈망이다.**
>
> 〈윌리엄 제임스〉
>
> **자신이 중요하다는 느낌에 대한 욕구는
> 인간과 동물을 구별하는 가장 큰 차이이다.**
>
> 〈데일 카네기〉

좋은 업무지시를 위한 선배의 마음가짐

좋은 업무지시를 위해서 선배에게는 어떤 마음가짐이 필요할까요?

1. **업무를 지시하기 전에 미리 준비해야 합니다.**
    선배부터 본인이 지시하려고 하는 업무의 완성 이미지가 분명해야 합니다.

    자기 스스로도 어떻게 해야 할지 모르는 상태에서
    후배를 자리에 앉혀 놓고 업무에 대해 말하게 되면
    결국 그 어떤 지시도 일어나지 않은 것과 마찬가지입니다.

    급한 마음에 "잠깐 이리 와봐."라고 부르지 마십시오.
    선배 먼저 생각을 정돈하고 난 후 후배에게 전달해야 합니다.
    선배가 천재가 아닌 이상, 순간의 애드리브로
    완성도 있는 업무 그림을 만들어내지 못합니다.
    그리고 업무지시의 멘트도 뒤죽박죽 섞여서 조리있는 전달이 어렵게 됩니다.

    선배가 먼저 30분만 시간을 쓰면서 생각을 정돈하십시오.
    그러면 후배의 업무수행 시간을 며칠은 아껴줄 수 있습니다.

2. **업무 추진과 관련된 세부계획들을 같이 수립해 주십시오.**
    지시할 업무의 목표 등이 명확하지 않은 경우나, 업무가 다소 복잡한 경우라면
    후배와 같이 세부계획을 잡으십시오.
    이른 바 '같은 그림'을 그리는 작업을 같이 해보는 겁니다.

    후배와 함께 가벼운 회의나 간단한 워크숍 등을 하면서
    큰 업무진행 방향이나 문제점을 뽑아보고 밑그림을 같이 그려주십시오.

    완벽하지 않더라도 좋습니다.
    회의실 화이트 보드나 A4용지에 그림을 조금씩 섞어가면서 끄적여 주십시오.

대화 속의 말은 날아가지만 글자는 남습니다.

후배는 더욱 뚜렷하게 그림을 볼 수 있습니다.

이러한 기록을 남기는 업무지시 대화를 통해서
후배들은 업무의 큰 방향을 이해할 수 있으며,
어떤 일을 우선 해야 하는지 그 순서와 연결관계를 알기가 쉽습니다.

3. 선배의 시간을 일정 부분 후배에게 할애해야 합니다.
위에서 제시한 두 가지의 행동을 수행하기 위해서
선배에게 반드시 필요한 것이 있습니다.
바로 '자기 시간의 할애'입니다.

훌륭한 선배의 조건이자 후배를 코칭하는 데에 있어서
필요로 하는 조건이 여러 가지가 있겠습니다만,
가장 기본이 되는 조건이자 마음 자세는
'내 시간을 후배에게 일정 부분 할애하겠다.'는 생각입니다.

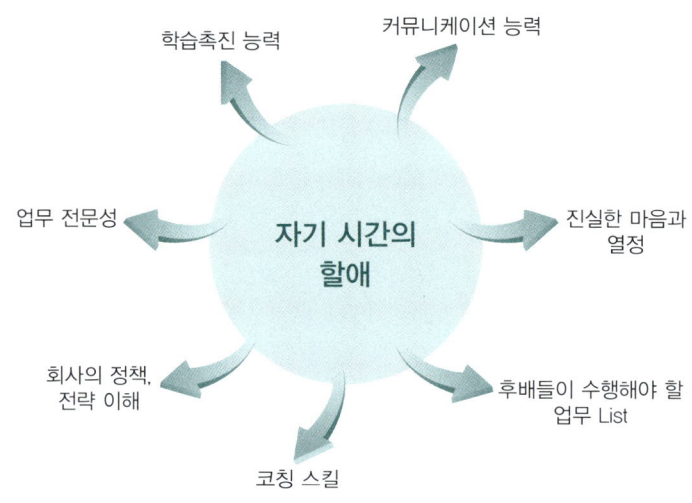

좋은 업무지시에 있어 가장 필요한 마음가짐

생각해 보십시오.
선배가 아무리 뛰어난 업무 전문성을 가지고 있고,
커뮤니케이션 능력도 좋고, 코칭 스킬 등을 가지고 있다 하더라도,
자기 개인의 시간을 일정부분 후배에게 사용하겠다는
마음이 없으면 모든 것은 물거품이 됩니다.

후배를 육성하고 코칭한다는 행위의 출발은
본인의 일정 부분은 포기하고
후배를 위해서 에너지를 쓰겠다는 마음가짐이 있어야 합니다.

내 시간을 내지 않고서 무엇이 잘 되기를 바라는 것은 욕심입니다.
내 시간을 전혀 할애하지 않으면서 후배에게 업무를 지시하고,
그 업무 결과에 대해 옳고 그름을 평가해주며
이후에 나은 방향으로 업무를 수행할 수 있도록 지도해 준다는 것은 어불성설입니다.

투자라고 생각하십시오.
후배들의 업무지시와 지도를 위해 할애한 시간은
결국 선배의 또 다른 부가가치를 위한 시간의 여유로 보상받을 수 있습니다.
잘 성장한 후배들은 결국 선배를 지원하는 엄청난 아군이 됩니다.

4. **선배가 해줘야 할 것과 후배가 직접 할 것을 분리하십시오.**
   모든 것을 온전히 지시할 수는 없습니다.
   일을 시키기 전에 내가 할 것과 후배가 할 것을 먼저 분리하십시오.
   어떤 업무도 선배가 도와주거나 지원해 주면
   후배가 더 수월하게 잘 할 수 있는 것이 있습니다.
   일을 시킬 때 통째로 넘겨서는 안 됩니다.

   일을 시키는 선배 입장에서는
   보통은 그 일에 대한 기존 경험이나 주변 상황을 더 잘 알고 있을 터입니다.

불필요한 시행착오가 발생하지 않도록,
예전에 누군가 이미 했던 일을 다시 반복하지 않도록,
필요한 자원이나 자료가 없어서 쓸데없이 고민하지 않도록
선배가 해줄 수 있는 것은 신속하게 도와줘야 합니다.

그렇게 하기 위해서는
일을 시키기 전에 내가 할 것과 후배가 할 것을 먼저 분리하십시오.

이런 생각을 하십시오.
내가 뭘 도와주면 후배가 더 일을 재밌게 할까?
내가 뭘 구해다 주면 후배가 더 손쉽게 실행할 수 있을까?
그러면 일을 모두 맡기는 것이 아니고,
내가 해 줄 것들이 보입니다.
일은 선배와 후배가 함께 하는 겁니다.

그리고 하나 더!
먼저 후배에게 일을 시키고 나서
나중에 선배 본연의 일을 하십시오.

본인이 바쁘다고 업무지시의 타이밍을 늦추는 선배들이 많습니다.
그렇게 되면 후배만 시간의 독촉에 쫓깁니다.
그 어떤 것보다 시키는 것을 우선 시행하십시오.
그게 바로 도와주는 겁니다.
그래야 실무자인 후배에게 심적·물리적 여유가 생깁니다.

TIP | 일 안하고 이래라 저래라 빨간펜 상사 싫어요

(동아일보 기사 중)
"정말 사표라도 내고 싶었어요.
자기는 빈둥빈둥 놀면서 저한테 모든 일을 다 시키는 거예요.
게다가 제가 보고서를 만들어 놓으니까 생색은 자기가 내더군요."

한 대기업에 다니는 김모(29·여) 대리는
얼마 전에 끝난 프로젝트 생각만 하면 아직도 분통이 터진다.
업무책임자인 과장은 모든 일을 부하 직원들에게 시켜 놓고
자신은 빈둥거리기만 했다. 업무 시간에 그가 한 일의 70%는 인터넷 서핑이었다.

"과장이 퇴근 무렵 빨간색 펜을 들고 나타날 때는 정말 화가 났어요.
혼자 놀다 나타나서 업무 결과를 빨간색으로 수정만 해주고, '내일 보자'며 유유히 퇴근하는 거죠.
그럼 부하 직원들은 할 수 없이 야근을 했어요. 남은 사람들 기분이 어땠겠어요?"

불성실한 상사에 대한 불만은 한 기업의 지식포털의 설문조사에서 잘 나타난다.
젊은 직장인 100명을 대상으로 실시한 설문에서
'업무를 떠맡기고 자신은 노는 상사'(28%)가 직장인을 힘들게 하는 상사 1위에 꼽혔다.

이런 상사의 대부분은 자신은 '관리와 지시'만 하면 된다는 생각을 가지고 있다.
한 대기업 부장은 "업무에 대한 관리감독이 회사 간부의 업무가 아니냐?"고 되묻기도 했다.
그러나 이것은 엄청난 착각이라는 것이 전문가들의 지적이다.
(중략)
'지시만 하는 상사'들을 방치할 경우 조직에게 닥치는 부작용은 만만찮다.
특히 이런 상사들일수록 부하 직원들의 일할 의욕을 빼앗아간다는 점이 문제다.

부하 직원들이 '나만 고생한다'는 피해의식을 갖게 되면
대충 일하고 보자는 분위기가 생기고, 장기적으로 조직의 성과가 떨어지며 이직도 많아진다.

인텔 CEO의 업무위임 철학

세계적인 회사 인텔(Intel)의 CEO였던 앤드류 그로브(Andrew Grove)가 쓴 책
「High Output Management」에는 그의 업무위임 철학이 담겨있습니다.

업무지시와 관련하여 아주 중요하고 핵심적인 내용과
좋은 업무지시의 모습이 무엇인지 다양한 실행동사로 정리해 줍니다.

이 책에서 강조하는 좋은 업무지시 내용들과도 결이 같아서
일부를 발췌하고 각색해 보았습니다.
내용 자체가 자명하여 굳이 별다른 부연설명 없이도 충분히 이해가 될 것입니다.

다음의 10개 항목을 보면서,
나는 정말 이렇게 업무지시를 하고 있는가를 생각해 보는 것도 권장합니다.

1. 위임을 해도 일의 책임은 선배의 것임

2. 위임 후 방치하지 않고 모니터링, 체크할 것
    모니터링은 간섭이 아님. 기대에 부응하여 진행되는지 확인하는 것임

3. 자신이 잘 아는 분야를 위임할 것
    − 자신에게 익숙한 활동은 모니터링하기 쉬움
    − 모르는 분야의 업무라면 상호 논의하면서 맥을 잡음

4. 모니터링은 업무 초기단계부터 수행할 것

5. 업무체크 빈도는 후배의 상황에 따라 다르게 할 것
    경험이 많은 후배는 체크 횟수를 줄일 것

6. 가끔 무작위로 세부사항을 검토할 것
   잘 진척되는지 효과적 질문을 통해 확인할 것

7. 업무 성숙도에 따라 다른 관리를 할 것
   - 후배의 업무 성숙도가 낮으면 상세한 지시를 할 것
   - 후배의 업무 성숙도가 높으면 소통, 지지, 격려를 할 것

8. 저성과의 이유는 능력과 의욕의 부족
   - 능력이 부족하면 교육과 스킬을 보강할 것
   - 의욕이 부족하면 동기부여와 몰입 환경을 조성할 것

9. 위기 시에는 명확히 지시하는 방식으로 전환할 것
   업무지시의 방식은 상황에 따라 달라질 필요가 있음

10. 항상 조직의 목적, 가치공유를 하고 이를 바탕으로 업무에 대해 피드백, 코칭할 것

위의 10가지 좋은 업무위임 항목을 읽어보셨을 때
어떤 항목이 가장 공감되나요?
어떤 항목이 우리 회사에서는 가장 아쉽나요?
어떤 항목을 그동안 간과했었나요?
어떤 항목이 가장 실천하기 어렵나요?

저는 이 리스트를 가지고 리더십 워크숍을 진행하는 경우가 자주 있습니다.
학습자분들에게
업무현장에서 가장 지켜지지 않는 업무지시 모습이 무엇인지 골라보라고 했을 때
가장 많이 선정된 것은 무엇일까요?

가장 많이 선정되는 것은 1번 항목입니다.
위임했어도 책임은 선배의 것,
업무 결과에 대한 책임은 선배와 후배가 함께 지는 것입니다.
하지만 안타깝게도 현장에서는 잘 지켜지지 않는다고 합니다.

후배들은 일하는 사람이 따로 있고
시키는 사람이 따로 있다고 많이 불평합니다.

그런데 정말 참을 수 없는 것은
책임지는 사람이 누구인지는 상황에 따라 달라진다는 겁니다.

결과가 좋으면 선배가 잘 지도해서 그런 거고,
결과가 나쁘면 후배가 능력이 부족해서 그런 거라고 치부되는 모습이
서글프다고 말합니다.

이런 경우가 바로 책임회피형 위임입니다.
"이거 사실 네가 하자고 한거잖아!"라고 뻔뻔하게 말하는 적극적 책임회피도 있고,
모든 일을 회의를 통해 결정하려는 소극적 책임회피도 있습니다.

업무지시란
실행은 그(녀)가,
판단은 같이,
책임은 선배가 지는 겁니다.

03
좋은 업무지시를 위한 1단계 :
업무의 맥락을 캐치합니다.

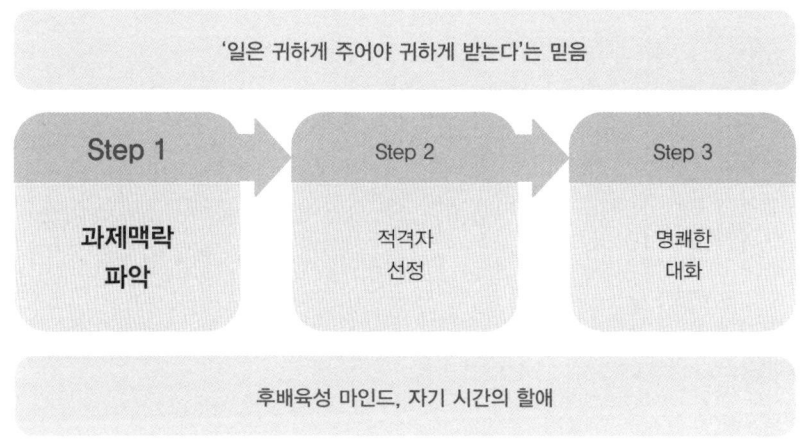

이제부터 좋은 업무지시를 하겠다고 다짐을 했다면
실행을 하셔야 합니다.

하지만 실행을 개인의 능력이나 운에 맡겨서는 안 됩니다.
개인기에 맡기는 것은 옳지 않고, 개인의 습관이나 특성이라는 변수가 낍니다.
위험합니다.

차근차근 따라갈 수 있는 정석의 프로세스를 먼저 아셔야 합니다.
이는 올바른 업무지시를 위한 안전장치이므로
바쁘고 어렵더라도 꼭 업무현장에 적용해 보시기 바랍니다.
그리고 나중에 이 프로세스가 익숙해지면 본인의 개인기를 넣어보십시오.

이 Part의 뒷부분에는
업무지시의 대화를 준비하고 실행하는 프로세스를 소개합니다.

'설사'라는 용어를 알고 있나요?

많은 직장인들은
'일을 하는 것'보다
'일을 시키는 것'이 훨씬 더 쉬울 거라고 생각합니다.
그리고 그런 역할을 하는 것을 직장생활의 로망으로 여깁니다.

이렇게 생각하는 이유는 나쁜 선배들은 일을 지시하고 시키는 행위를
'단순히 완장 하나 차고 위에서 떨어진 내용 전달해주고,
자리에 앉아서 후배들 일하는 거 감시하고 잘했으면 잠깐 칭찬해주고,
못했으면 혼내면 되는 것'이라는 생각을 가졌기 때문입니다.

> "일 시키는 게 뭐가 그렇게 어려운 일이라고…그냥 시키면 되는 거지."
>
> "일 하는 게 어렵지…
> 편안히 책상에 앉아서 일 시키고 했는지 안 했는지 챙기는 것이 뭐가 어렵다는 거야?"

정말 1차원적이고 단세포적인 생각입니다.

진정한 리더이자 존경 받는 직장 선배들은
후배들에게 일을 시키는 것에 대해
적지 않은 부담감을 가지고서 고민을 하는 경우가 많습니다.

> "이 일을 어떻게 설명하고, 무엇을 빗대어 알려주면 가장 이해가 빠를까?"
>
> "이 일을 이 친구(후배)가 원하는 수준까지 해낼 수 있을까?"
>
> "내가 어디까지 도와주면 좋을까?"
>
> "이 일을 하는 것이 이 친구(후배)의 역량개발에 도움이 될까?"

모범적인 선배들은
'단순하게 그냥 일을 전달하는 것은 아무나 할 수 있는 것이며,
위에서 받은 지시사항을 고스란히 수첩에 적어다가
후배들에게 그대로 내려서 뿌려주는 것은
창피한 일이자 무능한 선배들이나 하는 행위'라고 생각합니다.
그러면서 더 올바르고 합리적인 업무부여 방법을 고민합니다.

업무라는 것은 대게 위에서 아래로 흐릅니다.
즉 사장이 임원에게로, 임원은 팀장에게로,
팀장·선배는 구성원·후배에게로 말입니다.

가장 이상적인 업무지시의 흐름은
위에서 아래로 핵심내용과 정보가 같이 전달되는 것입니다.
이어달리기하듯이 바통만 넘겨주는 것이 아닙니다.

아래로 내려가는 단계마다
그 업무의 배경과 흐름을 이해하고,
속해있는 조직·부서의 상황에 맞춰서
가장 적절한 실행전략에 대한 고민이 수반되어야 합니다.

그리고 예하 단위로 그 업무가 내려갈 때는
**그 업무의 본질과 상위자의 기대치가
온전히 이해되도록 실무자에게 설명하여야 합니다.**

이것이 바로 선배가 꼭 해야 하는 역할입니다.

후배에게 일을 내림에 있어
아무런 노력과 고민을 하지 않는 '무능한 선배'들은
위에서 시킨 일을 고스란히 적어서 그대로 밑에 있는 후배들에게
던져주고 나눠 주는 요상한 행동을 합니다.

위에서 내려온 업무를 밑에 있는 후배들에게 털어버리는 겁니다.

이렇게 업무에 대한 고민 없이 아래로 전달만 하는 행위는
스스로 소화작용 없이 그냥 아래로 먹은 것을 쏟아내는 것과 같기 때문에
'설사'라고 빗대어 표현합니다.

이렇게 되면, 일하는 사람은 조직 위계의 가장 하위에 있는
신입사원이나 사원, 대리급에만 국한됩니다.
선배나 리더라고 불리는 사람들은 그저 자리에 앉아서 정보만 전달해 주는,
무위도식하는 메신저(Messenger)의 역할만을 하는 겁니다.
경험이 부족하고 육성을 해야 하는 사람들이
큰 그림과 전략 없이 열심히 일하는 상황이 됩니다. 성과가 날 리 만무합니다.

생각해 보십시오.
이런 식의 선배 역할이라면 아무나 할 수 있습니다.
높은 경험과 회사 · 조직에 대한 이해가 전무(全無)해도
수첩과 펜만 있으면 나이 어린 중학생들도 할 수 있는 일입니다.

지나가는 사람을 붙잡아서 수첩과 펜을 주고서
지금 당장 시켜도 해낼 수 있는 역할입니다.
더 심하게 말한다면 이러한 역할은 녹음 기능이 있는 기계도 할 수 있습니다.
이러한 '설사'형의 업무를 하면서
'선배', '리더'라는 호칭을 듣는 것은 참으로 창피한 일입니다. 그렇지 않은가요?

후배들이 바보가 아닌 이상
이 상황 자체가 너무 어처구니없이 보이고
그 당사자인 선배가 아주 우습게 보입니다.

피터 드러커는 선배의 '설사'가 위험한 이유,
선배의 숙련된 '소화'와 상세한 설명이 필요한 이유에 대해서 이렇게 설명했습니다.

> "업무지시는 하위 단계로 내려갈수록 더 구체화되어야 한다.
> 하위 단계로 내려갈수록 사람들은 더 경험이 적어지고
> 더 많은 지식을 필요로 하기 때문이다."

일은 하는 것도 중요하지만,
시키는 것이 훨씬 더 중요하고 어렵습니다.
(이 책의 앞에서도 잠시 언급했지만) 선배의 연봉이 조금이라도 더 높게 책정되는 이유는
각자의 위치에서 현실적으로 업무를 소화하고
후배들에게 소통하기를 기대하는 역할급여를 반영하고 있는 겁니다.

후배가 업무에 실패하는 것은
후배가 무능해서가 아니라
선배가 무능하기 때문입니다.

우선 과제의 맥락을 캐치합니다.

'설사'를 하지 않으려면 선배는
후배와 만나기 전에 고민하는 시간을 먼저 가져야 합니다.
좋은 업무지시를 위한 사전작업을 하는 겁니다.

바로 일의 그림을 그려보는 시간입니다.
약 10분 내외의 짧은 시간이지만 아주 중요하고 고귀한 시간임을 잊지 마십시오.
**이러한 선배의 사전작업이
후배의 업무생산성을 높이는 데 정말 큰 기여를 합니다.**

후배가 직접 일하는 성과로 회사에 기여한다면,
선배는 사전작업으로 이 성과의 효율을 높여주는 것으로 기여하는 겁니다.

업무지시를 하기 전에 그 일의 맥락부터 먼저 파악해야 합니다.
일이라는 것이 표면적으로는 "무엇을 해야 한다."로 보이지만
그 이면에는 여러 가지 요소들이 얽혀있습니다.

"궁극적으로 원하는 것이 무엇인지"
"누가 연결되어 있는지"
"어떤 것이 걸림돌, 장애물인지"
"무엇을 중점으로 고려해야 하는지"

이러한 과제 이면의 다양한 요소를 보면서 일의 전체적인 그림을 맞춰보는 겁니다.

즉흥적 업무지시가 되지 않도록 선배 입장에서 최소한의 노력을 하셔야 합니다.
웬만한 천재가 아니면 애드리브로 업무지시를 완결성 높게 하기 어렵습니다.

순간순간 머릿속을 스치며 떠오르는 내용으로
업무지시 대화를 진행하는 장면에서
선배의 모습은 우왕좌왕, 뒤죽박죽, 주절주절로 보입니다.
이 얼마나 모양 빠지는 모습인가요.

일 시키는 사람부터가 헷갈리면
일 하는 사람은 얼마나 당황스럽겠습니까?

후배는 일로써 자존감을 느낀다고 앞서 말씀드렸습니다.
선배는 일을 시키는 모습에서 자존심을 지켜야 합니다.

그러니까 꼭 미리 사전에!
일의 전체적인 맥락을 조망하면서
일의 그림을 보려고 시도하십시오.
그것이 바로 선배가 일을 시키기 전에 해야 하는 고민입니다.
그리고 선배의 포스와 아우라를 지키기 위한 최소한의 작업입니다.

업무에 대해 고민하는 시간 동안 현실적인 내용들이 조금씩 보이기 시작합니다.
그러면 후배에게 어떤 방식으로 업무를 지시해야 하는지에 대한 감(感)이 옵니다.
그리고 후배에게 뭘 어떻게 설명해야 할지도 윤곽이 잡힙니다.
그 감(感)을 잡은 후에 후배를 만나야 합니다.
그때부터 안전하고 확실한 업무지시 장면이 완성될 수 있습니다.

그렇다면 어떻게 일을 그림으로 볼 수 있을까요?

일을 시키는 선배는
아래의 12가지 질문에 대해 어느 정도 답을 가지고 있거나 찾아내야 합니다.
이 12가지 질문은 우리가 하는 대부분의 업무에 영향을 미치는 핵심요소들이
질문 형식으로 만들어졌습니다.

고민을 할 때 최고로 효율적인 방법은 좋은 질문에 답을 찾아가는 것입니다.
각 질문에 대한 답을 찾는 방식으로 고민을 하면
일의 전체적인 맥락이 정돈되는 느낌을 가질 수 있을 것입니다.

1. **문제상황/필요배경**
   - 무엇이 문제인가?
   - 무엇이 아쉬운가?

2. **회사의 방향/경영진의 기대**
   - 경영진이 가장 중요하게 생각하는 것은 무엇인가?
   - 중장기 전략방향, 핵심가치, 비전/미션과 어떤 연관성이 있나?

3. **고객/현장의 요구**
   - 고객/현장은 궁극적으로 어떻게 되기를 바라는가?
   - 무엇이 가장 개선되기를 바라는가?

4. **목표수준**
   - 무엇을 어느 수준까지 확보/개선할 것인가?
   - 본 과제를 통해서 어떤 모습이 만들어져야 하는가?

5. 벤치마킹
- 선진사, 동종업계는 어떻게 하고 있는가?
- 우리는 무엇이 강하고, 무엇이 약한가?

6. 해결방법
- 주요 접근방향은 무엇인가?
- 세부 실행계획과 시간계획은 어떻게 되는가?

7. 소요비용/이익
- 주요 비용구조는 어떤가? 어떻게 줄일 수 있는가?
- 주요 수익구조는 어떤가? 어떻게 늘릴 수 있는가?

8. 실행주체/역할구분
- 역할과 책임은 누가, 어떻게 되는가?
- 누구와 협력해야 수월한가?
- 이해당사자는 누구인가?

9. 홍보/안내/커뮤니케이션
- 누구를 대상으로 무엇을 어떻게 안내할 것인가?
- 누가 무엇을 어느 수준까지 알아야 하는가?

10. 핵심지표
- 무엇을 추적·관리해야 과제 성공을 증명할 수 있는가?
- 일을 잘했다는 것은 궁극적으로 무엇인가?

11. 위험요인
- 추진·실행을 어렵게 하는 것은 무엇인가?
- 결과물을 무의미하게 만드는 것은 무엇인가?
- 어떻게 제어해야 하는가?

12. 후속과제
- 중장기 후속과제는 무엇인가?
- 결과물은 향후 누가 어떤 용도로 사용하는가?

좋은 질문이지요?
우리가 하는 모든 업무는 이 질문들과 연관되어 있습니다.
일을 시키기 전에 이 질문에 대해 고민하시고 스스로 정돈하기 바랍니다.

하지만, 중요한 사항이 하나 더 있습니다!
위에 제시된 12가지 질문을 따로 따로 생각하지 말고
상호 연관해서 고민해야 진짜 업무맥락이 완성됩니다.
경영에서 모든 요소들은 서로 연결되고 영향을 미치기 때문입니다.

**전체적으로 연결되는 것을 볼 줄 알아야 조율이 되고,
무엇을 강하고 무엇을 약하게 진행할 것인지
무엇을 먼저 하고 무엇을 나중에 해야 하는지
전략적인 선택도 일어납니다.**
그게 고성과를 내는 선배의 업무전략이기도 하지요.

이제부터는 12개 질문이 서로 연결되어 배치되어 있는 Tool을 소개해드립니다.
이 Tool을 이제부터 '과제맥락 검토 Canvas'라고 부릅니다.
Canvas라는 용어를 붙인 이유는
전체적인 조망을 할 수 있도록 요소들을 한눈에 볼 수 있게 배치했기 때문입니다.

이 Tool은 제가 기획서 작성 시 사전작업을 할 때 활용하는 Tool이고,
제 다른 저서에도 있는 내용입니다.

업무지시의 사전맥락파악 작업에서도 유용하여 소개합니다.

1. 문제상황/필요배경 • 무엇이 문제인가? • 무엇이 아쉬운가?	4. 목표수준 • 무엇을 어느 수준까지 확보/개선할 것인가? (구체성과지표 및 목표수준) • 본 과제를 통해 어떤 모습이 만들어져야 하는가?	7. 소요비용/이익 • 주요 비용구조는? (향후 어떻게 줄일 것인가) • 주요 수익구조는? (향후 어떻게 늘릴 것인가)	10. 핵심지표 • 무엇을 추적/관리해야 성공을 증명할 수 있는가? • 일을 잘했다는 것은 궁극적으로 무엇인가?
3. 고객/현장의 Needs • 고객/현장은 궁극적으로 어떻게 되기를 바라는가? • 가장 개선되기를 원하는 것이 무엇인가?	6. 해결방법 • 주요 접근 방향 • 세부 Action • Time Plan	9. 홍보/안내/Comm. • 누구를 대상으로 무엇을 어떻게 안내할 것인가? • 누가 무엇을 어느 수준까지 알아야 하는가?	12. 후속과제 • 중장기 후속과제는 무엇인가? • 결과물은 향후 누가 어떤 용도로 사용하는가?
2. 회사의 방향/경영진의 기대 • 경영진이 가장 중요하게 생각하는 것은 무엇인가? • 중장기 전략방향, 핵심가치, 비전/미션과 어떤 연관성이 있나?	5. 벤치마킹 • 선진사, 동종업계는 어떻게 하고 있는가? • 우리는 무엇이 강하고, 무엇이 약한가?	8. 실행주체/역할구분 • R&R은 어떻게 되는가? • 누구와 협력해야 하는가? • 이해당사자는 누구인가?	11. 위험요인 • 추진/실행을 어렵게 하는 것, 결과물을 무의미하게 하는 요소는 무엇인가? • 어떻게 제어해야 하는가?

'과제맥락 검토 Canvas'는
12개의 질문들이 한 곳에 배치되어 볼 수 있으므로
요소들을 연결하여 조망할 수 있도록 해줍니다.
업무의 전체적인 큰 그림은 이때부터 보이기 시작합니다.

Canvas를 보면
1번과 2번 사이에 3번,
4번과 5번 사이에 6번,
7번과 8번 사이에 9번,
10번과 11번 사이에 12번이 배치되어 있지요?

그 이유는 1번과 2번이 뚜렷해야 3번이 확실해지기 때문입니다.
다른 칸의 역동도 마찬가지입니다.

그래서 과제맥락 검토 Canvas를 활용하실 때에는
아래의 흐름을 따라 진행하는 것을 권장합니다.

첫째, A4용지를 활용하여 가로, 세로로 12개 칸으로 대충 나누시고
각 칸마다 제목 정도만 기록합니다.

둘째, 번호대로 각 칸마다 연상되는 키워드를 채웁니다.
적는 것이 중요합니다. 쳐다보는 행위는 일시적입니다.
기록을 조금씩 해두면서 꾹꾹 밟아 나가며 흔적을 남기십시오.

한 칸에 오래 체류하지 마시고 조금은 속도감 있게 진행합니다.
바로 생각나지 않는다면 공란으로 두어도 좋습니다.
하지만 관심을 버리거나 채우는 것을 포기하지는 마십시오.

셋째, 한 바퀴를 돌면서 채웠다면
전체적으로 조망하면서 12개 칸의 생각들이 어우러지고 있는지 조율하십시오.

넷째, 과제의 맥락이 보였으면
실행해야 하는 Item을 뚜렷하게 정하십시오.
선배가 머릿속으로 아는 것과 후배가 직접 해야 하는 것은 다릅니다.

다섯째, 선배인 내가 할 것과 후배가 할 것을 분리하십시오.

여섯째, 지금 할 것과 나중에 할 것을 분리하십시오.

일곱째, 후배에게 어떤 그림을 보여줘야 하고
어떤 사항을 전달할 것인지 2~3가지 정도의 핵심전달요소를 선정하십시오.

'과제맥락 검토 Canvas'를 활용하면 어떤 것이 좋을까요?

1. 비로소 그림이 보입니다.
   어렴풋한 것이 사라지기 때문입니다.

2. 생각이 정돈됩니다.
   그러면서 후배에게 무엇을 어떻게 제시해야 할지 감이 옵니다.

3. 업무지시 대화에서 우물쭈물하지 않게 됩니다.

4. 일의 전략이 보입니다.
   그래서 단건 업무, 부스러기 업무만 제시하는 즉흥적 지시가 사라집니다.

5. 누가 이 과제의 적격자인지 보입니다.
   어느 정도의 난이도일지, 이 과제를 하면서 어떤 성장 포인트가 있는지 정리되면 후배들 중에 적격자가 보이게 됩니다.

6. 일의 '명분'과 '실리'가 보입니다.
   업무수행의 성공을 가늠하는 2가지가 있습니다. 바로 '명분'과 '실리'입니다.
   '명분'은 이 일은 왜 중요하고, 어떤 의미를 가졌는지를 말합니다.
   '실리'는 이 일이 어떻게 성과를 낼 것인지를 말합니다.

과제맥락 검토 Canvas의 구성을 보면 다음과 같이
'명분'과 '실리'의 영역이 구분됩니다.

명 분			실 리
1. 문제상황/필요배경 • 무엇이 문제인가? • 무엇이 아쉬운가?	**4. 목표수준** • 무엇을 어느 수준까지 확보/개선할 것인가? (구체성과지표 및 목표수준) • 본 과제를 통해 어떤 모습이 만들어져야 하는가?	**7. 소요비용/이익** • 주요 비용구조는? (향후 어떻게 줄일 것인가) • 주요 수익구조는? (향후 어떻게 늘릴 것인가)	**10. 핵심지표** • 무엇을 추적/관리해야 성공을 증명할 수 있는가? • 일을 잘했다는 것은 궁극적으로 무엇인가?
3. 고객/현장의 Needs • 고객/현장은 궁극적으로 어떻게 되기를 바라는가? • 가장 개선되기를 원하는 것이 무엇인가?	**6. 해결방법** • 주요 접근 방향 • 세부 Action • Time Plan **명분과 실리의 교차**	**9. 홍보/안내/Comm.** • 누구를 대상으로 무엇을 어떻게 안내할 것인가? • 누가 무엇을 어느 수준까지 알아야 하는가?	**12. 후속과제** • 중장기 후속과제는 무엇인가? • 결과물은 향후 누가 어떤 용도로 사용하는가?
2. 회사의 방향/경영진의 기대 • 경영진이 가장 중요하게 생각하는 것은 무엇인가? • 중장기 전략방향, 핵심가치, 비전/미션과 어떤 연관성이 있나?	**5. 벤치마킹** • 선진사, 동종업계는 어떻게 하고 있는가? • 우리는 무엇이 강하고, 무엇이 약한가?	**8. 실행주체/역할구분** • R&R은 어떻게 되는가? • 누구와 협력해야 하는가? • 이해당사자는 누구인가?	**11. 위험요인** • 추진/실행을 어렵게 하는 것, 결과물을 무의미하게 하는 요소는 무엇인가? • 어떻게 제어해야 하는가?

6번의 해결방법과 방향은 '명분'과 '실리'의 균형점에서 찾아야 합니다.

업무지시의 대화 장면에서도

선배가 후배에게 신경써서 이해시켜야 하는 항목 또한 '명분'과 '실리'입니다.

7. 일의 시간적 흐름이 보입니다.

모든 업무는 '과거-현재-미래'라는 시간의 흐름 속에 존재합니다.

그 흐름을 보면 지금 해야 할 업무와 나중에 해도 되는 업무가 보입니다.

아래의 과제맥락 검토 Canvas 그림은
일이 진행되는 과정에 있어 시간구조의 흐름을 잘 보여줍니다.

과거, 현재		과거, 현재	중장기 미래
1. 문제상황/필요배경 • 무엇이 문제인가? • 무엇이 아쉬운가?	4. 목표수준 • 무엇을 어느 수준까지 확보/개선할 것인가? (구체성과지표 및 목표수준) • 본 과제를 통해 어떤 모습이 만들어져야 하는가?	7. 소요비용/이익 • 주요 비용구조는? (향후 어떻게 줄일 것인가) • 주요 수익구조는? (향후 어떻게 늘릴 것인가)	10. 핵심지표 • 무엇을 추적/관리해야 성공을 증명할 수 있는가? • 일을 잘했다는 것은 궁극적으로 무엇인가?
3. 고객/현장의 Needs • 고객/현장은 궁극적으로 어떻게 되기를 바라는가? • 가장 개선되기를 원하는 것이 무엇인가?	6. 해결방법 • 주요 접근 방향 • 세부 Action • Time Plan	9. 홍보/안내/Comm. • 누구를 대상으로 무엇을 어떻게 안내할 것인가? • 누가 무엇을 어느 수준까지 알아야 하는가?	12. 후속과제 • 중장기 후속과제는 무엇인가? • 결과물은 향후 누가 어떤 용도로 사용하는가?
2. 회사의 방향/경영진의 기대 • 경영진이 가장 중요하게 생각하는 것은 무엇인가? • 중장기 전략방향, 핵심가치, 비전/미션과 어떤 연관성이 있나?	5. 벤치마킹 • 선진사, 동종업계는 어떻게 하고 있는가? • 우리는 무엇이 강하고, 무엇이 약한가?	8. 실행주체/역할구분 • R&R은 어떻게 되는가? • 누구와 협력해야 하는가? • 이해당사자는 누구인가?	11. 위험요인 • 추진/실행을 어렵게 하는 것, 결과물을 무의미하게 하는 요소는 무엇인가? • 어떻게 제어해야 하는가?

간혹 선배들은 이런 이야기를 하는 경우가 있습니다.
"과제에 대해서 나도 몰라요."
"저 높은 곳에서 내려올 때부터 이미 과제의 정체가 불분명해요."

맞습니다. 어떤 상황인지 이해됩니다.
선배가 발제하지 않은 일을 해야 할 때가 대부분이어서
선배 스스로도 확신이 없을 때가 많습니다.

두 가지 답변을 드리고 싶습니다.

첫째,
선배 자신도 모른다고 해서 그대로 아래로 내려버릴 수는 없습니다.
후배는 선배보다 더 모릅니다.

둘째,
선배가 정확히 모르겠고, 선배에게도 생소한 과제라면
후배와 같이 '과제맥락 검토 Canvas'를 채우는 작업을 해보십시오.
선배가 생각하지 못했던 아이디어를 나눌 수도 있을 것이며,
최소한 선배와 후배가 같은 그림 정도는 잡게 됩니다.
그러면 진척이 더디더라도 서로 같은 방향을 가지고 있기 때문에
시행착오는 덜 하게 될 겁니다.

이렇게 선배와 후배가 처음 접하는 과제에 대해서
같이 고민하면서 초기 방향을 설정한 것을
Semi Direction이라고 할 수 있습니다.

선배는 신이 아니므로 다 알고 시킬 수 없습니다.
자기가 몰라도 일단 후배를 통해 일의 시작을 전개시킬 수 있어야 합니다.
확신이 없더라도 후배와 같이 큰 그림을 논의하다 보면
업무의 경로가 조금이나마 보일겁니다.

후배는 일을 부여받자마자 바로 달리듯이 수행하지 못합니다.
후배는 기계가 아닙니다.
"네! 알겠습니다!"라고 답했다고 해서 즉시 업무수행이 시작되지는 못합니다.
스스로 과제에 대해서 고민하고 숙성하는 시간이 걸립니다.
이 시간을 일명 '**뜸 들이는 시간**'이라고도 합니다.

아래의 그림을 보십시오.

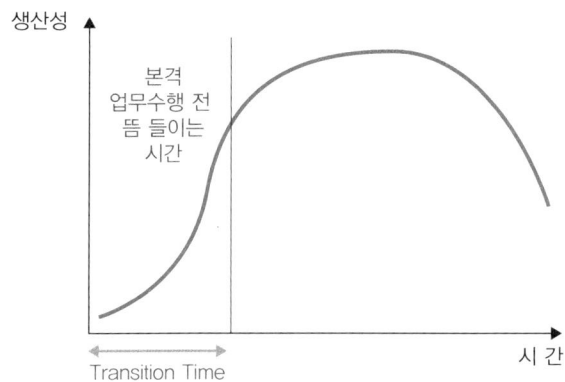

업무를 본격 수행하기 전에 고민하면서 걸리는 시간을 'Transition Time'이라고 부릅니다.
Transition Time이 너무 많이 소요되지 않도록 선배가 미리 고민해야 합니다.

선배가 업무에 대해 미리 고민해준다면
후배에 비해서 고민의 시간이 훨씬 짧게 걸리지만 고민의 깊이는 훨씬 깊을 겁니다.

잘 할 수 있는 사람이 먼저 질러 주어야
뒤따라 가는 사람이 확신이 생기고, 그래야 회사생활에서 효율이 납니다.

**선배가 일을 시키기 전에 10분만 시간을 쓰면
후배의 일주일이 편해집니다.**

TIP | 업무지시를 해서는 안 되는 일

모든 것을 업무지시를 통해 후배들에게 위임할 수는 없습니다.
후배가 해야 할 일과 선배가 해야 할 일이 분명 구분되어야 합니다.
후배에게 위임해서는 안 되는 일, 또는 신중하게 가능성을 다시 확인해 보아야 하는 업무는 다음과 같은 경우입니다.

비밀, 보안이 필요한 업무
비즈니스 상황에서는 일정 직급 이상들만
우선 알고 있어야 하는 비밀스러운 업무가 분명 있습니다.
예를 들면, 대대적인 조직개편, 임원인사, 인수합병 의사타진,
신제품 출시를 위한 정부정책 상황 조사 등을 꼽을 수 있습니다.

경영진 또는 상위 리더에 대한 보고업무
경영진 대상의 보고 자리는 선배나 후배 모두에게 상당히 부담되는 것이 사실입니다.
부담된다고 해서 선배가 뒤로 빼는 모습은 너무 무책임합니다.
경영진에게는 책임을 온전히 지게 되는 실무책임자가 직접 보고하는 것이 예의입니다.

실제 업무추진을 후배에게 위임하였더라도
경영진 대상의 보고는 선배가 직접 하되,
후배가 주요 업무를 수행해 주었다는 사실을 강조해 주고 그의 노고를 인정해 주어야 합니다.
가능하면 그를 보고자리에 배석시키면 더더욱 좋습니다.

상위 리더가 직접 수행하라고 지시했던 업무
만약 상위 리더가 직접 수행하라는 언질이 있었다면
이는 후배에게 위임되어서는 안 되는 업무입니다.
선배가 직접 수행하라고 지목된 이유와 내막이 있는 겁니다.
업무와 연결되어 있는 최종 책임자가 허가하지 않은 경우라면
위임이 일어나서는 안 됩니다.
이를 무시하고 위임이 진행된다면 업무 결과가 좋든 나쁘든 간에
당사자(선배)의 성실함이 문제 될 소지가 있습니다.

본인이 직접 하겠다고 선언했던 업무
만약 "A 업무는 내가 할 테니, 당신이 B 업무를 하도록 해."라고 말했다고 가정해봅시다.
이 경우 A 업무는 온전히 선배가 처음부터 끝까지 해주어야 합니다.
내가 하겠다고 공언한 약속이므로 지켜야 하며, 선배로서의 신뢰를 유지하는 기본입니다.

선배가 하겠다고 선언했던 일까지 후배에게 넘어가는 경우
후배가 어떻게 생각할지 상상해 보십시오.
"결국 다 내가 하는 거구나."
"도대체 선배는 하는 게 뭐야?"
"이럴거면 그냥 처음부터 나한테 다 시키지… 시간만 뺏기고…"

평가, 책임추궁과 관련된 민감한 업무
평가, 책임추궁과 관련한 업무는 공정함과 객관성이 필수입니다.
사람과 사람 사이에 업무가 위임되고,
커뮤니케이션이 많아질수록 이러한 공정함, 객관성은 퇴색될 수 있는 위험이 커집니다.
특히나 징계성의 업무는 모든 것이 밝혀지고 상황이 종료될 때까지
최대한 연관 인원을 줄이는 것이 상책이므로 절대로 위임되어서는 안 됩니다.

04

좋은 업무지시를 위한 2단계 :
적격자를 선정합니다.

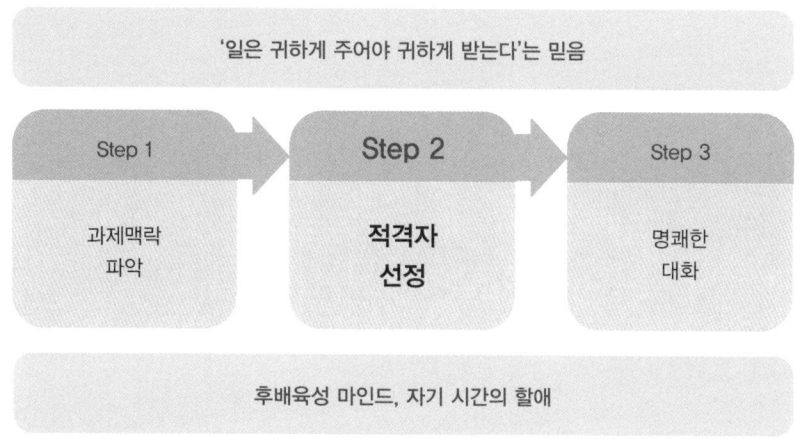

업무의 맥락을 파악했다면
이제는 그 업무를 누가 할지 정해야 합니다.
업무의 적격자를 선정하는 겁니다.

적격자를 선정할 때 선배가 빠지는 유혹이 있습니다.
제일 친한 후배를 고른다거나,
제일 군말 없이 묵묵히 따르고 일하는 후배를 고른다거나,
제일 그 일을 많이 했던 후배를 고른다거나 하는 것 말입니다.

이렇게 선배가 편한 대로, 또는 즉흥적으로 업무 적격자를 선정하면
일은 진행될 수 있으나 업무와 성장이 동떨어집니다.
그리고 업무지시 대화에서 그 사람이 해야 하는 타당성이 떨어집니다.
"내가 시키기 편해서 너를 골랐어."라고 말할 수는 없지 않습니까.

모든 유혹을 이겨내고
"이 업무는 누가 즐겁게 잘할 수 있을까?"를 생각하십시오.

이 업무는 누가 즐겁게 잘할 수 있을까요?

업무의 맥락을 파악하는 성의처럼
"누가 하는 것이 최선일까?"를 생각하는 것도 선배의 성의입니다.

그렇다면 적격자를 선정할 때는 무엇을 고려해야 할까요?
3가지를 고려해야 합니다.
바로 역량, 여력, 성장입니다.

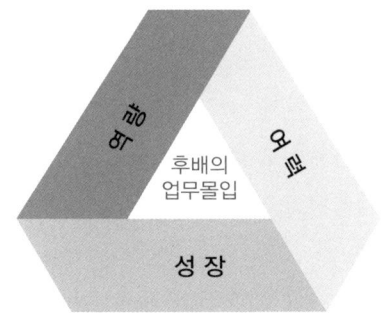

업무 적격자를 선정할 때 고려하는 3요소

적격자 선정의 기준 중 첫 번째 '역량'을 보겠습니다.
우선 다음의 그림을 봅시다.
이 그림은 일하는 사람은 어떤 상황에서 즐겁게 몰입하는지 보여줍니다.

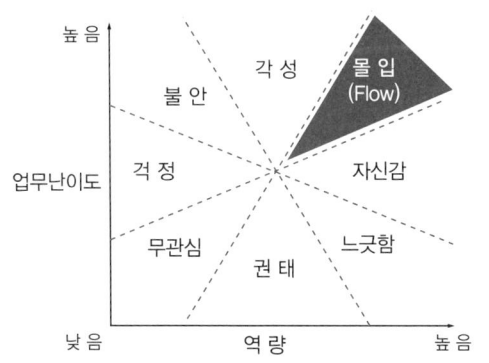

미하이 칙센트미하이(Mihaly Csikszentmihalyi), 몰입의 경영 中

역량과 업무난이도의 균형

역량이란 상대적인 겁니다.
그래서 역량을 볼 때에는 업무의 난이도를 같이 생각해야 합니다.

**후배의 역량과 부여된 업무의 난이도가
서로 균형이 맞고 비례할 때
후배는 신나서 즐겁게 일합니다.**

그게 바로 업무에 대한 '몰입'이고,
그 이후부터 '성과'와 '성장'이 만들어집니다.

즐겁게 일하는 것은 하하호호 웃으면서 일하는 것이 아닙니다.
"이거 한번 해볼만하다."는 느낌을 가질 때
기분 좋은 텐션을 느끼면서 즐겁게 일합니다.

만약 업무의 난이도가 낮은데 후배의 역량 수준이 높다면 어떨까요?
그 일은 너무 쉽게 느껴지고 천천히 해도 되는 것으로,
즉 '식은 죽 먹기'로 느낍니다.
이러한 일들이 반복되면 나른하고 무료한 직장생활이 되어
일을 통해서 성장하고 있다는 느낌은 거의 없어집니다.

반대로 업무의 난이도는 높은데 후배의 역량 수준이 낮다면 어떨까요?
후배는 일을 바라볼 때 첩첩산중이라는 느낌을 가집니다.
도전하고 싶은 의욕조차 느끼지 못하고,
넘어설 수 없는 벽이라는 생각이 듭니다.
흡사 '계란으로 바위치기' 같은 느낌으로 일이 두려워집니다.

그래서 '후배의 역량'과 '업무의 난이도'
이 두 가지 요인이 적절하게 정비례하고 있는지 파악해야 합니다.
그리고 균형점에 있는, 적격인 사람을 찾아 일을 부여하는 겁니다.

균형이 맞는 경우에
후배는 너무 쉽지도 않고 어렵지도 않게 느끼면서
"쉽지는 않겠지만 해볼만 하군.",
"헤쳐나가는 과정이 재미있겠군." 하는 생각을 가지고
자신감을 품에 안고 일에 빠져듭니다.

이렇듯 자신감과 도전의식을 동시에 가지고 즐겁게 일하는 것을
미하이 칙센트미하이는 이를 몰입(Flow)의 상태라고 지칭했습니다.

후배의 역량과 업무의 난이도를 균형있게 판별하는 행위를 잘하려면
평소 선배의 후배에 대한 관심과 관찰이 매우 중요합니다.
늘 후배들과 인간적, 사무적인 대화를 하고 있던 선배가 일도 잘 시킵니다.

적격자 선정의 기준 중 두 번째 '여력'을 보겠습니다.
예전에 보았던 회사 상황을 코믹하게 묘사했던 만화 중에서
리더가 몸져누워있는 부하직원에게 했던 대사가 떠오릅니다.

> "자네... 과로사하고 있는데 미안하네만, 이거 내일까지 부탁하네."

후배가 죽어나든 말든
선배가 일단 시킨다고 해서 일이 진행되는 것이 아닙니다.

후배는 선배의 지시를 거부하기가 사실상 힘듭니다.
말 잘 듣고 일 잘하는 후배의 삶이 피폐해지고,
과로를 하게 되는 이유가 여기에 있습니다.

"스스로 여력이 한계라고 생각하면
자기가 먼저 어렵다고 말하겠지."라고 생각하지 마십시오.

숨이 턱까지 찼을 때 그런 얘기를 하는 경우를 많이 봤습니다.

후배의 역량이 충분히 높아도
그 일을 할 시간적 여유가 부족하면
일이 옳게 진행되지 못합니다.

일에 일을 더해 주지 말아야 합니다.
일을 잘한다고 하나 더 주고, 일찍 끝내면 시간 여유 있다고 하나 더 주고
이렇게 되면 일에 끝이 없게 됩니다.

후배는 일을 쳐내기 급급해지고,
궁극적 성과가 아닌 일을 하는 사실 자체만 중요하게 생각하게 됩니다.

'삼현일장(三顯一藏)'이라는 고사성어가 있습니다.
셋은 드러내고 하나는 감춘다는 말입니다.

사계절의 진행과정처럼 만물이 활동하는 봄, 여름, 가을이 있다면
성장과 활동을 위해 잠시 멈추고 준비하는 겨울이 있어야 하는 법이고,
하루 24시간 중에 6시간은 자야 건강에 문제가 없는 법이고,
투자를 해도 1/4은 남겨야 두어야 하는 법이고,

좋은 업무 성과를 위해서도
25%는 더 나은 것을 고민할 시간이 필요한 법입니다.
후배에게 업무를 시킬 때에도 마찬가지입니다.

다른 예를 들어보겠습니다.
자동차나 배와 같이 연료를 사용하여 움직이는 운송기관에는
최고 속도와 순항 속도라는 것이 있습니다.

최고 속도로 달리면 엄청난 연료가 소비됩니다.
짧은 구간 동안에는 빠른 시간 내에 도착할 수 있습니다만, 멀리 가지는 못합니다.
순항 속도로 달리면 최적의 연료가 소비됩니다.
일정 구간 동안은 다소 늦게 도착하더라도 훨씬 멀리 갈 수 있습니다.

사람도 마찬가지입니다.
단기간에 성과를 뽑아내고 해산하는 TFT가 아니라면
장기적으로 멀리 갈 수 있도록 후배의 에너지를 관리하십시오.

후배에게 이 일을 수행할 충분한 시간적 여력이 있는지를
먼저 고려해 주는 선배의 그릇을 가져야 합니다.

적격자 선정의 기준 중 세 번째 '성장'을 보겠습니다.

많은 회사에서 목표설정 시에 활용하는 모델인 BSC에 대한 아래의 설명을 보면
'성장'에 대한 이해가 쉬워질 수 있습니다.

> **BSC(Balanced Score Card)**
>
> 균형성과평가제도라고 하며, 기업의 사명과 전략을 측정하고 관리할 수 있는 포괄적인 측정 지표의 하나로서 1992년 컨설팅 회사인 '르네상스 솔루션'과 '하버드 비즈니스 스쿨'이 공동 개발했다.
> 대부분의 기업이 회사의 성과를 평가하기 위해 매출액이나 수익 등의 재무 지표를 활용하고 있다. 그러나 매출이나 수익 등의 재무적 지표만으로 기업의 장기적 성과까지 측정하기 힘들다.
> 재무적 지표는 경영전략과 연관되어 있지 않고, 과거의 정보이며 사후적 결과만을 강조하기 때문에 미래 경쟁력에 대한 지표로 활용되기 힘었다.
> 반면 BSC는 재무적인 측면과 더불어 고객, 내부 프로세스, 학습과 성장 등 기업의 성과를 종합적으로 평가하는 균형잡힌 성과측정기록표이다. 현재의 기업 상황을 평가하는 것뿐만 아니라 미래에 대한 경고등 역할을 하며 사업전략을 세울 때 중요한 정보로서 역할을 수행한다.
>
> 출처 : 네이버

실제 BSC 관점은
기업의 성과지표를 도출하고 성과를 측정하는 데에 많이 사용되고 있습니다.
BSC의 관점에서는 다음과 같이 4가지의 축을 가지고
기업의 성장을 전방위(全方位)적으로 해석합니다.
그 중 서로 마주보는 영역은 상반되기는 하지만 상호보완의 개념으로
그 위치를 정했다고 합니다.

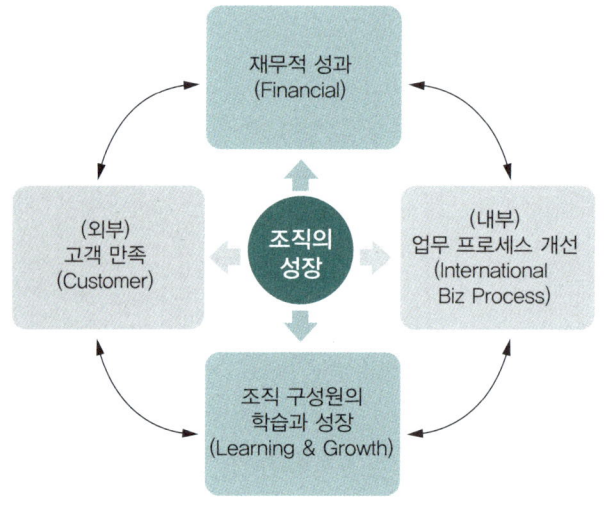

조직의 성장을 위한 관점

'재무적인 성과(Financial)'와 마주보도록 배치되어 있는 것이
바로 '학습과 성장(Learning & Growth)'입니다.
이를 풀어서 설명해 보면 아래와 같습니다.

'기업은 재무적인 성과로서 이윤을 창출하는 동시에
내부 구성원의 역량 향상과 성장을 함께 추구해야 한다.'

이를 업무지시의 개념으로 다시 생각해 보면 다음과 같습니다.

'부서 내에서 업무를 추진함에 있어서
성과를 항상 추구하여야 하며, 이와 동시에
이를 수행하는 후배의 역량 향상이 반드시 수반되어야 한다.'

즉 선배는 업무를 추진하고 후배에게 업무를 지시함에 있어,
일의 결과물과 성과에 대한 집착만이 아니고
이 일을 통해 후배가 성장하는지를 같이 고민해야 합니다.

일을 귀하게 준다는 개념은 성과만을 추구하는 것이 아닙니다.
이 일을 통해 이를 수행하는 후배의 경험과 시야의 폭이 넓어지는지 생각해 주는 것입니다.
더불어 일을 마치고 나면 더욱 역량이 탄탄해지면서
좀 더 긍정적인 상태로 변모할 수 있는지를 미리 고민해주는 것입니다.

그러면 이 일을 잘 하는 사람을 시키는 것이 맞는지
이 일을 통해 성장할 사람을 시키는 것이 맞는지가 분명해집니다.

예를 들어보겠습니다.
'판촉행사 기획'이라는 업무에 이미 숙달된 후배 A가 있습니다.
그리고 이 일을 해보지는 않았지만, 충분히 잘할 수 있는 역량이 있는 후배 B가 있습니다.

단기적인 성과와 무결점의 성과만 바라본다면
후배 A가 하는 것이 가장 최적입니다.
하지만 후배 A에게는 더 이상의 성장은 없을 것입니다.
눈 앞에 있는 과제를 충실히 해결해 내겠지만
그의 속마음에는 "왜 또 내가…"라는 불만이 생길 수 있습니다.

이런 말이 있습니다.
"동일 업무 3년이면 성장은 멈춘다. 업무 효율만 좋아질 뿐"

선배가 판단하였을 때
미리 준비할 시간, 실무자를 트레이닝할 시간이 충분하다면
이번 판에는 후배 B를 등장시켜야 합니다.

후배 B는 새로운 일을 통해 더 많이 동기부여 될 수 있고,
경험의 폭이 확장되는 이득을 얻을 수 있습니다.
더 나아간다면, 후배 B의 새로운 아이디어와 관점이 새롭게 추가되어
창의적 시도도 가능할 수도 있습니다.

일을 시킬 때에는 급하게 시키지 말고
미리미리 여유를 두고 시켜야 하는 이유가 여기에 있습니다.
이는 선배의 업무 관련된 큰 그림이 있어야 가능합니다.

영어로 전문가를 뜻하는 'Expert'란 단어의 어원은
라틴어의 '시도하다, 실험하다'를 의미하는 'Experiri'입니다.

전문가가 되기 위해서는
수많은 시도와 실험을 통해 얻는 지식과 지혜가 필수라는 것이지요.
숙련자와 전문가는 다릅니다.
숙련자는 같은 것을 여러 번 해본 사람이고,
전문가는 다양한 것을 깊이 있게 해본 사람입니다.

인재육성에 대해 연구하는 수많은 학자들 또한
현장의 업무수행 과정 속에서 얻는 교훈과 이를 통한 성찰, 학습이
제일 효과적이라고 말합니다.

참고로 다음 표와 같이
일반적으로 HRD(Human Resource Development) 분야에서는
사람을 성장시키는 교육훈련의 방식을 크게 4가지로 구분합니다.
이는 앞서 제시했던
인재육성의 Golden Rule인 70 : 20 : 10의 철학과 결이 맞닿아 있습니다.

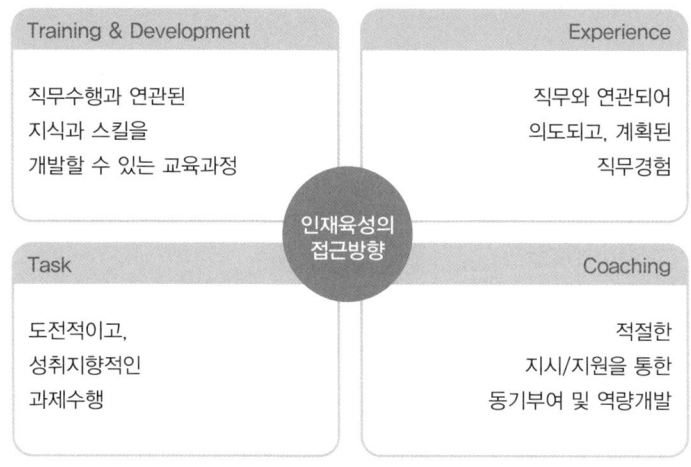

사람을 육성하는 교육훈련 방식

이 표를 좀 더 설명해 보겠습니다.
사람을 성장시키고 육성시키는 방식에는 크게 4종류가 있습니다.

첫 번째는 'Training & Development'입니다.
그 사람이 수행하는 직무와 관련된 지식과 스킬을 습득할 수 있는
교육프로그램에 입과하는 것입니다.
중요하기는 하지만, 사람의 성장에 기여하는 정도가 상대적으로 크지는 않습니다.

나머지 3가지 요소인 'Task, Experience, Coaching'은
하나씩 언급하기보다는 통합적으로 봐야 합니다.

후배는
선배를 통해서 제시된 업무(Task)를 통해
필요한 경험(Experience)을 하게 됩니다.

물론 경험 중에 성공과 실패를 골고루 하면서
후배는 진정한 강자, 전문가가 될 것입니다.

그리고 이 경험의 과정에서
선배의 관찰과 개입(Coaching)이 적절히 병행될 때
후배의 성장이 촉진됩니다.

단, 선배가 염두에 둬야 할 것이 있습니다.
모든 일이 항상 육성의 개념과 맥락을 같이 할 수는 없습니다.
모든 일이 육성을 동반할 수는 없다는 말입니다.

너무 후배육성에만 치중하게 되어,
현실적인 성과나 당장 눈앞에 있는 업무를 등한시하는 것을 경계해야 합니다.
모든 것은 중심을 잡을 때 아름다운 겁니다.

또한 선배가 지시한 일을 통해서
후배가 좌절하거나 동기가 오히려 더 떨어지는 역효과가
발생되는 것도 경계해야 합니다.

지금 당장의 성장이 없는 하찮은 일이라 하더라도,
그 의미를 부여해주면서 일에 대한 공감을 형성한 후
일방적인 지시가 아니라
함께 고민해주는 모습 자체만으로도 후배들은 힘을 얻습니다.
그리고 일에 대한 의미를 스스로 찾게 됩니다.

다음 표는 앞서 설명했던 적격자 선정의 3개 기준인
역량, 여력, 성장을 좀 더 현실적으로 고려할 수 있도록 만든 체크 질문입니다.
적격자가 누구일지 고민할 때 참고하면
좀 더 중립적이고 미래지향적으로 생각할 수 있도록 도와줄 것입니다.

능력, 여력, 성장의 체크사항

고려사항	세부 체크사항
능력	• 별다른 도움 없이도 이 일을 잘 해낼 수 있는가? • 실무적인 지식이 충만한가? • 과거에 이러한 경험을 해본 적이 있고 성공경험을 가지고 있는가? • 내가 일부 도움을 주면 충분히 이해하고 바로 실무를 추진할 수 있는가?
여력	• 이 일에 추가 시간을 할애할 수 있는가? • 지금 이 일을 맡겨도 워라밸이 무너지지 않는가? • 지속적인 야근을 일으킬 정도로 부담이 되지는 않는가? • 정신적, 물리적인 부담을 가지지 않는가? • 최근에 힘들어 하는 상황을 전해들은 적이 있는가?
성장	• 이 일을 통해서 새로운 경험을 하게 되는가? • 전사적 관점을 얻을 수 있는가? • 기존에 했던 일의 경험을 확장시킬 수 있는가? • 지금 가지고 있는 단점을 보완할 수 있는가? • 성장, 승진의 포인트를 얻을 수 있는가?

05

좋은 업무지시를 위한 3단계 :
명확하게 대화합니다.

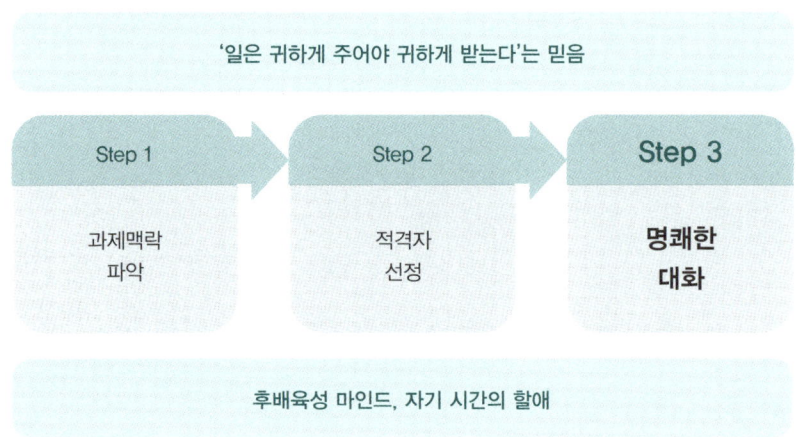

과제의 전체적인 그림을 이해했고,
어떤 방향으로 진행하는 것이 최적인지 알았고,
누가 이 일을 해야 하는지 확신이 섰다면,
이제부터는 후배를 만나서 전달하는 단계입니다.

지금까지는 일에 대해서 고민하고 생각을 정리하는 선배만의 시간이었다면
이제는 후배와 함께 하는 시간입니다.
이때부터가 진짜 선배의 리더십을 평가 받는 시간입니다.

많은 선배들이 마음속에는 착한 리더십을 가지고 있습니다.
하지만 후배를 대하는 대화 장면에서 망치는 경우가 많습니다.

리더십은 결국 드러내는 행동과 말입니다.
후배를 향한 선배의 마음도 중요합니다만,
선배의 언행이 후배에게 어떻게 전달되는지가 결국 더 중요합니다.

선배의 의도가 무엇이든 간에 결국은 후배에게 전달된 뜻이 제일 중요합니다.

계획한 후, 얼굴 보고, 구체적으로!

이제는 일을 귀하게 주는 대화의 방법을 소개합니다.

업무지시 대화의 삼합(三合)!

삼합(三合)이란 우리의 전통음식 홍어 삼합이라는 음식에서 사용되는 단어입니다.
삼합은 삭힌 홍어, 묵은지, 삽겹살을 입안에 동시에 넣었을 때,
식감과 향이 일품이라고 해서 3가지의 동시성(同時性)을 강조합니다.

업무지시 대화에서도 삼합이 있습니다.
이제부터 소개할 업무지시 대화의 삼합은
하나하나 개별의 모습도 중요하지만,
이 3가지 업무지시 행동이 동시에 발현되어야 함이 중요합니다.
하나라도 빠지면 좋은 업무지시 대화가 일어나지 않습니다.

일에 대해서만큼은
후배가 편안하고 정확하게 받아들이는 것이 가장 중요합니다.

그러므로 업무지시 삼합 중에 선배가 편한 것을 골라서 선배 맞춤형 대화를 하지 마시고,
3가지 요소 모두를 지키려고 노력해야 합니다.

업무지시 대화의 삼합을 소개하기 전에,
업무현장 속에서 가장 흔히 벌어지는 잘못된 모습을 잠시 언급하고 시작하겠습니다.

만약 다음과 경우라면, 후배들은 어떻게 느낄까요?

> 본부장은 김○○ 팀장(선배)에게 중국사업타당성 검토를 지시했으며,
> 필요하다면 새로 입사한 홍○○ 대리(후배)와 함께 업무를 해보라고 하였다.
> 홍○○ 대리는 이러한 업무지시 건을 전혀 모르고 있는 상태에서
> 아래의 메일을 '띡' 받는다.
>
> 수신 : 박○○ 본부장
> 발신 : 김○○ 팀장
> 참조 : 홍○○ 대리
>
> 안녕하십니까? 본부장님. 김○○입니다.
> 기존에 말씀하셨던 중국사업타당성 검토건과 관련하여 추진되고 있는 경과
> 두 건을 간단히 메일로 보고 드립니다.
>
> 첫째, 사업성 분석은 외부전문기관 XYZ에 의뢰를 해 놓은 상태이며,
> 이번 주 말쯤에 1차 분석 결과가 오기로 되어있습니다.
> 결과를 받게 되면 제가 간단히 정리하여 서면 보고 드리겠습니다.
>
> 둘째, 중국 현지인 시장반응평가는 홍○○ 대리가 추진할 계획이며,
> 진행계획을 수립하여 내일 오전까지 보고드리라고 전달하겠습니다.
>
> 감사합니다. 김○○ 드림

메일을 열어본 홍○○ 대리는 어떤 느낌일까요?

업무가 설정된 배경이나 본인에게 할당되는 과정에서
그 어떤 사전이해, 사전소통이 없었고,
앞으로도 없을 것 같아 황당하고 당황스럽습니다.

'나는 또 김○○ 팀장의 병풍 역할이구나.'라는 느낌이 강하게 들 겁니다.
또한 '뭘 어떻게 하라는 것인가?'에 대한 막연함,
'커뮤니케이션의 순서가 뭔가 잘못된 것 아닌가?'하는 답답함도 밀려옵니다.

방금 이러한 상황에서 무엇이 잘못되어 있었을까요?
업무지시의 대화 상황 속에서 필요한 바람직한 선배의 모습을 통해 알아보겠습니다.

업무지시 대화 속에서 선배가 지켜야 하는 원칙은 아래 3가지입니다.
계획성(計劃性),
대면성(對面性),
구체성(具體性)

각각 세부 내용을 설명하기 전에
위의 상황(다른 사람에게 쓰는 메일 속 참조로서 일을 시키는 상태)에 빗대어
설명을 해보자면,

업무지시 대화의 원칙인 '대면성'을 전혀 찾아볼 수 없고,
게다가 '계획성'과 '구체성'도 없는 상태입니다.

업무지시 대화 삼합의 요소별로 의미와 중요성을 설명해 보겠습니다.

첫째, 계획성(計劃性)입니다.

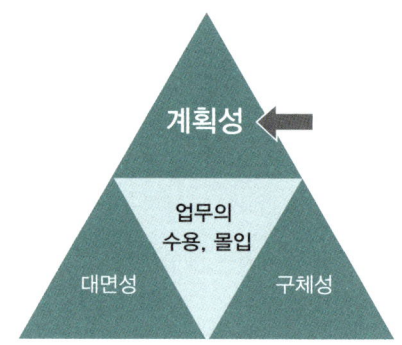

계획성 없이 업무지시를 하는 모습은 보통 아래와 같습니다.

- 끝까지 쥐고 있다가 업무지시를 합니다.
- 마감, 데드라인에 임박해서 업무지시를 합니다.
- 기획단계가 한참 지나고 나서 허드렛일 위주로만 업무지시를 합니다.

급하게 업무를 받은 당사자인 후배에게는 이런 생각이 들기 마련입니다.
'원래 내 업무가 아닌데, 급하게 내가 떼워야 하는 상황인가 보군.'

원래 내 것이 아닌 일에 업무 몰입도는 당연히 낮아집니다.

일이란 선배에 의해 계획된 상황에서
사전에 미리 미리 후배에게 부여되어야 합니다.

마감에 닥쳐서 하는 업무지시,
즉 계획적이지 못한 업무지시의 부작용 몇 가지를 살펴보겠습니다.

1. **지시하지 못하는 경우도 발생합니다.**
    이 경우 선배는 늘 바쁘고, 후배는 놀게 됩니다.
    선배가 바쁘고 후배들이 편한 조직에서 고성과는 이미 물 건너간 상황이며,
    후배들의 성장은 만들어지지 않습니다.

    업무를 미리 계획하지 못한 상태이거나
    예측하지 못한 상태에는 일단 급한 불부터 꺼야 하는 상황이 벌어집니다.
    그런 상황에서는 선배가 그 일을 해치워버리거나,
    그 일에 익숙한 한 명에게 다시 부여됩니다.
    다음번에 유사한 일이 발생하더라도 동일한 상황이 또 반복됩니다.

물론 선배가 모든 일을 예측할 수는 없습니다.
선배는 신이 아니기 때문입니다.
하지만,
**급한 불 끄듯이 헐레벌떡 대응하는 상황이 자주 발생하는 것은
선배의 역량 부족에 기인합니다.**

회사에 일이 많아서 야근을 하는 경우도 있지만,
선배가 일의 그림을 미리미리 못 봐서 부랴부랴 대응하게 되어
어쩔 수 없이 야근을 하는 경우도 허다합니다.

2. **단건형 지시로 일관됩니다.**
   예측에 실패하여 급하게 업무를 처리해야 하는 상황이 되면,
   작은 업무 위주로만 지시하게 될 확률이 높아집니다.
   큰 그림을 모른 상태에서
   단순하게 눈앞에 있는 부스러기 일만 하는 후배들의 성장은 멈추고 맙니다.
   또한 후배들의 업무수행 과정 속
   기획, 개선의 시도, 창의적 접근은 기대하기 어려워집니다.
   후배는 그저 일이나 하는 상태가 됩니다.
   따라서, 업무의 초기 단계에서부터 적임자인 후배를 관여시켜야 합니다.

   다음은 각종 업무들의 위계(Hierarchy)를 보여주는 표입니다.
   업무의 초기 단계부터 후배를 관여시키는 것이 왜 중요한지 보여줍니다.

	창의와 고민이 시작되는 일의 덩어리		
Job(직무)	마케팅	인사	인재개발
	수요예측	인력운영	교육실행
Duty(책무)	시장조사	채용	신입사원 교육
Task(과제)	설문조사	면접실행	강사진 구성
Element(요소)	결과코딩 (엑셀질)	면접장소 (삽질)	ELEMENT (요소)

업무 초기 단계부터 후배를 개입시켜야 하는 이유

모든 업무들은 'Job – Duty – Task – Element'의 위계 속에서 존재합니다.

사전에 미리 계획된 상태에서 초기에 업무를 부여하게 되면
Task 단계의 업무를 제시할 수 있습니다.
일명, 일의 덩어리를 떼어 주는 것이죠.

하지만, 급박한 상태에서 업무를 부여하는 경우에는
가장 하단에 있는 Element 단계의 업무를 줄 수밖에 없습니다.

결국 후배는 큰 그림을 이해하지 못하는 상태에서
시킨 사항에 대응만 하면 되는 낮은 수준의 일만 하게 됩니다.

**그리고 낮은 수준의 일들을 후배 스스로도 하대하며
'엑셀질, 코딩질, 전화질'과 같이 일 자체를 비꼬는 이름을 붙입니다.
그저 마지못해 하는 귀하지 않은 일인 겁니다.**

Task 단계에서 업무를 받게 되면, 즉 덩어리로 일을 받게 되면
그냥 일이 아닌 내 역할로 인식할 수 있습니다.
그러면 고민의 여지가 깊어집니다. 일에 자존심을 걸고 하는 거지요.

실무자로서 창의적 접근을 시도할 수 있는 욕심도 생깁니다.
"예전보다 더 잘하려면 이번에는 어떻게 할까?"
"고객이나 현장에서 원하는 불편함을 어떻게 해소해 줄까?"를 생각합니다.
그래서 기존과는 다른 그 무엇을 만들어 낼 수도 있게 됩니다.

이 경우, 실무자인 후배의 자발적인 아이디어와 에너지가 더 투입되고
영혼을 가지고 일하기 시작합니다.
바로 '일이나 하는' 게 아닌, '일을 하고 있는' 자신의 모습을 찾는 겁니다.

나중에 그 일을 후배 본인이 직접 했다고 떳떳하게 말할 수 있도록 해주려면
일을 덩어리째 주어야 합니다. 그러기 위해서는 일에 대한 계획성이 전제조건입니다.

3. 저성과의 악순환이 반복됩니다.

후배가 성과를 내기 위해서는 최소한의 시간이 보장되어야 합니다.

우수인재들의 특징을 보면
업무를 미리 예측하면서 일을 한다는 특징이 있습니다.
일에 끌려다니는 게 아니고, 일을 직접 끌고 가는 겁니다.

다음 표를 보십시오.

우수인재의 업무예측기간과 성과특징						
직 급	업무예측기간	성과특징				
		적시성	완결성	효율·효과성	개선성	(미래)대비성
사 원	1개월 후를 읽음	✓				
대 리	3개월 후를 읽음	○	✓			
과·차장	6개월 후를 읽음	○	○	✓		
팀 장	1년 후를 읽음	○	○	○	✓	
임 원	3년 후를 읽음	○	○	○	○	✓

사원급이라면 1개월 후,
대리급은 3개월 후,
과장/차장급은 6개월 후,
팀장급은 1년 후,
임원은 3년 후를 읽으면서 일하면 "일 참 잘하네."라는 평을 받습니다.

각 직급마다 요구되는 성과의 특징 또한 다릅니다.

- 제 시간에 끝냈는가에 해당하는 **적시성**
- 결과물에 결점이 없고 제대로 매듭까지 잘 지어졌는가에 해당하는 **완결성**
- 업무 결과의 임팩트가 있었고 올바른 방식으로 접근되었는가에 해당하는 **효율/효과성**
- 기존 대비 새로운 가치가 만들어졌는가에 해당하는 **개선성**
- 새로운 미래를 읽어내어 지속 가능한 경쟁력을 만들었는가에 해당하는 **(미래) 대비성**

이러한 직급별 고성과자가 취하는 업무수행 방식과 성과의 특징에는
공통점이 하나 있습니다.
'미리 보장된 여유'입니다.

지금 받은 업무의 데드라인이
'당장 오늘까지!'
'내일 아침에 출근하면 볼 수 있도록!' 하는 전제가 지속되면
여유는 사라지고 앞만 보고 달리기 급급합니다.

선배가 미리 미리 제시한 업무로 인한 '여유'는
후배에게 노는 시간을 주는 것이 아닙니다.
고민의 시간으로 쓸 수 있도록 미리 믿고 맡겨주십시오.
일을 넘어서 역할을 맡기면 그 여유는 훨씬 더 건설적이게 됩니다.

선배의 Longer Frame 업무시간 관리는
본인 및 후배의 성과와 개인 행복을 보장합니다.

둘째, 대면성(對面性)에 대해 이야기를 해보겠습니다.

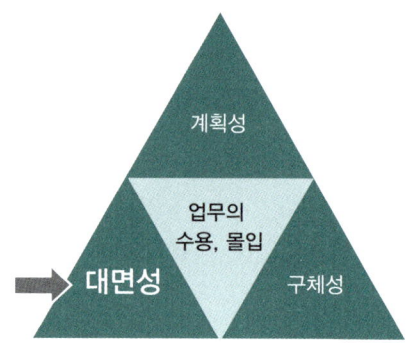

가장 기본입니다.
얼굴을 보고 업무를 주어야 합니다.
얼굴을 직접 마주보고 일을 시키는 것이 기본적인 예의이자 원칙입니다.

잠시 시간을 내어, 차 한잔 하면서
후배의 얼굴을 보면서 차근차근 설명해 주어야 합니다.

후배는 선배와 함께한 장면에서 논의되었던 일,
대면하며 주고 받았던 의견 속에 있던 일에 대한 값어치를 더 귀하게 책정합니다.

업무지시 대화에 있어 대면성은
매우 중요한 선배의 태도이자 직접 보이는 행동입니다.

업무지시는 마음속에서 움직이는 것이 아니고,
상호 간의 의견을 교환하는 장면인 '대화'에서 일어납니다.
후배와 대화하지 않으면서 올바른 업무지시를 한다? 말도 안 됩니다.

Google에서 진행했던 프로젝트 옥시전(Project Oxygen)의 결과를 보면
후배와 함께하는 대화가 왜 중요한지 알 수 있습니다.

지속적인 성장을 유지하기 위해 Google은
좋은 보스(Good Boss)를 길러낼 방법에 대한 필요성을 느꼈습니다.
"좋은 보스는 회사의 성과를 높일 뿐 아니라 구성원들도 행복하게 만든다."는 전제하에
2009년에 프로젝트를 시작했습니다.

팀장급 이상에 관한 자료 100종류, 1만 건 이상을 수집했습니다.
업무평가, 대면조사, 설문조사, 사례연구 등 입수 가능한 데이터를 철저하게 분석했고,
그리하여 좋은 보스가 되기 위한 8가지 조건이 추려졌습니다.
그 8가지 조건의 리스트를 중요도에 따라 순위를 매겼는데, 뜻밖의 결과가 나왔습니다.

구글이 1998년 창업 이후 무엇보다 중시해온 '기술적 전문성'이
꼴찌에 겨우 턱걸이한 것입니다.
그 대신 '구성원의 이야기를 잘 들어 준다.',
'구성원의 웰빙(Well Being)에 관심을 둔다.'가 2위와 3위를 차지했습니다.

좋은 리더의 특징 1위는
'구성원과 1 : 1 대화를 자주 한다.'입니다.
결국 좋은 리더십의 장면은 1 : 1 대화입니다.

업무지시 장면에서도 '대화'를 통해
선배의 의중이 전달되고, 후배의 상황을 정확히 인지할 수 있습니다.

리더십에서 '대화'가 중요한 이유의 사례를 하나 더 들어볼까요?
Global Leadership Talent 분야의 선두기업인
DDI(www.ddiworld.com)에서 연구한 결과입니다.

조직 내 전 리더에게
구성원과 상호작용/소통을 하도록 하고, 이를 지속 강조했던 회사는
그렇지 않은 다른 회사에 비해
리더의 성장경험이 2배,
리더십 강점이 3.5배,
리더십으로 인한 재무적 효과가 2배,
리더 승계계획 달성률이 20% 높게 나왔습니다.

1 : 1 대화를 통해서
구성원도 성장하고 리더도 성장하며 회사도 성장한다는 것을 잘 보여줍니다.

이렇듯 리더십 발휘의 장면,
특히나 업무지시의 장면에서 '대화'는 매우 중요합니다.

선배인 당신에게 텔레파시 능력이 없다면 반드시 '대화'해야 합니다.
'척하면 척 알아듣겠지?'라는 착각을 버려야 합니다.
리더십은 Outer Game입니다. Inner Game이 아닙니다.

선배의 마음속에 아무리 좋은 뜻과 의지가 있어도 소용이 없습니다.
함께 대화하는 장면에서만 선배들의 의지와 생각이 전이됩니다.

대면성은 '연결'에 가까운 단어입니다.
그래서 대면성의 반대는 비대면이 아닙니다.
'단절'입니다.

대면성이 없는 업무지시 모습을 다음 몇 가지 상황으로 꼽을 수 있습니다.

1. **이메일, 메모, 사내 메신저로 업무지시를 합니다.**

   메일, 메모, 사내 메신저, 카톡 모두 의사소통의 방법은 맞습니다만
   사람이 가진 감정의 상태나 근엄함, 분위기 등을 전달하기 어렵습니다.

   이 경우, 업무에 대한 오해가 발생할 수 있습니다.
   상호소통이 단절된 One Way 커뮤니케이션으로만 진행되기 때문에
   후배의 질문, 염려, 정보확인 등이 차단되어 버릴 수 있습니다.

   이렇게 단절된 업무지시를 받은 경우
   후배가 끙끙 싸매고 고민하다가 나중에 결국 선배를 찾아가 대면하게 됩니다.
   대개 이런 경우에는 시간만 흘러가고, 그동안 이루어진 성과는 거의 없을 수 있습니다.

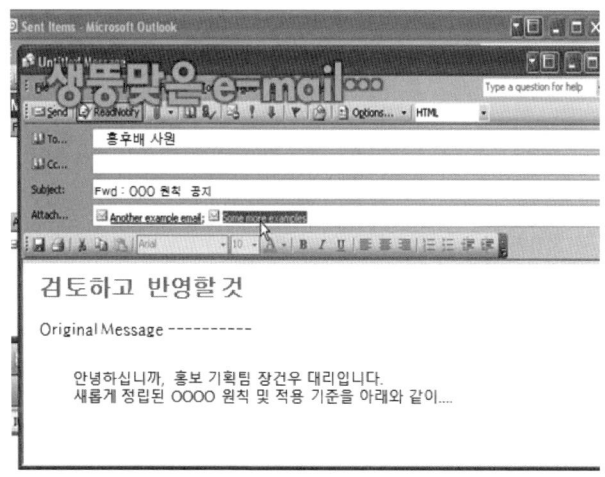

   위의 그림은 비즈니스 상황에서 흔히 볼 수 있는 업무 관련 이메일입니다.
   아무런 대화 없이 달랑 '검토하고 반영할 것'이라고만 던져진다면
   업무에 대한 몰입도가 생길까요?

   최근 도래한 비대면 업무 상황, 재택근무의 상황에서는
   '메일로 업무지시 하는 게 어쩔 수 없는 것 아닌가?' 하는 의문이 생길 겁니다.

대충 업무지시를 하고 대충 관리했던 선배는
비대면 상황에서 멘탈이 내려앉고,
사람과 일 모두 손 안에 안 들어와서 답답해 죽겠다며 호소합니다.

**하지만 비대면의 업무 진행 상황이야말로
진짜 리더십이 좋은 선배가 빛을 발하는 때입니다.**

이미 과제의 큰 그림을 선배와 후배가 같이 공감하고 있고,
해당 과제에 대해 지속적인 업무교류를 해왔으며
후배의 업무 진행 상황, 업무 관련 고민에 대해 충분히 공감하고 있었던 선배는
비대면 근무 상황에 훨씬 잘 대처해 나갑니다.

그저 옆에 없는 것일 뿐 일에 대한 그림과 과정은 연결되어 있는 겁니다.

앞서 말한 것처럼 대면의 반대는 비대면이 아니라 '단절'이고,
대면과 유사한 단어는 '연결'입니다.

단순한 텍스트로만 충분히 연결되기에는 우리의 업무는 많이 복잡합니다.
**따라서 선배는 무조건적인 텍스트 기반의 업무지시에
의존하지 말아야 합니다.**

필요하다면 전화라도,
필요하다면 화상 Tool로도 추가적인 설명을 하고 질문도 받아야 합니다.
그래야 연결이고 대화입니다.

2. **업무계획서의 내용으로 업무지시를 합니다.**
    보통은 회사별로 주간업무, 월간업무 계획을 수립하고
    모든 구성원이 공유하면서 각종 업무의 진척상황을 체크합니다.

선배가 가지는 착각 중 하나가, 이러한 업무계획표에 과제와 담당자가 기록되면
해당 실무자에게 업무가 할당된 것이라고 치부하는 것입니다.
업무계획서의 List에 올렸다고 해서
그가 그 업무를 가슴 깊이 받아들였을 것이라는 인식은 너무 과격하고 성급합니다.

비즈니스 상황 속에서 이심전심(以心傳心)은 거의 발생하지 않습니다.
후배는 기계가 아니므로, 입력하고 등록했다고 해서 일을 열심히 하는 존재가 아닙니다.

3. 문자메시지, SNS로 업무지시를 합니다.

SNS가 대중화되면서 모든 업무를 SNS상에서 전달하고 보고받는
이상한 문화가 형성되기 시작했습니다.
일명 '카톡경영'이라고 명명하고
스피디한 업무처리와 열린 소통을 하고 있는 것이라 위장했지만,
후배들은 카톡경영에 골로 갑니다.

심하면 페이스북에 댓글을 달면서 업무지시를 하는 선배도 있다고 합니다.

주말에 SNS를 통해
선배의 업무 관련 메시지를 받았을 때 생기는 스트레스를 겪어본 사람들은 다 알 겁니다.
꽤 높습니다.

카톡을 읽고 1이라는 숫자가 없어지면
상대에게 빨리 답을 해야 하는 상황이 만들어집니다.
상대가 선배면 더 조급해집니다.

시간을 지체하지 않고 빨리 업무에 대한 답을 해야 하니
실무자인 후배의 입장에서는 상당히 피를 말리는 스트레스입니다.
그것도 주말에 말입니다.

이 스트레스의 강도를 비교해보면
'번지점프대에서 뛰어 내리기 직전의 스트레스'와 맞먹는다는 연구조사도 있습니다.

또한 카톡으로 업무를 받았을 때 어떤 생각이 드는지 물어보면
후배들은 아래와 같은 답변을 많이 합니다.

> "잘 안 읽혀요."
>
> "업무지시의 배경파악이 어려워요."
>
> "왠지 모르게 급박한 느낌이 들어서 당황스러워요."
>
> "나중에 다시 설명해 주실 거라고 생각하고 크게 집중하지는 않아요."

정말 급한 건이라면, 대면하지 않고 SNS로 업무를 지시할 수 있겠지만
이는 임시방편일 뿐입니다.
습관적이고 고질적인 SNS 지시는 나쁜 겁니다.

별도의 시간을 내어 얼굴을 보고(아니면 화상회의나 전화로라도)
직접 배경과 맥락을 소개하면서
공식적 업무부여 상황을 만들어 주어야 그때부터 업무의 주체가 이관됩니다.

4. 다른 사람의 입을 통해 업무지시를 합니다.

무조건 선배가 직접 업무를 주는 모습을 만들어야 합니다.
다른 사람의 입을 빌려서 업무를 지시받게 되면
참 오묘하게 기분이 안 좋습니다.

예를 들어 같은 팀의 A가 B에게 말하기를

> A : "이 업무는 B가 할 거라고 팀장님이 그러셨어요. 알았죠?"
>
> B : "네? 제가요? 왜요?"
>
> A : "글쎄요, 아, 팀장님한테 얘기 못 들었구나... 어제 저에게 그랬어요.
>   B님에게 이 업무 하라고 얘기해주라고"

대신 전달받거나 간접적으로 업무를 지시받은 기분입니다.

후배는 뭔가 상당히 찜찜합니다.

업무지시를 받기는 한 것 같은데 이렇게 돌아서 얘기를 듣는 본인 입장이 난감하고, 소통하는 순서가 많이 뒤죽박죽된 것 같은 찜찜함을 가집니다.

대신 전달받은 일은
대신 하는 것처럼 대충 해도 된다는 생각마저 듭니다.

기억하십시오.

대신 전달받은 업무는 남의 것일 뿐입니다.

업무지시의 대화는 무조건 1 : 1 구도여야 합니다.

5. **부적절한 장소, 상황에서 업무지시를 합니다(뒤틀린 대면성).**

얼굴을 보고 업무를 지시한다고 해서 모든 게 다 해결되는 것은 아닙니다.

업무를 지시할 때에는

자리의 위엄이 떨어지는 장소와 상황은 피하는 것이 좋습니다.

예를 들면 점심식사 자리에서 업무지시를 하거나

회식자리에서 업무지시,

너무 Casual한 상황에서 업무지시(담배 피울 때 또는 지나가다 만나면 세워놓고)

등의 상황이 있습니다.

가급적 위엄이 있는 장소와 공식적인 느낌을 주는 장소에서

얼굴을 보면서 진행되어야 합니다.

그래야 선배의 영(令)이 섭니다.

자리와 상황이 주는 신뢰와 무게감이 있고,

이는 업무지시 대화에서 은근히 중요합니다.

너무 일반적인 상황에서 아무 때나 업무지시를 하는 경우에는

이게 공식적으로 업무지시를 하는 것인지

아니면 그냥 대화인지 후배를 헷갈리게 만듭니다.

지금부터 업무지시의 대화가 시작된다는 그 분위기를 정확하게 만들어 주십시오.
그래야 제대로 귀 기울여 듣기 시작합니다.

업무지시의 삼합 중 마지막 세 번째는 '구체성(具體性)'입니다.

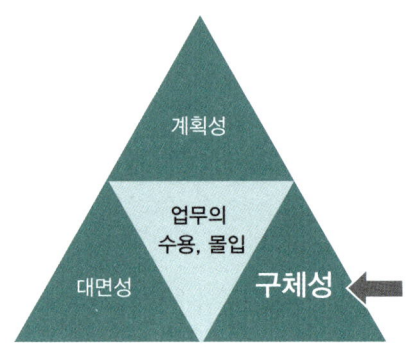

업무지시의 대화 내용은 구체적이어야 합니다.
이는 너무나 당연하지만, 구체적 업무지시를 제대로 수행하는 선배가 흔치 않습니다.

여기서 구체성은 '상호 구체성'이어야 합니다.
일을 시키는 선배에게 구체적인 게 중요한 게 아닙니다.
일을 하게 될 후배에게 구체적이어야 합니다.

심리학 용어 중 '지식의 저주'라는 것이 있습니다.
지식의 저주란 미국 스탠퍼드 경영전문대학원 교수 칩 히스(Chip Heath)가
의사소통 문제를 설명하며 자주 언급한 개념입니다.

본래 의미는
'사람이 무엇을 잘 알게 되면
그것을 모르는 상태가 어떤 것인지 상상하기 어렵게 된다.'라는 뜻입니다.

전문가들은 자신의 지식 수준에 기대어 일반인들의 수준을 예단하게 됩니다.
그 때문에 전문가들이 나름대로 쉽게 설명한다고 생각하는 내용도
일반인들은 이해하기 어려워지는 등 의사소통 문제가 발생합니다.

쉽게 말하면, '내가 알면 상대도 당연히 알겠지.' 하는 착각을 말합니다.

선배도 사람인지라 업무지시 대화의 상황에서 지식의 저주에 자주 빠집니다.
자신이 그 업무의 상황, 배경, 실행방법 등을 알고 있으니
상대방인 실무자 후배도 잘 알 것 같은 착각이 생기는 겁니다.

그러다 보니 차근차근 세세하게 알려주기보다는,
후배가 어느 정도 알고 있을 것이라는 전제하에
자세한 설명을 누락시키면서 업무를 지시하게 됩니다.
그러면서
"다 알잖아.", "문제없지?", "쉽지?"라는 말을 남발합니다.

업무지시 대화 속에는
이 업무가 시작된 배경과 더불어 어떻게 처리하는 것이 좋겠는지,
누구한테 어떻게 보고할 계획인지,
결과물은 어떤 형태이며, 후속으로 어떻게 연결되는지를
후배가 같이 알게 해주어야 합니다. 이게 진짜 업무지시의 구체성입니다.

이러한 구체성이 없이 모호하게 업무를 주게 되면
후배는 혼자서 낑낑대다가 결국은 '삽질'로 끝나게 됩니다.

"일은 최소 3차원으로 지시해야 한다."라는 말이 있습니다.
1차원, 2차원적인 업무지시는
단순하게 하나의 지점 또는 단순한 하나의 면만을 보여주고 일을 시키는 경우를 말합니다.

더불어 3차원의 업무지시인 경우에는, 일에 대한 배경정보를 충분히 주고
입체적으로 볼 수 있도록 시야를 준다는 것입니다.

또한 4차원의 업무지시는 시간의 흐름까지 부여하여
일의 전개 방향과 향후 예상 결과물까지의 모습을 같이 알려 주는 것입니다.

어떤 차원으로 업무를 지시했느냐에 따라서
후배를 통해 나오게 되는 결과물의 수준은 분명 다를 것입니다.
동일한 인물이 업무를 수행했더라도 말입니다.

아래 가상의 업무지시 대화 두 가지를 보십시오.
1차원적 업무지시와 3차원 이상의 업무지시의 차이가 극명합니다.

※ 상반기 영업본부 실적 리뷰 및 사기진작을 위한 워크숍을 준비하고자 한다.
　　영업관리를 담당하고 있는 나(선배)는 후배(홍○○ 대리)와 함께
　　이 업무를 진행하려 하며, 후배에게는 상반기 실적자료 취합을 지시하고자 한다.

> "홍○○ 대리, 본부워크숍 준비말이야,
> 다음 주까지 영업본부 실적자료 보고해야 하니까
> 월요일까지 자료 만들어서 가져와."

배경, 원하는 기한, 결과물의 형태, 기대사항 등이
전혀 구체적이지 못한 업무지시 대화 멘트입니다.

이렇게 용감하게 무대포 식으로 주는 업무지시는
흡사 '백지위임장'을 넘겨주는 행위입니다.
잘못되면 정말 큰 사고가 납니다.

이 상황을 구체적인 업무지시 대화로 재구성해 본다면
아래와 같이 바뀔 수 있습니다.

실무자인 홍○○ 대리 입장에서 이야기를 듣는다고 가정해보면서
어떤 느낌이 드는지 정리해 보십시오.

"다음 달에 있을 상반기 영업본부 워크숍을 나와 같이 준비하게 되었는데,
이러한 본부 워크숍은 영업을 담당하고 있는 우리 본부에게는
상당히 중요한 일이야.

시장과 고객의 변화가 실제로 일어나고 있는 상황을 다시 한번 점검하고
다음 하반기를 어떻게 대응해야 하는지를 결정하기 위함이거든.
영업관리 직무에서는 이러한 영업실적집계 작업은
우리 본부의 큰 흐름과 현상을 파악하기에는 아주 좋은 기회이지.

더구나 새롭게 영업관리를 시작하는 홍○○ 대리에게는
약간 도전적일 수 있지만,
이 과제를 하게 되면 영업본부의 상황을 모두 간파할 수 있을 것이고
나 또한 이러한 본부 실적집계 작업을 몇 번 하게 되면서
회사의 큰 방향과 현실을 정확히 알게 되는 좋은 경험이었어.

그리고 각 영업팀의 실무자와의 공식교류기회가 만들어질 수 있으니
새롭게 이 업무를 시작하는 홍○○ 대리의 입지를 넓힐 수 있는 기회가 될 거야.
그래서 홍○○ 대리가 워크숍에서 활용할
상반기 영업본부의 실적분석자료를 만들어주었으면 해.

영업본부 실적자료를 만들기 위해서는
각 영업팀별 실적을 영업정보관리 시스템에서
올해 1월 1일부터 6월 31일자까지의 자료를 우선 확보한 후... (중략)

단순히 실적만 보고자 하는 것이 아니기 때문에
각종 원가변동사항 및 이익률도 같이 보아야겠지.
이 자료는 재무팀 ○○○에게 요청하면 될 거야.
정확하게 자료를 요청하기 위해서는 엑셀로 정확한 테이블을 그려서
내부 공문서를 보내는 게 좋겠어.
공문서 양식은 예전에 내가 작성했던 게 있으니, 바로 메일로 보내줄게.

결과물은 최종 파워포인트 형태로 만들어져야 하며
약 20분간 발표할 수 있도록 준비해야 해.

발표는 영업관리 팀장님이 하실 예정이니,
다음 주 금요일까지는 팀장님께서 검토하실 수 있도록 하자.

이 업무 실행과정에서 가장 중요한 것은 '정확성'이야.
수치 기반으로 의사결정을 해야 하는 만큼 모든 자료에는
한 치의 오차도 있어서는 안 되겠지.

또한 최종 결과물을 통해서 다음 하반기의 전략을 수립해야 하기 때문에
결과물의 '재활용성' 또한 중요해.
단지 발표자료로만 활용되는 것이 아니고,
워크숍 이후 관련 부서에 이 자료를 공유해야 하기 때문이지.

혹시 필요한 것이 있거나, 모르는 것이 있으면 지금 같이 얘기하면서 풀어보자."

실무자 입장에서는 어떤 느낌이 들었나요?
이 일은 나에게 어떤 의미를 주는지
내가 어떤 방식으로 일해야 성과를 낼 수 있는지 훨씬 첨예하게 이해됩니다.
그리고 선배의 정성도 느낄 수 있습니다.

이런 정성이 깃든 대화 속에서만 일의 주인이 후배가 됩니다.

이것이 바로 후배가 일을 쥐고 흔들고 있도록 고삐를 넘겨주는 대화입니다.
그래야 후배가 일할 맛이 납니다.
"어디... 어떻게 한번 잘해볼까~" 하는 흥도 올라옵니다.

업무지시 대화모델 'C.O.A.C.H'

앞서 보았던 좋은 업무지시 대화의 3요소인
계획성, 대면성, 구체성은 대화의 기본예절입니다.
업무지시가 성공하기 위해 필요한 기본조건입니다.

그렇다면 어떻게 업무지시 대화를 이끌어가면 좋을까요?
이제는 그 대화법을 소개합니다.

다음 표에는 업무지시의 대화 장면에서 오가야 하는 대화요소가 나옵니다.

	Step	Item/대화요소
대화 흐름	**C**ontext	• 업무발생 배경, 전후맥락 • 본인 역할과의 연관성, 성장에 도움이 되는 점
	Outcome	• 업무의 공헌영역, 기대성과(팀, 고객, 회사의 연결점)
	Output	• 산출물의 모습(구체적 스펙, 완료이미지, 데드라인)
	Approach	• 접근방향, 추진전략(업무 진행의 개괄, 핵심반영사항)
	Action	• 실행계획 및 방법(Action Plan, 실행절차, 실행방법)
	Critical Point	• 업무추진시 가장 중요한 요소(반드시 지키기 바라는 1가지, 우선순위)
	Help	• 도움, 지원이 필요한 사항/질문사항, 확인 필요 사항 • 추가로 말하고 싶은 사항

업무지시의 대화모델 C.O.A.C.H

일명 C.O.A.C.H 모델인데, 각 대화 구성요소의 영어단어의 Initial을 따왔습니다.

C.O.A.C.H는 우리가 흔히 쓰는 친숙한 용어이며,
누군가를 좀 더 성공으로 이끌어 주는 사람이자
내면의 가능성을 촉발시켜 주는 인물입니다.

좋은 업무지시 대화를 통해서 선배는 후배의 성과를 드높여 줄 수 있고,
후배의 잠재력을 끄집어낼 수 있기 때문에

대화모델에 C.O.A.C.H라는 이름을 붙였습니다.
이제부터 각각의 C.O.A.C.H 요소가 무엇인지
그 정의와 의미를 설명해 보겠습니다.

1. 명쾌한 업무지시의 대화요소 C.O.A.C.H 중

Context(업무의 맥락, 나와의 연관성)

업무지시 대화 중 'Context'에 대해 소개하기 전에
다음 표부터 보시지요.

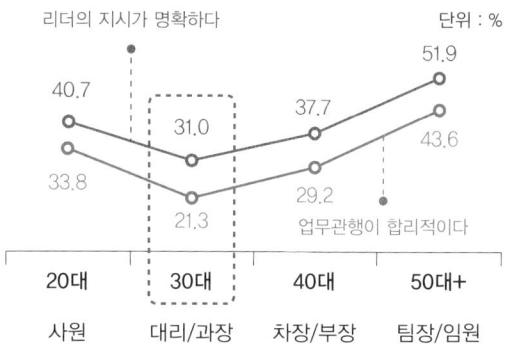

한국기업의 세대갈등과 기업문화 종합진단 보고서_대한상공회의소(2020.04.08)

업무 방식의 체계성

대한상공회의소에서 조사했던 결과입니다.
대리/과장급이 가장 심하게
리더의 업무지시가 명확하지 않으며,
업무를 하는 방식이 합리적이지 않다고 말하고 있습니다.
대리/과장급이 가장 실무적으로 일을 많이 하는 직급이니
이는 현실의 문제를 잘 반영하고 있습니다.

맞습니다. 이 결과는 누구나 쉽게 예상할 수 있었던 결과일 겁니다.

그래서 실제로 주니어급인 사원/대리/과장급에게 물었습니다.
"왜 업무지시가 명확하기를 바라나요?"
대부분의 응답은 이랬습니다.
"리더의 지시가 명확하지 않아서요."
"불명확한 업무지시 때문에 삽질하고 싶지 않아서요."

하지만 아주 솔직한 답이 있었습니다.
"딱! 그것만 하고 싶어서요!"
엄청나게 솔직한 이 답변은 업무지시의 현실을 적나라하게 보여줍니다.

후배는 일의 의미를 모르고 있는 경우가 많습니다.
월급을 받고 있으니 일을 하겠다만
이 일은 그저 위에서 시켜서 마지못해 하는 것일 뿐입니다.

일의 의미를 모르는 상태입니다.
일의 피상만 알고 있으니 받아들임이 없는 겁니다.
**남의 것을 대신 해주는 대행사 직원인 것처럼 일하는 후배를 욕하기 전에
그 후배가 일을 귀하게 받아들일 수 있도록 해주었는가의 반성이 우선입니다.**

그래서
**무엇을 해야 하는지 알려주기 전에 왜 하는지부터 알려주어야 합니다.
그것도 가장 먼저!**
(그래서 이 대화모델에도 가장 먼저 나와있습니다.)

왜 하는지를 알려주는 대화요소가 바로 Context입니다.
Context는 업무지시 대화의 제일 중요한 맏형이자 선행조건입니다.

Context는 크게 2가지의 '왜'로 구분됩니다.
첫째는 '이 업무는 왜 발생한 것이고 왜 중요한 것인지'(업무의 전후 맥락 공유)
둘째는 '이 업무는 왜 내가 해야 하는 것인지'입니다(나와의 연관성).

먼저, 과제맥락 공유의 Context인
즉 '이 일은 왜 발생한 건지, 왜 중요한지'의 대화 측면을 보겠습니다.

요즘 MZ 세대들이 직장생활에서 원하는 것 중 하나가
'투명함과 공정성'이라고 합니다.
그들이 꼽았던 싫은 선배의 특징 중 상위권에 항상 있는 것이
"그냥 하라면 해!" 하는 고압 업무지시 상황입니다.

**MZ 세대는 선배가 업무의 배경과 맥락을 설명해 주지 않는 것도
투명성이 없는 것이라고 생각합니다.**

선배가 일에 대한 그림이 흐릿한 상태에서 나에게 떠넘기는 것은 부당한 겁니다.
선배는 배경을 많이 알고 정보를 독차지했지만
후배는 이면의 내용을 모른 채 암담한 상태에서 일하는 상황은
정보의 비대칭성이고, 이것은 부당한 겁니다.

월급을 받고 있으니 시킨 일을 하겠다만,
내가 해야 하는 일에 대한 의미와 중요성을 알려주지도 않는 것은
투명함이 없고 정당함이 없는 행위라 여기는 겁니다.

선배가 알고 있는 일의 배경과 맥락을 단 1분만이라도 말해주십시오.
받아들이는 후배 입장에서는 좀 더 공정하다고 느끼고 거부감이 덜해집니다.

아시죠?
일의 배경과 맥락을 알아야 그때부터 잘하기 위한 고민을 시작할 수 있다는 점을요.
상대를 하수인으로 전락시키는 말은 "이거 해!(Do it!)"입니다.

일의 의미(Meaning)

MZ 세대에게 가장 중요한 것은 '일의 Meaning(의미)'입니다.

후배는 왜 자신이 이 일을 해야 하는지 알 때 놀라운 결과로 보답합니다.
즉, Little bit more을 추구합니다.
스스로 업무의 양과 질에 욕심도 내본다는 겁니다.

바쁘디 바쁜 선배가 가장 놓치기 쉬운 부분이지만
그렇지만 선배의 역할 중 가장 우선이 되어야 할 부분이
바로 '일의 의미'를 짚어 주는 것입니다.

실제로 자신이 하는 일의 의미를 제대로 알고 진행하는 후배와
그렇지 않은 후배는 생산성에 있어 몇 배의 차이가 납니다.

사람은 자신의 노력이 가치있는 곳에 쓰인다는 것을 알 때,
자신이 하고 있는 일이 회사와 동료, 그리고 사회에
어떤 기여를 하는 것인지 잘 알고 있을 때에만 몰입해서 즐겁게 일합니다.

요즘 세대는 더더욱 그렇습니다.

저희 입장에서 제일 답답하고 힘든 선배가 누구냐면

위에서 내려오는 지시를
불변의 진리라고 여기고

"하라면 해." 하는 사람들이에요.

이런 선배들은 결국 나중에 평가만 하려고 들어요.

후배는 자신이 수행하는 업무의 맥락, 배경, 정황을 명확하게 듣게 되면
업무에 대한 배경이해도가 높아지면서
피드포워드(Feedforward)가 가능해집니다.

피드포워드(Feedforward)와 상반된 업무 모습을
피드백(Feedback)이라고 볼 수 있는데, 이를 먼저 이해하면
피드포워드(Feedforward)의 이해가 빠를 겁니다.

업무맥락 이해가 중요한 이유

업무보고장면에서 피드백(Feedback)은
본인이 지시받은 업무 건에 대해서만 응답하는 단선적 형태의 보고입니다.
딱 시킨 것만 문제없이 수행하는 응답입니다.
문제라고 할 수는 없지만 딱히 보기 좋은 모습은 아닙니다.

이와 달리,
피드포워드(Feedforward)란 자신이 업무지시를 받은 건 외에도
실무자로서 업무를 하다 보니 필요성을 느낀 다른 영역의
업무 결과까지 미리 만들어내는 경우를 말합니다.

시킨 것 이외에도 연관된 다른 건을 동시에 같이 수행하는
보다 주도적이고 진취적인 실무자의 모습입니다.

예를 들면,
신상품의 1분기 매출현황 조사에 대한 업무지시를 받고 진행하다 보니,
현재 재고상황도 같이 고려해야 함이 효율적으로 보여
신상품 매출현황과 함께 현재 재고상황을 동시에 보고하는 경우

신규 입사자를 위한 회사소개자료 제작에 대한 업무지시를 받고
진행하다 보니, 신규 입사자의 가벼운 궁금증을 해소해 줄
분야별 담당자 리스트와 사내연락처를 제공해 주는 것이
더욱 도움이 될 것으로 보여 결과물에 추가로 포함하는 경우

이러한 피드포워드(Feedforward)를 받는 선배는
그 후배가 얼마나 믿음직하고 예뻐 보일까요?

**피드포워드(Feedforward)가 가능해지려면,
맥락과 배경을 정확하고 구체적으로 알려주는
업무지시 대화가 선행되었어야 합니다.**

초반에 업무를 지시하는 데에 사용한 선배의 에너지가 클수록
나중에 업무를 거두어들일 때 사용해야 하는 스트레스가 줄어듭니다.

이 일이 왜 중요한지,
조직 또는 동료들이 얼마나 관심을 가지게 되는 일인지 소개해 주십시오.
업무 결과의 파급효과와 성과기여도가 높다는 것을 알고
본인이 그 일에 동참한다고 할 때 가슴이 뜁니다.

후배는 왜 이 업무를 해야 하는지에 대한
대의명분을 알게 되면 뿌듯함과 함께 전투력이 상승합니다.

이제는 '나와의 연관성, Context',
즉 '이 일은 왜 내가 해야 하는지'에 대한 측면을 보겠습니다.

우리 모두는 일하는 것을 좋아하지는 않습니다.
최소 후배가 그 일을 싫어하지 않도록은 해야 합니다.
일과 자신 사이에 어떤 긍정적 연관성이 있는지 알게 해주면

자신의 것으로 인지하고 품게 됩니다.
아래의 두 가지를 업무지시 대화의 초반에 풀어내십시오.

업무와 후배와의 연관성

내가 왜 이 업무의 적임자인지를 알게 되면 가슴이 뜁니다.
"많은 팀원 중에 왜 나일까?"
"이 업무가 좋든 싫든 간에 이 업무는 나 아니면 안 돼."라는 의식이 생기면
당연히 업무에 대한 애착이 생깁니다.
약간의 영웅의식도 생기지요.

업무를 통해 후배에게 이득이 되는 점, 또는
일을 통해 후배가 성장할 수 있는 점

"업무를 하게 되면 나에게는 어떤 도움이 될 것인가?"
이 질문에 긍정적 답변이 보이면 업무가 끌리게 마련입니다.
사람은 본성이 이기적인 동물이므로,
나에게는 어떤 이득이 있는가에 가장 관심이 생깁니다.
특히나 이 업무를 통해 성장할 수 있으며,
조직 내 입지를 마련할 수 있는 등의 이점은
업무수행 과정에서 예측되는 어려움과 짜증을 일부 마춰시켜줍니다.

2. 명쾌한 업무지시의 대화요소 C.O.A.C.H 중
Outcome/Output(업무의 공헌영역, 기대성과/산출물의 모습)

업무지시가 구체적이려면
일을 통해 이뤄내고자 하는 궁극적인 모습도
알려주어야 합니다.
일의 궁극적인 모습이란 크게는 공헌영역(Outcome),
작게는 산출물(Output)로 정의할 수 있습니다.

이 두 가지를 정확하게 설명하기 위해
다음의 그림으로 정리했습니다.

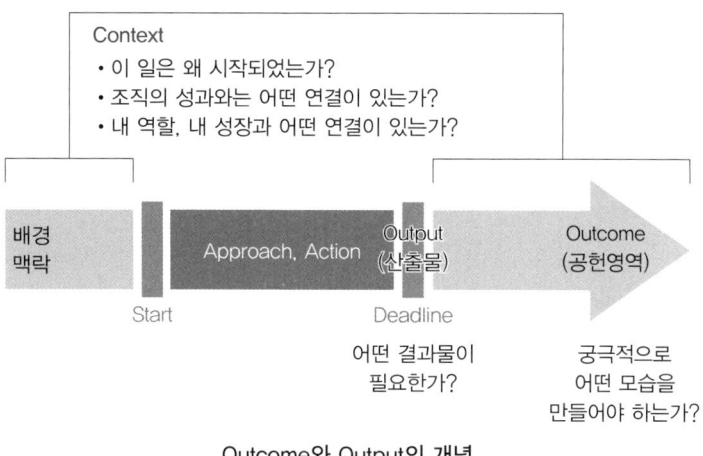

Outcome와 Output의 개념

Outcome(공헌영역, 기대성과)은
이 일이 종료되고 난 후 저 끝자락에서 만들어져야 하는 '성과장면'입니다.
일의 종료 시점보다 약간은 시간이 지난 상태의 지향점에 해당합니다.
그래서 Outcome은 개인/팀 차원의 단순 결과물이 아닌
업무 결과물이 활용되어 조직 차원으로 확대되어 있는 거시적 성과를 말합니다.

또한 Outcome은 현장/고객/이해당사자의 만족까지도 포함된 상태입니다.
결국은 "일을 잘 해냈다는 것은 무엇인가요?"에 대한 응답사항인 겁니다.

Output(산출물)은
데드라인에 맞춰서 나와야 하는 결과물이자 '실행장면'입니다.
성과보다는 작은 개념이고 단기적인 개념입니다.
당장 손에 쥐어야 하는 그 무엇이므로 Output은 자료형태에 가깝습니다.
고객/현장/이해당사자의 만족은 생각하지 못한 상태의 자료인 것이지요.
결국은 "일을 했다는 것은 무엇인가요?"에 대한 응답사항입니다.

그러므로 후배가 Output만 알고 일을 하는 것과
Outcome까지 알고 일을 하는 것의 차이는 극명하게 달라집니다.
단기적 실무자 마인드로 일하는가와
장기적 경영자 마인드로 일하는가의 차이로 나타납니다.

Outcome과 Output은 당연히 매우 구체적이고 사실적이어야 합니다.
"더 좋다.", "보다 정확하게" 등의 표현으로
목적이나 목표가 달성되었는지 측정할 수는 없습니다.

그래서 후배에게는
Outcome은 가급적 구체적 달성지표로,
Output은 결과물의 상세이미지로 알게 해주어야 합니다.

Outcome의 예는 아래와 같습니다.
- 객장 고객만족도 전년 대비 5% 상승
- 영업회전율 10% 인상
- ○○ 생산라인 불량률 5% 감소
- 신규제도의 현업 긍정률 70% 확보
- 신사업 관련 정부 투자금 유치 성공

위의 예를 보시면 우리가 일반적으로
연초에 설정하는 업무목표인 KPI(Key Performance Indicator)와 유사하지요?

맞습니다.
Outcome은 회사/본부/팀/개인의 성과 연결점을 잡아주는 겁니다.
그리하여 Outcome을 알고 있는 후배는
개인의 단순업무를 넘어서 조직성과에 기여하는 과정의 일원임을 이해하게 됩니다.

많은 경우 KPI는 연초에 안달복달해서 대충대충 잡았다가
6~7월에 성과관리 중간점검을 하라고 하니 그제서야 꺼내보고
나중에 연말이 되어서야 부랴부랴 다시 꺼내서 확인하는 경우가 많습니다.
일과 성과관리가 따로 노는 모습입니다.
이는 성과관리를 못 하는 선배들의 전형적인 특징입니다.

평소에 Outcome의 개념을 후배와 잘 논의했던 선배는
지속적으로 조직/팀/개인 KPI를 연동시킵니다.
이렇게 하면 뭐가 제일 좋은지 아십니까?
성과관리과정에서 최종 연말평가와 성과면담을 진행할 때 상당히 편해집니다.

Output은 업무의 결과 이미지, 산출물의 모습이므로
마찬가지로 구체적인 설명으로 후배에게 전달되어야 합니다.
구체적인 Output의 예를 들면
결과물의 용도 예 서면보고용 자료인지, 발표형 보고자료인지 등
결과물의 스펙 예 세로형태의 문서로 2페이지 분량 이하 등
결과물의 데드라인 예 다음주 수요일 오전까지 중간보고, 금요일 최종보고 등

또한 후배의 역량수준, 업무성숙도의 수준에 따라서
Outcome과 Output은 설명의 깊이를 다르게 해주는 것도 중요합니다.
후배의 역량수준이 높고 그 업무에 친숙하다면
Outcome 중심으로 설명해 주고,
Output은 그에게 맡기는 것이 좋은 업무지시입니다.

반대로, 후배가 신입사원같이 역량수준이 높지 않은 경우라면
Outcome은 가볍게 언급하고
Output을 중심으로 설명을 해주어야 더 깊이 있게 알아듣습니다.

3. 명쾌한 업무지시의 대화요소 C.O.A.C.H 중
Approach/Action(업무의 접근방향, 추진전략/실행계획, 방법)

세계적 회사 월트디즈니의 밥 아이거는
'디즈니만이 하는 것(The Ride of Lifetime)'이라는 책에서 이렇게 말했습니다.

> "리더는 주변 인물들이 일상의 업무를 추측해서 하지 않도록만 만들어줘도
> 그들의 사기를 많이 진작시킬 수 있다."

맞습니다.
후배는 탐정이 아닙니다. 자기가 지시받은 일을 추측하게 만들어서는 안 됩니다.
일에 대한 방향과 수행에 기대치가 있다면
선배는 정확하고 시원하게 알려주어야 합니다.
그렇기 위해서는 Approach와 Action이 업무지시 대화에 포함되어야 합니다.

Approach는 일의 진행 방향과 개괄적인 흐름입니다.
무엇을 중심으로 어떤 것을 고려하여 일을 해야 하는지 알려주는
업무지시 대화요소입니다.
업무실행의 큰 그림에 해당하며 다른 말로 하면 전략(Strategy)이고 전술(Tactic)입니다.

Approach를 알려준다는 것은
후배가 일을 하는 전체 과정에서 어떤 사항을 많이 그리고 우선 고려해야 하는지,
어떤 것을 많이 반영해야 효율적인지 알도록 해주는 겁니다.
일의 전체적인 실행지도 위에 포인트를 짚어주는 행위와 유사합니다.

이에 반해 Action은 일의 세부적인 절차와 실행방법, 프로세스입니다.
일을 잘하기 위해 구체적으로 무엇을 어떻게 해야 하는지의 소개이므로

업무 실행 각각의 세부활동, 진행수단을 묘사해 주는 겁니다.
Detail Plan에 가깝습니다.

후배에게 Action을 구체적으로 알려주는 것은
일을 하는 과정의 수행 이미지를 명확히 해주는 겁니다.
그러므로 "이것을 이렇게 하세요."로만 말하는 방법적 요소에 그치지 말고,
시간적인 요소, 권한적인 요소까지 명시해 주는 것이 좋습니다.

업무를 언제까지 종료해야 하는지,
중간보고 일정과 마감 시간이 언제인지 정확히 알려주십시오.

단, 후배의 일상적인 업무 및 중요한 대소사 등을 고려하여
합의하에 일정을 수립해야 합니다.
일방적으로 잡은 일정은 한두 번 정도는 후배에게 긴박감을 줄 수 있으나,
그 이상은 효력을 발휘하지 못하고 쓸 데 없는 채근으로 작용할 수 있습니다.

더불어 업무수행 중에 활용할 수 있는 권한의 범위도 명확하게 알려주어야 합니다.
어떤 것은 후배가 직접 결정하고 나중에 알려만 주면 되는지,
어떤 수준의 결정은 선배와 먼저 상의해야 하는지를 정해두십시오.
모든 것을 다 정할 수는 없지만
예상되는 의사결정의 포인트들은 선배에게 보이는 것이 있을 겁니다.

앞서 설명한 것과 유사하게
역량과 업무성숙도가 높은 후배에게는
Approach는 설명해 주되, Action은 깊이 있게 다루지 않는 것이 좋습니다.
Action은 이미 그의 머릿속에 있는 경우가 많습니다.
차라리 어떻게 실행할 계획인지 후배에게 물어보십시오.

반면, 역량과 업무성숙도가 낮은 후배에게는
Approach는 가볍게 알려주고 나서 Action을 아주 첨예하게 설명해야 합니다.
필요하다면 친절하게 시범까지 보여주십시오.
업무지시 초반에 투입한 친절함과 할애한 시간은
나중에 원활한 업무수행이라는 보답으로 돌아올 겁니다.

4. 명쾌한 업무지시의 대화요소 C.O.A.C.H 중

Critical Point(업무의 집중고려사항, 핵심반영 기대가치)

선배는 업무를 지시함에 있어,
자신이 이 업무에 대해서 가장 중요하게 생각하는 것이 무엇인지
명확하게 전달해주어야 합니다.

이렇게 업무 지시자인 선배로서 원하는 핵심기대사항을
Critical Point라고 부릅니다.
Critical Point는 선배 개인의 업무 취향을 말하는 것이 아니라
**경영진의 의중, 조직의 정황, 팀의 자원 등을 종합적으로 고려한
선배의 정무적 판단이 기초가 되어야 합니다.**
이는 어렵지만, 매우 중요한 리더십의 고급 스킬입니다.

업무에 대해 선배가 가장 중요하게 생각하는 가치를
후배가 명확하게 인식하게 되면 무엇이 좋을까요?

첫째, 업무수행 중 불필요한 실수와 오류들이 줄어듭니다.

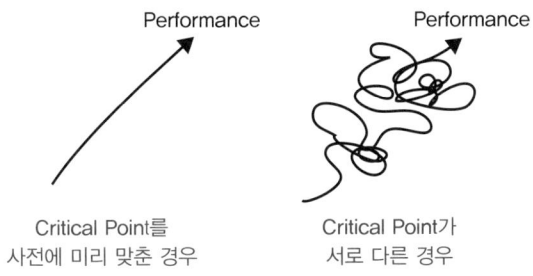

위의 그림처럼 업무를 본격적으로 수행하기 전에,
업무지시자인 선배와 실무자인 후배 상호 간의 Critical Point가 동일한 경우에는
불필요한 시행착오가 현저히 줄어들 수 있습니다.

이러한 Critical Point는 보통
업무수행 과정에서 지켜져야 하는 포인트,
업무 결과물에서 지켜져야 하는 포인트로 크게 구분됩니다.

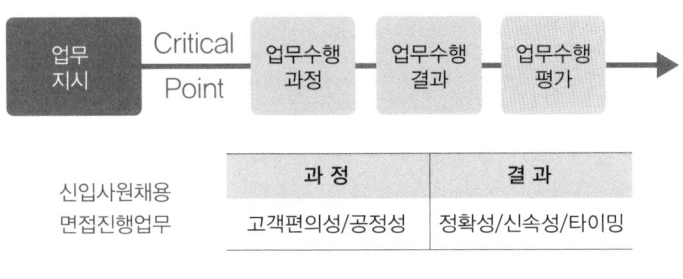

Critical Point의 구분

예를 들어,
신입사원 채용단계 중 면접진행 업무수행을
후배에게 지시하는 상황이라고 가정해 봅시다.

가장 중요한 Critical Point로 '고객편의성', '정확성'을 들어주게 된다면,
면접을 진행하는 후배는
면접에 응하는 지원자들의 동선, 대기 장소 등의 편의 등에 역점을 두어
개선 노력을 더욱 강화할 것입니다.
또한 평가 과정이 최대한 공정하게 진행될 수 있도록
심사위원의 선입견이 들어가지 않게 하는 방법을 강구하게 될 수도 있습니다.

업무 결과 측면에서의 Critical Point로
'정확성', '신속성', '타이밍'을 제시한다면,
후배는 최대한 정확하고 빠른 면접결과 집계를 위한 고민을 시도할 겁니다.

물론 다른 연결되는 업무도 같이 챙기겠지만,
Critical Point에 부응하는 요소에서는
더욱 많은 노력과 실수가 없도록 만전을 기하게 됩니다.

더불어 후배는 자신이 맡은 일에 대한 진가와 본질을 더욱 깊이 알게 되면서
업무수행에서 겪게 되는 모든 것을 좋은 경험으로 간직할 수 있게 됩니다.

둘째, 비대면 재택근무 상황에서도 업무효율성이 보장됩니다.
선배가 제시하는 Critical Point가 뚜렷하면,
후배가 일을 하는 과정에서 고민이 생기거나 갈등상황이 닥쳐도
'이것이 중요하다고 하셨으니…'라는 생각으로
우선순위를 Critical Point에 맞추게 됩니다.

집중해야 하는 포인트를 잘 알고 있고 확신이 있다면
고민의 함정에 오래 체류하지 않기 때문에
후배의 업무속도가 더욱 빨라질 수 있습니다.

이를 통해, 선배가 곁에 없어도
스스로 판단할 수 있는 독립된 객체가 될 수 있습니다.

결국, 선배가 지속적으로 케어하고 관리하지 않아도
원하는 업무 결과의 수준에서 크게 이탈하지 않을 수 있습니다.
비대면 상황, 재택근무의 상황에서 Critical Point가 빛을 발하는 이유입니다.

셋째, 후배의 창의성을 촉발합니다.
Critical Point의 중요성을 여실히 보여주는 사례가 있습니다.
미국의 엘 코르테즈 호텔의 사례입니다.

미국의 엘 코르테즈 호텔은 1950년대에만 해도
샌디에고 주에서 가장 높은 건물이었고,
높은 건물이라는 명성으로 인해 관광객들이 많이 찾은 명소였습니다.

관광객들이 점차 몰리다 보니, 호텔 측에서는 넘치는 수요에 대응하기 위해
어쩔 수 없이 호텔을 증축해야 하는 상황을 맞닥뜨렸습니다.

호텔이라는 건물을 증축한다는 것은 엄청난 대공사입니다.
게다가 증축한 층까지 엘리베이터의 연장공사를 하려면
기존의 아래층까지 다 뜯어야 하는 상황인 겁니다.
자칫하면 호텔의 매출에 상당한 타격을 입힐 수도 있습니다.

호텔의 경영자는 공사를 책임지는 실무자를 불러 업무를 지시하는데,
이때 정확한 Critical Point가 제시됩니다.

> "새롭게 증축한 객실 층까지 엘리베이터를 설치하도록 하게…
> 가장 중요한 것은 엘리베이터를 설치할 때까지 공사 기간을 최대한 줄였으면 하네.
> 그리고 기왕이면, 높은 건물이라는 우리 호텔의 명성에 걸맞게 설치해 줬으면 좋겠네."

이러한 업무지시를 받은 실무자는 고민합니다.
"최저 공사 기간 & 저비용, 호텔의 고층 이미지를 살리려면 어떻게 해야 할까?"

그리하여 '세계 최초 옥외 엘리베이터'가 탄생합니다.
옥외 엘리베이터는 건물 외벽에 설치된 투명 엘리베이터로,
고층건물에 설치되어 외부의 경관을 보면서 탈 수 있는 것을 말합니다.

이렇듯 선배가 업무지시 초반에 제시하는 Critical Point가 뚜렷할수록
후배는 그 Critical Point를 최대한 유지하고자 노력하며
창의성을 집중하여 발휘하는 영역이 될 수 있습니다.

넷째, 나중에 성과평가 면담 시에 편해집니다.
또한, 이러한 Critical Point를 평소에 잘 활용하면 좋은 점이 하나 더 있습니다.
추후 연말 업무성과평가를 할 때 투명함이 높아집니다.

후배가 Critical Point를 반영하며 일을 했는지(일의 과정)
그리고 그 결과물이 Critical Point에 부합했는지(일의 결과)를
상호간 파악해 두는 것이 성과관리의 핵심입니다.

Critical Point를 근간으로
업무에 대해서 연중에 상시 논의한 선배는
연말평가 단계에서 합리적이고 수용성 높은 평가를 진행할 수 있습니다.

그것이 바로 투명함이고 공정함입니다.

일반적으로 업무지시를 함에 있어서 제시되는 Critical Point는
보통 '시간', '실행', '품질'의 3가지 영역으로 구분할 수 있으며,
각각의 Critical Point는 다음 표로 정리해 보았습니다.
나중에 후배와 업무지시 대화를 할 때 참고해 보시기 바랍니다.

구 분	Critical Point Pool
시간 관련	예측성, 선결성(사전예측, 사전대응), 타이밍, 신속성(스피드), 지속성, 계획성
실행 관련	공정성, 개선성, 반편협성(다양하고 폭넓은 요소 고려), 대중성, 갈등최소화, 효과성, 효율성, 경제성, 참신성, 현실성, 기존사항 연결성, 서열화, 그룹화, 고객편의성, 재정리, 정직성, 윤리성, 리스크 제어
품질 관련	무결성, 완결성, 재활용성(휘발성 또는 일회성의 반대), 정립/정돈성, 일관성, 논리성

Critical Point의 Pool

5. 명쾌한 업무지시의 대화요소 C.O.A.C.H 중
Help(지원 필요 사항, 질문사항 등)

업무지시는 대화입니다.
대화란 서로 주고받는 것입니다.
선배 혼자 말하는 것은 대화가 아니고 통지입니다.

선배가 일의 주도권을 후배에게 넘겨주는 중요한 장면이므로 일방향은 위험합니다.

앞서서 언급했던 이야기 중에
구체성은 '상호구체성'이어야 한다고 강조했었습니다.
선배가 이해하는 것이 중요한 게 아니고,
후배가 이해하고 수용하는 것이 업무지시의 장면에서 가장 중요합니다.

업무지시의 대화 요소인
Context, Outcome(Output), Approach(Action), Critical Point를
설명해 주는 것은 너무나 훌륭하고 정성스러운 선배의 모습이 맞습니다.
하지만 아직까지는 설명이나 통지에 가까운 행동입니다.
선배가 업무의 개요를 훑어주었지만 후배가 아직 모두 이해한 것은 아닙니다.

후배의 이야기를 들어야 합니다.
그래야 올바른 실행이 되고 상호확인이 일어납니다.

업무지시의 대화 마무리 단계에는
의무적으로라도 꼭 상호점검해야 하는 3가지 Help Point가 있습니다.

첫째, 이해되지 않는 것이 있는지.
둘째, 선배가 도와주기를 바라는 것이 있는지.
셋째, 평소에 자신이 알고 있던 팀/조직의 업무방향과 다르다고 느끼는 것이 있는지
입니다.

위의 3가지 Help Point는
선배가 일부러라도 꼭 물어보십시오.
후배가 편하게 이야기할 수 있는 장을 선배가 먼저 열어 주어야
건설적인 대화가 훨씬 쉽게 일어납니다.

후배가 쉽게 질문을 하지 못할 수도 있습니다.
특히나 신입사원이라면 더욱 그렇습니다.
혹시나 선배의 눈에 바보같이 보일까 봐 고민스러우면 쉽사리 질문하기 어렵습니다.

그런 경우, 후배는 Yes & Guess 전략을 쓰려고 할 것입니다.
먼저 "알겠습니다."라고 말하고,
나중에 혼자서 역추적을 하며 퍼즐 맞추기를 하는 겁니다.
업무의 수행은 멈추고 의미 없는 고민만 하는 비효율의 상황입니다.

이러한 상황이 일어나지 않도록 선배가 먼저 질문으로 대화를 이끌어야 합니다.
그래야 후배 입장에서 속 편하게 확인하고 요청하고 질문합니다.
이러한 상호간 질의응답 시간이
일의 성과와 효율성 증대에 지대한 영향을 미칩니다.

업무지시의 끝 장면에서
선배들이 습관적으로 하는 말이 있습니다.
"알았지?"
"문제 없지?"
"일주일이면 괜찮지?"

이 선배의 이야기는 후배에게 어떻게 들리는지 아십니까?
"알았다고 말해!"
"문제없이 혼자서 잘할 거라고 말해."
"일주일 내에 완벽히 모든 것을 다 끝낼 수 있다고 말해."로 들립니다.

선배의 무심코 던지는 이러한 종결형 질문은
본의이든 본의가 아니든 대화를 급작스럽게 마감시킵니다.

아래의 열린 질문으로 Help Point를 들어보십시오.
그래야 대화가 열리고 해결의 실마리를 서로 찾는 겁니다.

"혹시 이해 안 되거나 궁금한 것은 없을까?"
"지금 생각하는 예상되는 장애물이나 어려움은 어떤 게 있을까?"
"나한테 1차 결과물을 보여주기 위해서는 어느 정도 시간이 걸릴 것 같아?"

필요하다면 상황에 맞추어 아래의 2가지 멘트를 적절히 활용하시는 것도 좋습니다.

첫째, '간단히 재설명 요청하기'입니다.
후배가 주니어급 또는 처음 접하는 업무영역이라면
"내가 지금까지 언급했던 업무의 내용에 대해
○○님이 이해한 대로 잠시 나에게 설명해 주면 좋겠어."와 같이 요청합니다.
자신이 이해한 것을 설명해 준 상대에게
역으로 다시 설명해 주는 행위를 일명 'Teach Back'이라고 합니다.

업무지시 대화 말미에 Teach Back을 진행하게 되면
후배가 이해한 수준이 정말 정확한지 다시 한번 확인할 수 있습니다.
더불어 선배의 지시사항 중 무엇이 전달되었고, 무엇이 누락되었는지도 확인합니다.
배달 사고가 일어나지 않도록 서로 체크하는 것이지요.

둘째, '선배에게 시킬 것 지정하기'입니다.
후배가 역량이 높은 시니어급이라면
"이 업무에 대해서는 ○○ 과장이 나보다 더 경험이 풍부하니까
나에게 일을 시켜도 된다고 생각해."라고 말해주십시오.

그 후배의 역량을 믿고 진정한 위임이 만들어지는 장면입니다.
후배의 역량이 높다면 선배가 후배의 지시를 받을 수도 있습니다.

물론 주된 업무는 후배가 하겠지만,
선배가 더 수월하게 수행할 수 있는 특정 항목에 대해서는
지시(부탁을 빙자한 지시)가 일어날 수도 있는 겁니다.

후배의 지시를 기꺼이 받아들일 수 있을 때
선배의 진정한 Empowering이 일어납니다.
선배는 후배가 일을 잘하고 성과를 내어
조직을 빛내는 것을 도와주는 존재이기 때문입니다.

2차대전 때 일화입니다.
히틀러의 부하들은 모든 지시에 항상 "네 알겠습니다."라고
답해야 하는 분위기였다고 합니다.
죽을 것이 뻔한 전투인데도
장군의 지시를 받으면 그냥 알겠다고 답하고 무턱대고 싸우거나,
살아남기 위해 싸우는 척하다가 도망가게 됩니다.

반면 연합군의 진영에서 처칠의 부하들은
"네 알겠습니다. 그런데 제 생각에는..."을 이야기할 수 있는 분위기였다고 합니다.
현장의 상황을 잘 아는 실무부대의 장교들이 자신들의 의견을 가미해서
최적의 전투 방향을 찾는 겁니다.

결과만 봤을 때도 연합군이 승리했지만
그 승리의 과정에는 이러한 상호소통의 장면이 있었다는 점도
긍정적 영향을 미치지 않았겠습니까?

업무지시 대화모델 'C.O.A.C.H'의 다양한 이해

앞서 제시한 C.O.A.C.H 모델은
후배에게 일을 시키는 대화 장면에서 권장하는 정석의 모델입니다.
꼭 사용하시기를 권장합니다.
5가지 요소와 단계로 구성된 C.O.A.C.H 모델을 활용하실 때
알고 계셔야 할 것이 몇 가지 있습니다.

첫째, C.O.A.C.H 모델은 후배의 업무 초반에 적용하십시오.
후배가 일하는 과정 중에 하나씩 찔끔찔끔 이야기해 주지 말라는 의미입니다.
후배가 처음 업무를 접하는 장면에서 전체를 말해주어야
일의 이미지를 크게 이해하고 시행착오가 덜해집니다.
다음의 그림을 보십시오.

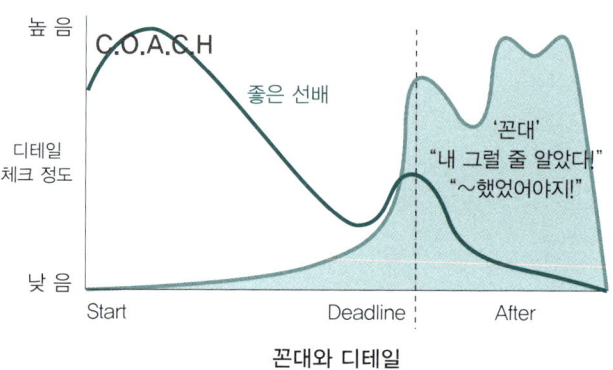

꼰대와 디테일

업무지시 초반에 꼼꼼하게 설명해 주는 것은
디테일한 정성이 살아있는 좋은 선배의 대화입니다.

하지만, 일단 일을 시켜놓고 중간마다
실수가 벌어지면 그제서야 미주알고주알 질책하면서
"~를 했었어야지."라며 과거완료형 지시를 하는 것이 꼰대의 대화입니다.

둘째, 선배 혼자만 일방적으로 말하지 말고
후배와 의견을 주고받으면서 진행하십시오.

C.O.A.C.H 모델 초반에는 선배가 주도하여 제시하고 설명하는 것이 좋지만,
대화 후반으로 가면서부터는 후배의 의견을 물어서 확인하는 것이 좋습니다.

Step	Item/대화요소	접근의 구분
Context	• 업무발생 배경, 전후맥락 • 본인 역할과의 연관성, 성장에 도움이 되는 점	선배 주도 제시, 설명
Outcome	• 업무의 공헌영역, 기대성과(팀, 고객, 회사의 연결점)	
Output	• 산출물의 모습(구체적 스펙, 완료이미지, 데드라인)	
Approach	• 접근방향, 추진전략(업무 진행의 개괄, 핵심반영사항)	후배 주도 탐색, 확인 + 선배와 협의·조율
Action	• 실행계획 및 방법(Action Plan, 실행절차, 실행방법)	
Critical Point	• 업무추진시 가장 중요한 요소(반드시 지키기 바라는 1가지, 우선순위)	
Help	• 도움, 지원이 필요한 사항/질문사항, 확인 필요 사항 • 추가로 말하고 싶은 사항	

(대화 흐름 ↓)

셋째, C.O.A.C.H 모델을 잘 활용하면
후배에게 의미와 방법을 전달하는 대화가 됨을 상기하십시오.

일을 하는 후배의 머릿속에 아래의 질문에 대한 해답이 생기면
업무지시 대화는 성공한 겁니다.

- 나는 지금 어떤 일을 해야 하는가?
- 이 일은 왜 지금인가? 왜 나인가?
- 지금 하는 일은 조직의 전략, 성과에 어떻게 연결되는가?

- 이 결과물이 성공한다면 어떤 모습인가?
- 성과를 더 빠르고, 더 잘 이루기 위해서는 무엇을 염두에 두어야 하는가?

위의 질문은 바로 '의미'와 '방법'에 대한 질문입니다.

일의 '의미'와 '방법'을 후배가 알게 해주는 것이
업무지시 대화의 가장 큰 목적입니다.

C.O.A.C.H 모델의 각 요소는 일의 의미와 방법으로 구성되어 있습니다.

	Step	Item/대화요소	접근의 구분
대화 흐름	**C**ontext	• 업무발생 배경, 전후맥락 • 본인 역할과의 연관성, 성장에 도움이 되는 점	의미 (Why)
	Outcome	• 업무의 공헌영역, 기대성과(팀, 고객, 회사의 연결점)	
	Output	• 산출물의 모습(구체적 스펙, 완료이미지, 데드라인)	방법 (What, How)
	Approach	• 접근방향, 추진전략(업무 진행의 개괄, 핵심반영사항)	
	Action	• 실행계획 및 방법(Action Plan, 실행절차, 실행방법)	
	Critical Point	• 업무추진시 가장 중요한 요소(반드시 지키기 바라는 1가지, 우선순위)	
	Help	• 도움, 지원이 필요한 사항/질문사항, 확인 필요 사항 • 추가로 말하고 싶은 사항	의미와 방법의 재확인

넷째, C.O.A.C.H 모델은 앞서 등장했던 과제맥락 검토 Canvas와 연동됩니다.

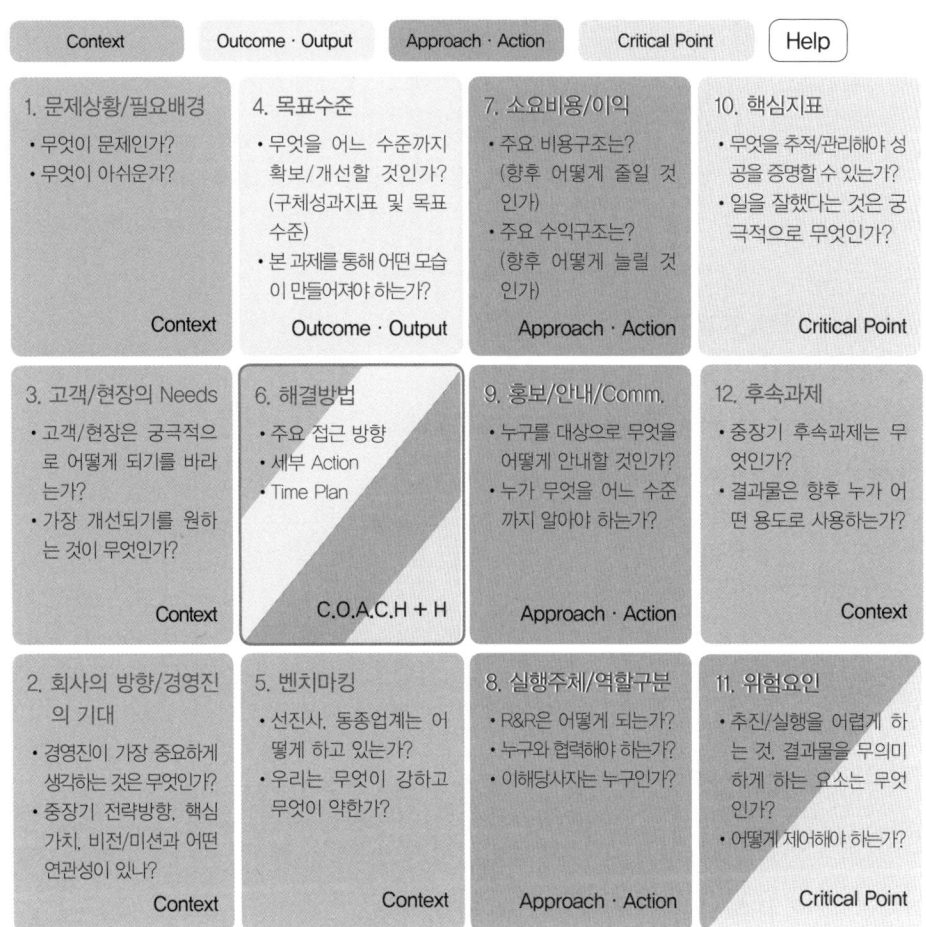

업무지시 대화 전
선배가 과제의 맥락을 먼저 파악하기 위해 활용하는 Canvas는
결국 업무지시 대화의 장면까지 연결됩니다.

그러므로, 업무지시 대화를 잘 준비한다는 것은
업무의 맥락을 파악하는 것과 일맥상통합니다.

커뮤니케이션 전문가 앨런 웨이스는 다음과 같이 말했습니다.

> "사람들은 꼭 말해야 하는 것이 무엇인지 고려도 하지 않은 채
> 다른 사람에게 자기가 알고 있는 모든 것을 다 말하려는 경향이 있다."

마구마구 생각나는 대로 말하는 업무지시는 위험합니다.

즉흥적으로 대화를 잘 할 수 있는 사람은 많지 않습니다.
본인 스스로부터 머리에 정돈이 잘 되어야만
상대에게 의견을 명확하게 전달할 수 있는데,
업무지시 장면에서는 그 역할을 Canvas가 해줍니다.
꼭 활용하십시오.

06
Hub가 되어주십시오!

지금은 노하우(Know How) 시대가 아닌
노웨어(Know Where) 시대라고 이야기합니다.
노하우(Know How)와 노웨어(Know Where)는 어떤 차이가 있을까요?
그리고 업무지시와는 어떤 관계가 있을까요?

노하우는 일종의 기술적 비결(技術的 秘訣)을 말하며,
요즘엔 아예 번역되지 않고 그대로 사용되고 있을 정도로 일반화된 단어입니다.

노하우란 무언가를 수행하거나 문제 등을 해결함에 있어서
필요로 하는 지식의 집합이나 경험의 집합이니
선배들이 후배들에 비해 더 많은 업무수행 노하우를 가졌음은 분명합니다.

하지만 노하우는 한 번의 전수로 쉽게 전이될 수 있고,
일회성 전달로 후배가 이해하고 응용할 수 있습니다.
그러므로 노하우를 전달하는 것에 멈추지 말고
좀 더 중요한 도움을 첨가해주면 좋습니다.

노하우와 같이 후배가 알면 좋은 것이
바로 **노웨어(Know Where)**입니다.

노웨어(Know Where)는
IT기술이 고도화되고 지식과 Data가 잘 축적되면서부터는
노하우보다 더 실효성 있는 지식으로 평가되고 있습니다.

노웨어(Know Where)는 말 그대로
어떤 지식, 정보, 방법이 어느 곳에 있는지를 알고 있는 것입니다.
가장 유효한 지식이나 정보를 어디에서 획득할 수 있는지를
아는 것이 바로 노웨어(Know Where)의 요체입니다.

노웨어(Know Where)의 예를 보면 아래와 같습니다.

- "○○ 자료는 어디(장소, 위치, 출처, 정보소유자 등)에서 얻는 정보가 가장 좋다."
- "○○의 해결은 누가 가장 잘할 수 있다."
- "○○ 자료는 ○○를 통해서 가장 빨리 얻을 수 있다."

따라서 노웨어(Know Where)를 안다는 것은
노하우만 아는 것에 비해 가치획득의 영속성이 높아진다는 장점이 있습니다.
그리고 이를 통해 **업무의 자생력을 가져서
결국 후배가 홀로서기를 할 수 있다는 것을 의미합니다.**

쉽게 말하면, 물고기를 직접 주는 것보다는
물고기 잡는 법과 함께 물고기가 잘 잡히는 곳을 같이 알려주는 것이
노웨어(Know Where)를 공유하는 겁니다.

그렇다면 직장생활에서 노웨어(Know Where)를 대표하는 것은 무엇일까요?
퀴즈를 내보겠습니다.

이것은 무엇일까요?
후배들, 특히나 주니어급 후배가 회사에 적응함에 있어서 가장 절실히 필요로 하는 것!
선배와 후배의 가장 큰 차이점!
일을 하는 과정을 훨씬 수월하게 만드는 강력한 것!

바로 '인맥(人脈)'입니다.

누구를 통하면 무엇을 할 수 있으며,
누구를 통하면 보다 수월하게 일을 진척시키는지,
그리고 누구를 통하면 공식적인 무언가가 없어도
전화나 톡으로 해결이 가능한 것인지를 아는 겁니다.

이러한 인맥을 조직행동과 관련된 학문에서는
'관계파워(Relationship Power)'라고 합니다.

개인능력과 스스로 달성하려고 하는 의지와 역량도 중요하지만,
여기에 강한 관계파워가 추가될 때
개인의 능력을 초월하는 큰 성과를 낼 수 있다고 하며 그 중요성이 매우 강조됩니다.

인맥은 사람을 통해 어려운 문제를 해결하는 겁니다.
후배들이 아무리 노력해도 도저히 짬밥 많은 선배를 따라잡을 수 없는 것은
바로 선배들이 가지고 있는 회사 내외부의 인맥 때문입니다.

인맥은 조직생활에서 절대적으로 시간이 필요한 영역입니다.
즉, 인맥은 노력으로 단기간에 커버가 잘 되지 않습니다.

하지만 많은 선배들이
'인맥은 후배에게 전수해야 하는 대상이 아니다.'라고 생각합니다.
인맥이란 후배가 깨지고 부딪히면서 스스로 만들어 가야 하는 것으로 여깁니다.

아마 자신이 늘 인맥 속에서 살다 보니,
마치 공기처럼 느껴 너무나 당연한 것으로 생각하여
인맥의 중요성과 가치를 몰라서 그렇게 생각하는 듯 합니다.

정확한 노웨어(Know Where)를 알지 못하면,
아무리 성의 있고 구체적인 업무지시를 받았다 하더라도
후배들의 고생과 시행착오가 그다지 줄어들지 않을 수도 있습니다.

왜냐하면 업무를 함에 있어서는
주변의 다른 이해관계자(다른 부서, 다른 회사 사람들)와의 협조가 필요한데,
아무런 소개를 받지 않고 좌충우돌하면서
사람을 새롭게 만나고 연락하고 친해져야 하는 소모성의 시간을 가져야 하기 때문입니다.

일을 시키는 과정의 첫 단계가 올바른 업무지시 대화를 준비하는 것이라면
가장 마지막에 필요한 것은
일과 관련된 사람들을 소개시켜 주고, 직접 연결하고
중재해 주는 것, 즉 '인맥의 공유'입니다.

인맥을 공유해주는 과정에서 꼭 염두에 둬야 할 것이 하나 더 있습니다.
연락처만을 알려주고 단순히 소개하여 주는 것에서 그치지 마십시오.
둘의 중간에서 연결고리 역할을 충분히 해주어
처음의 어색함이나 딱딱함을 풀어주는 중매쟁이 같은 역할까지 해줘야 좋습니다.

상황으로 비유해 보면
(전화번호가 쓰인 메모지를 던져주며) "이 사람에게 전화해봐." 하는 선배의 모습보다
훨씬 더 좋은 모습은 다음과 같습니다.

> "본사 ○○○ 대리에게 미리 연락해 두었고,
> 오늘 중으로 홍○○ 대리가 잠깐 인사하러 갈 거라고 미리 얘기했어.
> 만나서 XYZ 회사 자료 요청하면 아마 바로 전달해 줄 거야.
> 처음이니까 인사 잘 하고…
> 앞으로 자주 연락하면서 자료 주고받을 관계이니 같이 점심이라도 먹고 와."

이 모습이 진정 인맥을 공유하는 것입니다.

인맥을 공유하는 것은 인맥을 빼앗기는 것이 아닙니다.

다음의 그림을 보십시오.

인맥을 공유하게 되면, 공유된 인맥이 또 가지를 칩니다.
오히려 인맥의 그물망이 더 확장되는 효과를 발휘합니다.
선배가 가지고 있는 인맥 위에 후배의 인맥을 더 얹어 놓는 상태가 되기 때문에
선배의 '관계파워(Relationship Power)'는 더 확장되고 커질 수 있습니다.

이처럼 선배가 가진 인맥의 허브(Hub) 위에 후배를 올려태워 주는 행위는
결국은 선배에게 도움이 되고,
후배는 새로운 인맥을 통해 일하기가 훨씬 수월해집니다.
후배 또한 자신이 가지고 있던 인맥의 허브(Hub)를 연결하여
인맥의 무한대 확장이 일어날 수 있습니다.

> **허브(Hub), 명사**
>
> 1. [주로 단수로] ~ (of sth) (특정 장소 · 활동의) 중심지, 중추
>   the commercial hub of the city 그 도시의 상업 중심지
>   to be at the hub of things 사태의 중심에 있다.
>   a hub airport 중추 공항
>
> 2. (바퀴의) 중심
>   기계 분야에서는 자전거 등에서 바퀴살이 딸려 나오는 휠의 중심부를 가리키며, 네트워크 분야에서는 LAN을 구성할 때 한 사무실이나 가까운 거리에 있는 장비들을 케이블을 사용하여 연결해 주는 장치를 말한다.
>
> [출처] 허브 [hub] | 네이버 백과사전

하나 더 말하자면,
선배는 인맥의 허브만이 아니라
감정의 허브(Hub)가 될 필요도 있습니다.

주니어들, 특히나 신입사원들은 자신이 현재 속내나 고충들을 쉽게 말하지 못합니다.
선배들이 어렵고 어색해서 감정을 표현하지 못하는 경우가 많습니다.

좋은 선배들은 후배들이 어떤 마음인지
어떤 고충이 있는지를 알고 그러한 상황을 상위 리더에게 살짝 귀띔해줍니다.
이는 후배의 감정을 온 사방에 알리거나 고자질하는 것이 아닙니다.
지속적으로 후배를 관찰하고 많은 대화를 하면서

후배의 감정과 생각이 묻혀버리지 않도록 배려해주고
주변과 편안히 소통하도록 도와주는 겁니다.

조직 내에서는 직급, 직책에 차이에 따라서
상호 간 거리감이 있을 수밖에 없습니다.
사회학자 홉스테드는 이를 '권력거리(Power Distance)'라고 지칭했습니다.

예를 들면, 본부장과 대리급 실무자는 서로 먼 존재입니다.
그래서 안면과 교류는 있지만, 그 사람의 속내는 속속들이 잘 모릅니다.
이는 당연합니다. 이는 팀장과 신입사원도 마찬가지입니다.

팀장은 신입사원의 심리상태가 어떤지 잘 모릅니다.
아는 척하거나 어림짐작으로 추측하는 겁니다.
밥 먹을 때 앞에 앉아서 대화하고 날 잡아서 면담을 해도
옆에서 계속 지켜보지 않는 이상 잘 모릅니다.

사실 후배도 팀장에게 미주알고주알 말할 기회가 많지 않고,
공식적으로 면담하는 자리에서도 시시콜콜 속내를 말하기 어렵습니다.

그래서 중간에서 꾸준히 지켜봤던 인물인 선배가
감정의 중재자 역할을 해 주는 것이 양측에 좋습니다.
그래야 팀장도 직원관리 포인트를 더 알고 대응할 수 있고,
후배도 자신의 속내를 조금이라도 알고 있는 팀장과 이야기가 더 잘 통하게 됩니다.

후배들의 가슴앓이 내용이 무엇인지,
어떻게 하면 해결해 줄 수 있는지 먼저 고민해주고
이러한 상황을 상위 리더에게 살짝 알려주어 문제해결의 중재를 시도해 주는 것!
이것이 바로 감정의 허브가 되어주는 겁니다.

TIP | 좋은 업무지시, 나쁜 업무지시 Check List

상 황	나쁜 업무지시 모습 (제발 이러지 마세요)	좋은 업무지시 모습 (이렇게 하세요)
위에서 업무지시를 받았을 때	• 설사를 한다. 즉, 부여받은 업무 그대로 후배에게 읽어주듯 던져준다.	• 위에서 받은 업무지시의 배경과 목적을 먼저 충분히 고민하고 이를 현재의 상황에 맞도록 재해석해 본다.
후배에게 일의 납득성을 부여할 때	• 그냥 시킨다. 그리고 언제까지 해 오라고만 시킨다.	• 일의 납득성과 당위성을 높여주기 위해 노력한다. 특히나 업무의 배경과 맥락을 알려주는 데 집중한다.
후배의 육성을 생각할 때	• 일과 육성을 분리해 버린다. 후배는 육성의 대상이기보다는 이용의 대상이다. • 육성은 별도의 교육을 받으면 된다고 생각한다.	• 일을 통한 육성을 매우 중요하게 생각한다. • 이 일을 통해서 후배의 어떤 점이 육성될 수 있는가를 고민하고, 그 부분에 비중을 높여 일을 부여한다.
후배에게 일하는 방법을 제시할 때	• 즉흥적으로 시킨다. 설사를 하기 때문이다. • 일을 시키는 과정 중에 자신도 머릿속에서 일을 정리한다.	• 일을 지시하기 전에 자신이 해야 할 말과 전달해 줄 정보를 미리 준비한다. • 일이 복잡다단(複雜多端)한 경우에는 같이 고민하는 시간을 가지며 의견을 나눈다.
	• 아주 기초적인 사항만을 가르쳐 주거나, 아니면 반대로 아주 세세하게 알려주고 무조건 시킨 대로 하라고 한다.	• 후배가 일을 잘 해낼 수 있는 역량과 의욕을 가지고 있는지 고민하고, 부족하다면 이를 높여주기 위한 또 다른 방법을 찾는다. • 적절한 수준에서 일의 접근 방식과 진행 방법을 알려주고, 후배가 길을 잃지 않을 정도에서만 지시 내용을 국한한다. (어차피 후배가 일을 하는 과정을 관찰하고 개입할 것이기 때문에...)
후배에게 일을 설명할 때	• 제3자를 통하거나 메일 등으로 우회적인 업무지시를 한다.	• 후배와 얼굴을 마주 보고 일을 부여하며 누구를 통하지 않고 자신이 직접, 그리고 구체적으로 방법을 알려준다.

07
업무지시도 상황에 따라 유연하게

일을 시킬 때도 직급별로 상황별로 다르게

선배는 무조건 닥치는 대로 시키는 것이 아니라
전략적으로 일을 시킬 줄 알아야 합니다.

조직 내에서 일이란 때가 있고, 급(級)이라는 것이 있습니다.
따라서, 각 직급 또는 상황에 따라 필요한 일을 제때에 제시한다면
후배는 일의 의미를 정확히 찾을 수 있습니다.
또한 일을 통해서 성장하는 속도가 결국 빨라집니다.

상황과 직급마다 시키면 좋은 일을 다음과 같이 소개해 봅니다.

각 직급별 시키면 좋은 일

구 분	시키면 좋은 일	이 유
경력직 (신규입사)	• 중요 계약서 리뷰 및 문제점 파악	• 부서 현황 파악
	• 진행 프로젝트의 기획서 검토 후 의견 제시	• 현황 파악, 새로운 의견 수렴
	• 경쟁사 조사/분석	• 경력직원의 과거 경험 자산화 • 회사의 객관적 상황파악
신입사원	• 회의록 작성/배포	• 업무상황 파악 • 경청훈련, 회의방법 습득
	• 업무관련 기사 스크랩 후 본인 의견 제시	• 정보 검색, 분류/분석 방법 습득
	• 일일 보고서 및 리더의 세부 피드백	• 지시내용의 진행사항 파악 용이 • 자신의 존재감 확인
대리급	• 업무 프로세스 매뉴얼화	• 거시적 업무흐름 파악 • 자신의 역할 인식
	• 고객 불만사례 원인 분석	• 업무의 개선 여부 파악 • 고객지향적 관점 습득
과장/차장급	• 비즈니스 밸류체인 정리 및 개편방향 제시	• 조직내 팀입지 파악 • 비즈니스 Big Picture 인식
	• 팀내 주니어 구성원의 장단점 분석 및 개선 방향 제시	• 후배 관찰의 방법 인식
	• 조직 내 유관부서와 협업 강화전략 구축	• 조직 내 연관부서와의 관계구도 형성 및 개선
	• 팀 KPI 수립 및 진행사항 관리	• 조직운영 및 관리방법 숙지

경력직원에게 시키면 좋은 일부터 이야기해 보겠습니다.

1. 중요한 계약서 리뷰 및 문제점 파악, 프로젝트 기획서 검토

부서의 현재 상황을 가장 정확하게 파악할 수 있으며,
외부에서 입사한 인물의 객관적인 식견을 얻어 낼 수 있습니다.

2. 경쟁사 조사/분석

경력직원이 가진 과거의 경험을 자산화할 수 있으며,
당사의 시장 내 입지와 우리 부서의 현실을 빨리 이해할 수 있습니다.

다음은 신입사원에게 시키면 좋은 일입니다.

1. 회의록 작성/배포
　　회의에 집중하고 경청하는 습관을 기를 수 있으며
　　부서의 현재 상황과 문제점, 해결과정 등을 빨리 파악할 수 있습니다.

2. 업무관련 기사 스크랩 및 본인 의견 제시
　　정보취득, 분석 방법을 숙지할 수 있으며
　　객관적 정보 간의 연결성을 찾아볼 수 있는 통찰능력을 기를 수 있습니다.

3. 일일 업무보고서 및 선배의 세부 피드백
　　수명업무에 대한 진척상황 셀프 체크를 가능하게 하고,
　　스스로의 시간관리, 성찰기회를 제공합니다.
　　또한 선배와 공감대를 형성하여 일상 코칭의 기회를 확보할 수 있습니다.
　　(1일 1일지 작성은 무의미할 수도 있으므로
　　업무상황에 따라서는 작성의 주기를 늘려주는 융통성도 필요합니다.)

그 다음 대리급에게 시키면 좋은 일입니다.

1. 업무 프로세스 매뉴얼화
　　본인이 하는 일을 큰 그림으로 이해할 수 있고,
　　자신이 하는 업무의 전후맥락을 볼 수 있습니다.
　　내가 하는 업무방식과 결과물이 누구와 어떻게 연결되어 있는지 알면
　　일의 본질을 꿰뚫어서 이해합니다.

2. 고객 불만사례 조사 및 원인 분석
　　고객/현장 마인드를 높일 수 있으며, 내·외부 이해당사자 입장에서
　　업무의 양과 질을 스스로 평가하는 눈을 기를 수 있습니다.
　　또한 부서 업무 프로세스의 개선점을 파악할 수 있습니다.

과장/차장급에게 시키면 좋은 일은 다음과 같습니다.

1. 비즈니스 밸류체인 정리 및 개편방향 제시

    일을 단위업무로만 보는 것이 아닌
    전사적인 관점으로 보도록 하여 거시적 관점을 기를 수 있습니다.
    또한 회사 내에서 우리 부서가 어떤 기여를 해야 하는지 이해하여
    '일의 본질', 넓게는 '직무의 본질'을 파악하게 합니다.

2. 팀 주니어의 장단점 분석 및 개선 방안 제시

    미래의 리더십 발휘를 준비하기 위한 과정이며
    사람을 올바르게 보는 방법을 학습하고,
    리더로서의 본인을 성찰하게 합니다.

3. 조직 내 유관부서와 협업 강화전략 구축

    앞서 제시한 '밸류체인'을 좀 더 심화한 버전의 업무입니다.
    팀의 실무대표자로서 연관된 부서와의 연결고리를 강화하기 위한 방법을
    스스로 찾도록 해줍니다.
    이를 통해 조직 내 정치적인 연결방법, 정무적 판단능력을 강화하고
    커뮤니케이션 전략을 습득할 수 있습니다.

4. 부서 KPI 수립 및 진행상황 관리

    조직장의 조직운영의 가이드라인과 성과철학을 전달받고 나서
    부서 KPI를 직접 설정해 보는 것도 좋은 업무경험이 됩니다.
    (물론 최종 KPI 설정은 조직장이 하는 것입니다.)
    KPI를 설정하게 되면 부서의 존재 이유를 정확히 간파할 수 있습니다.
    목표의 진척상황을 지속적으로 점검하는 기회를 가지게 되며,
    리더로서의 '조직관리 포인트 및 방법'을 습득하여
    관리능력(Managerial Skill)을 개발할 수 있게 됩니다.

시켜야 할 일들 vs 토론해야 할 일들

생각해 볼 것이 하나 더 있습니다.

"과연 선배는 모든 일들을 지시해도 되는가?"

단언컨대 아닙니다.
'지시/하달(Direction)'이라는 행위를 위주로
후배에게 시켜야 할 일이 있고,
'청취/수렴(Discussion)'이라는 행위를 위주로
후배의 의견을 들어야 할 과제가 있습니다.

좋은 선배는 이 2가지 상황을 잘 고려하여 대처합니다.
시켜야 하는 상황의 과제에 의견을 듣는 입장만 취하게 되면
선배로서의 강경함과 위엄이 떨어지게 되는 불상사가 생깁니다.

반대로, 들어야 하는 상황의 과제에 시키는 모습을 보이면
일방적인 독불장군의 느낌을 주게 됩니다.
요즘 말로 '답정너'의 상황입니다.
'답은 정해져 있고, 너는 그냥 알았다고만 해.'입니다.

따라서, 과제의 성격을 정확히 파악하고
선배가 어떤 입장을 취할 것인지를 선택하는 것이 중요합니다.

두 가지 예를 들어서 부연설명을 해보겠습니다.

잘못된 상황 첫 번째입니다.

> "내년에 뭘 하고 싶은지 각자 희망하는 업무를 말해보세요."
>
> "이번 ○○ 프로젝트에서 자신이 어떤 것을 하고 싶은지 의견 주세요."
>
> "어제 사장님 지시 건은 언제까지 할 수 있는지 말해주세요."

만약 팀장인 선배가 팀원들의 '업무분장'에 대한 사안에
팀회의에서 의견 청취/수렴(Discussion)형 자세를 취하면 어떤 일이 벌어질까요?

후배인 팀원들은 자신의 이야기를 하라고 들었으니
자기가 하고 싶은 직무, 하고 싶은 과제를 솔직하게 마구 쏟아냅니다.

어려운 일을 좋아하는 사람, 많은 일을 좋아하는 사람은 없는 법입니다.
이렇게 되면 후배들은 대부분은 적은 일과 쉬운 일을 하겠다고 의견을 냅니다.
잘못하면 팀회의에서 난상토론이 벌어집니다.

> "저는 이제 그 일 하기 싫어요. 지겹기도 하고 일한 티도 안 나요."
>
> "저는 신입사원 채용업무는 안 하고 싶어요. 신경쓸 게 너무 많아요."
>
> "이제는 지방 출장이 적은 ○○ 업무를 하고 싶습니다."

선배는 후배의 반대 의견 또는 소극적 의견에 당황할 것이고
업무분장 회의를 꾸역꾸역 이끌어 갑니다.
결국 결정이 없이 아쉬움, 앙금만 남은 상황으로 끝날 것입니다.
후배의 의견을 전폭적으로 수용하지도 못하고
오히려 상황만 악화시키는 꼴이 될 수도 있습니다.

이 경우에는 지시/하달(Direction)형 접근이 차라리 더 유효합니다.
업무분장은 선배/리더의 고유 권한이며,
후배/팀원들의 의견은 합리적으로 참고해서
최종으로 결정해야 하는 성격의 업무이기 때문입니다.

따라서, 다음의 분위기로 업무지시 대화모드가 취해져야 합니다.

> "내년에는 김○○ 과장이 해외마케팅 부문을 주도하는 것이 좋겠어.
> 그리고 박정윤 대리가 같이 서포트 해 주고... 어떻게 생각해?"
>
> "이번 프로젝트에서 1차 실무자는 윤○○ 대리가 하는 것이 맞아...
> 그 이유는~(중략). 어떻게 생각해?"

잘못된 상황 두 번째입니다.

> "김○○ 과장은 내년에 협상 능력을 강화해."
>
> "윤○○ 대리는 시간 관리 능력을 개발하는 교육을 신청해."

만약 선배가 후배의 '자기계발'에 대한 사안에
지시/하달(Direction)형 대화를 취하면 어떤 일이 벌어질까요?

자신의 부족한 능력을 보완하는 데에 있어서는
'개인의 입장과 생각'이라는 것이 분명 존재합니다.
선배의 의견을 제시하는 것도 필요하지만,
후배의 의견을 먼저 들어주는 것이라는 더 중요한 사안이 있습니다.

따라서 이러한 자기계발과 관련된 사안은
후배/팀원의 생각과 의견을 정확하게 우선 들어본 뒤,
선배/리더가 지원해 주고 확인(Confirm)해주면 되는 겁니다.

이러한 사안에 대해서 선배가 '지시/하달(Direction)형' 자세로 일관하면
사사건건 개입하는 좁쌀영감의 느낌,
선배 위주로 모든 것을 결정하는 독단적인 모습을 지울 수가 없게 됩니다.

따라서, 다음의 분위기로 대화가 이루어져야 합니다.

"김○○ 과장은 내년도에는 어떤 능력을 개발하고 싶어?"

"윤○○ 대리는 특별히 성장시키고 싶은 역량이 있나?"

일반적으로 선배가 취해야 하는 2가지 자세/입장을
업무지시를 근간으로 보면 아래의 그림과 같습니다.

지시, 하달 (Direction)   **청취, 수렴 (Discussion)**

先 Direction 80 & 後 Discussion 20	先 Discussion 80 & 後 Direction 20
• 결정형 Agenda	• 공감형 Agenda
• 팀 KPI 직접 연결 업무	• 협력사/대관/대고객 관련업무
• 상위조직의 하달 업무	• 팀원 주관 발제 업무
• 신규업무/과제 부여(업무분장)	• 업무 중간점검
• 성과평가	• 팀원 역량개발
• 업무필요성, 방향, 전략	• 업무추진의 세부방식
• Man to Team 일 때	• Man to Man 일 때
• 초보자일 때	• 숙련자일 때

(업무지시에 있어) 리더의 2가지 입장

이 그림을 이해함에 있어서
'지시(Direction)' 또는 '청취(Discussion)' 중
무조건 하나를 고르라는 것이 아닙니다. 흑백논리를 접목하지 마십시오.

업무의 성격에 따라서
우선시되어야 하며, 비중을 높게 두어야 하는 접근이
무엇인지를 결정해서 적용해야 합니다.

대표적으로
결정형 Agenda, 신규업무 부여, Man to Team인 경우에는
선배의 주도권을 더욱 높이는 접근이 필요합니다.

반면에 공감형 Agenda, 중간점검, 업무추진 세부방식, Man to Man인 경우에는
후배의 의견을 더욱 수렴하는 접근이 유효할 것입니다.

다음 장으로 넘어가기 전에

마음가짐의 차이(좋은 선배 vs 나쁜 선배)

좋은 선배들이 후배들을 바라보는 마음가짐은 크게 아래 3가지로 압축됩니다.

- 내 후배들은 무한한 가능성이 있는 인재이다.
- 문제해결에 필요한 해답은 후배들에게도 있다.
- 현명한 해답을 찾기 위해서는 파트너가 필요하다.

좋은 선배는 후배를 볼 때 그를 하나의 인격체로 보고
가능성의 존재로 인식합니다.
따라서 일을 시킬 때도 후배와 자신을 동일한 기준을 가지고
함께 고민하는 동반자로 생각합니다.
그래서 최대한 준비하여 최선을 다해 일을 설명하고 이해시켜 줍니다.
이때 중요한 것은 방법을 설명하기보다는
일의 배경과 접근 방향, 필요한 정보들이 주요 설명의 대상이 된다는 점입니다.

좋은 선배는 자신이 시킨 대로 하는 것을 원하지 않습니다.
후배가 일을 헤쳐나가는 과정을 설계해 주고
의도된 대로 움직이도록 하되, 그 과정에서 후배의 자율성과 또 다른 생각을
최대한 존중해 주려 합니다.
자신은 선생님이 아닌 파트너가 되어 옆에 서서
후배가 가는 방향이 맞는지, 혹시 중간에 에너지를 잃지 않는지를 주로 파악해 줍니다.

하지만 '나쁜 선배'가 후배들을 바라보는 마음가짐은
크게 다음 3가지로 압축됩니다.

- 이 일은 나 아니면 할 수 없다. 후배들은 내가 없으면 이 일을 할 수 없다.
- 문제해결은 내가 직접 해야 한다.
  그래서 내가 하던 방식을 알려주고 후배들은 그대로 해야 한다.
- 그러니 후배들은 시킨 대로 하고 나서 결과를 기한 내에 가지고 와야 한다.

나쁜 선배는 자신의 존엄성을 최고로 생각합니다.
자기가 아니면 안 된다는 밑도 끝도 없는 자만심을 가지고
후배들을 다스리려 합니다.

말 그대로 자기만의 골목을 만들어 놓고,
그 골목 안에서 놀고 있는 어린 동생들 앞에서
힘세다고 뻐기는 골목대장의 역할을 하려 합니다.

그 과정에서 자신이 해 오던 업무처리 방식을 고스란히 제시하고
그대로 하도록 요구합니다.
새로운 접근이나 해석이 필요하다는 생각을 아예 접어두고서
기존의 관행이 반복되는 것에 안정감을 느낍니다.

시킨 대로 하는 것이 후배의 몫이자 역할이라고 생각하기 때문에
이들은 일을 시키고 나서는 끝날 때까지 아무런 생각 없이 기다리기만 하고
재촉하고 채근하기만 합니다.
옆에서 과정을 함께 고민하고 봐 줄 생각은 전혀 하지 못한 채 말입니다.

일을 대충 시켰다면,
후배가 일을 하고 있는 과정에는 아무런 관심이 없는 경우가 같이 이어집니다.
이른바 콤보 공격이지요.

일을 시켰다면, 이러지 말아야 합니다.

일하고 있는 후배의 등 뒤로 스윽 지나치면서
자기가 시킨 일을 하고 있는지 보려고
후배의 노트북 모니터에 뭐가 띄워져 있는지만 보는 사람이 많습니다.

후배가 일을 잘하고 있는지, 어떤 애로 사항이 있는지는 관심 밖이고
오직 시킨 일을 하고 있는지에만 관심이 쏠려서는 안 됩니다.

일이라는 것은 올바르게 부여하는 것도 중요하지만
일이 진행되는 과정을 관리하고,
옆에서 도와주고 신경 써 주는 것 또한 매우 중요합니다.

시킨 일을 하고 있으나, 선배의 관심과 지도를 받지 못하고
계속해서 방치되어 있는 후배들의 마음은 어딘가가 시리고 허전합니다.

이번 Part에서는
후배가 일을 하는 과정을 지켜보고 도와주는
좋은 선배의 올바른 모습을 제시하며, 왜 그렇게 해야 하는지를 소개합니다.
그래서 좋은 선배와 나쁜 선배의 행동비교가 많이 등장합니다.

일은 중간에 관리되어야만
성과로 거듭날 수 있다는 사실을 꼭 기억하십시오!

PART 2

선배는 후배의 네비게이터

01
방임하지 말고
위임해야 합니다.

'방임'과 '위임'의 차이

> 리더십 없는 관리는 평범함을 만들고, 관리 없는 리더십은 재앙을 만든다.
> ⟨Paul Connolly⟩

이는 지시 후 업무의 진행 상황 관리가 매우 중요하다는 것을 강조하는 말입니다.
특히나 위 문장에 있는 '리더십 없는 관리'는
정말 최악의 상황이고, 이는 재앙을 만든다는 것이 분명합니다.

'나쁜 선배'는 일도 대충 시키고
후배가 일을 진행하는 과정에 관심을 닫아 버립니다.
중간에 챙기거나 상황을 파악하는 행위를 안 합니다.

또한 자신의 역할을
일을 지시하고 일의 결과를 평가하는 것이라고 여기기 때문에,
일의 중간 과정은 후배들의 몫이라고 치부합니다.
관리를 전혀 받지 못하면서 일을 하고 있는 후배는
자신이 현재 일을 옳게 하고 있는 것인지에 대한 막연한 느낌을 가집니다.

이게 맞는 방향인지, 이렇게 하는 것이 효율적인 것인지 확인받고 싶지만
'나쁜 선배'는 천연덕스럽게 웃으면서
"잘되고 있지?" 하며 그냥 지나칩니다.

"선배님... 궁금한 게 있는데요."라고 묻고 싶지만 선배는 항상 이렇게 말합니다.
"일은 해나가면서 문제를 해결하는 거야! 직접 부딪히면서 헤쳐나가는 거란 말이지.
항상 야무지게 잘 챙겨, 알았지? 문제 있으면 얘기하고…"

'나쁜 선배'는 이렇게 하는 행동이
후배들의 역량을 충분히 믿고 있으며
후배들이 직접 알아서 할 수 있도록 하는 권한위임,
즉 임파워먼트(Empowerment)를 했다는 착각에 빠집니다.

후배 입장에서 이것은 '위임(委任)'이 아니고 '방임(放任)'입니다.

'위임(委任)'은 '어떤 일을 맡기는 것'이라는 뜻이지만,
그 이면에서는 맡기고 나서 적절한 방향으로 가고 있는지, 어려운 것은 없는지 파악하면서
후방지원을 해주는 것을 전제로 합니다.

방임과 위임의 차이를 비교해 보면 다음과 같습니다.

구 분	방 임 ('나쁜 선배'가 주로 하는)	위 임 ('좋은 선배'가 주로 하는)
원 인	• 귀차니즘 • 업무에 대한 무관심, 무관여	• 신뢰, 성의 • 업무에 대한 관심, 건설적 관여
선배의 행동	• 관찰이 없음 • 결과만을 기다림	• 후배의 상황과 감정을 관찰함 • 진행과정을 지켜보고 일부 지도함
예상되는 결과	• 후배의 자가태업(Sabotage) • 업무의 탈선 • 후배의 정체, 좌절, 비애감 • 직장, 업무에 대한 반감 • 후배의 독립성 결여 • 동일 사안 재지도 반복 • 선배의 추가 시간 투여 • 질타로 연결	• 후배의 몰입, 의지 고취 • 예측된 수준의 결과물 획득 • 후배의 성장 및 직무 몰입 • (기여감으로 인한) 로열티 상승 • 후배의 업무 독립 가능 • 동일 사안은 완벽한 위임 가능 • 선배의 시간 여유 발생 • 칭찬 및 긍정적 피드백으로 연결
기 타	• 부족한 업무지시의 후속작	• 성의 있는 업무지시의 후속작

조금 더 그 차이를 들여다 보겠습니다.

방임의 원인 vs 위임의 원인

방임은 '나쁜 선배'의 귀차니즘과 무관심에 기인하여 발생합니다.
일을 넘겼다는 즐거움(손을 털었다는 즐거움)에 빠져서
아무런 행위를 취하지 않고 있는 것입니다.

위임은 후배에 대한 믿음을 바탕으로
일을 통해 후배를 육성하겠다는 성의가 바탕이 되어서 나오는 행동입니다.
즉 자기 시간을 할애하면서 후배의 일을 챙겨주는 마음이 바탕이 됩니다.
후배에게 지시한 일에 대한 책임을 같이 하겠다는
올바른 태도도 같이 병행됩니다.
이는 후배에 대한 관심, 사랑, 성의에서 출발합니다.

방임에서 나오는 행동 vs 위임에서 나오는 행동

'나쁜 선배'는 방임을 하면서
후배의 상황과 감정상태에 대해 아무런 관찰을 하지 않습니다.

그저 '언제까지 하기로 했으니까' 하는 마음으로 무작정 기다립니다.
그 일의 Deadline만 달력에 표시해 놓고,
그때까지 '룰루랄라' 흥얼거리면서 시간을 보냅니다.
그것이 선배의 역할이고 선배가 누릴 수 있는 즐거움이라는 생각을 합니다.

'좋은 선배'는 위임을 하면서
후배에게 부탁하고 위임한 업무에 대해서는
항상 관심을 가지고서 상황을 지켜보고 있는 '연결관계'를 유지합니다.

그리고 그 과정에서 후배의 심리상태는 어떤지 파악하기도 하고,
지시했던 일이 원하는 방향으로 가고 있는지 파악합니다.
필요하면 적절한 개입을 통해서
올바른 방향과 수정을 지시합니다.

업무의 본질과 속성 등 추진방향에 대해
지속적으로 알려주고, 길을 잃었으면 다시 경로를 알려주며
어느 정도까지 와있는지 얼마나 남았는지를 알려주는
업무 네비게이션(Navigation)의 역할을 합니다.

방임으로 예상되는 결과 vs 위임으로 예상되는 결과

'나쁜 선배'의 방임으로 인하여 다음과 같은 일련의 상황이 발생합니다.

1. **후배는 자가태업(自家怠業)을 합니다.**
   동물에게 밥을 주는 듯이 일을 툭 던져주고 나서
   일하는 과정까지 무관심하게 되면

후배는 더더욱 일에 대한 성의를 보이지 않게 됩니다.
게다가 자신이 하고 있는 일에 아무런 가치를 느끼지 못합니다.

이런 상황에서
그 누가 조직에 대한 Loyalty를 가지고 회사생활에 만족하겠습니까?

하고 있는 일의 가치를 느끼지 못하고
서서히 '하고 싶은 만큼만 일하고'
'할 수 있는 만큼만 일하면서' 업무의 Deadline만 맞추는 겁니다.

딱 문제 되지 않을 수준으로만 일하는 겁니다.
이것이 바로 자가태업(自家怠業)입니다.

> **태업(怠業), 명사**
>
> 표면적으로는 작업을 하면서 집단적으로 작업 능률을 저하시켜 사용자에게 손해를 주는 쟁의행위

이처럼 방임은 일을 하는 과정에서 요구되는 몰입, 근성, 잘하고자 하는 투지를
모두 무력화(無力化)시킵니다.

2. 결과물의 탈선이 발생합니다.

누구나 다른 사람과 생각이나 식견이 일치하는 100% 싱크로율을
절대로 가질 수가 없습니다.
컴퓨터로 두뇌를 그대로 복제하지 않는 이상에는 말입니다.

선배가 스스로도 본인의 속마음이나 생각을 잘 모르겠는데
하물며 후배가 선배의 속마음을 한번에 잘 알아듣고 맞춰줄 수 있을까요?

업무지시를 훌륭히 잘 하였어도
후배는 단지 공감(共感)했다 뿐이지

선배가 가진 모든 정보와 상황인식이
그대로 이관되는 것은 아닙니다.

명확한 업무와 그 업무에 대한 당위성이 전달되었다 하더라도
이를 수행하는 후배들에게는 잠시 번쩍였던 섬광과 같은
그림이었을 뿐입니다.
일단 일을 시작하지만, 오해의 소지가 영향을 미칠 수도 있습니다.

또한 후배가 일하는 과정에는
예기치 못한 오류와 변수가 발생합니다.
애초에 계획했던 방향이 아닌 다른 방향으로
서서히 틀어지게 될 확률이 분명 존재합니다.

일의 진행방향이 약간 틀어지는 상황을 초기에 방치하면
나중에는 걷잡을 수 없는 곳까지 가버려
완전히 다른 결과물로 끝맺음이 될 때도 있습니다.
그래서 중간 진행상황 관리가 필요한 것입니다.

일을 시키고 나서 방임이 따라붙으면
업무의 탈선이 일어날 위험이 있습니다.
업무의 탈선은 우리가 흔히 사용하는 용어인 '삽질'과 일맥상통합니다.

업무의 탈선이 발생하면
이를 다시 원하는 위치로 다시 옮겨 놓기에
그동안 들인 후배의 시간과 노력이 너무 아깝습니다.

후배는 하늘이 노래지고, "내가 지금 뭐 하고 있는 건가?" 하는
생각이 들고, 차마 말은 못 하지만 선배를 원망합니다.
그리고 다짐합니다.
"다음부터는 대충 해야지. 그래서 일을 덜 받아야지."
일 잘하던 후배가 스스로 바보가 되어가는 겁니다.

TIP

일이 진척되고 있는 상황을 관찰할 때에는
특히나 초반에 더 잘 지켜봐야 합니다.

그렇지 않고 계속 방임한 채로 놔두면
정말 배가 산으로 가 있는 경우가 발생합니다.

이렇게 되면 일을 한 후배는 후배대로 에너지를 소실하게 되고,
업무처리에 필요한 시간은 시간대로 흘러서 적절한 교정기회를 놓치게 됩니다.

이처럼 서서히 삽질의 깊이가 깊어지는 모습을
Gap of Order라고 할 수 있습니다.

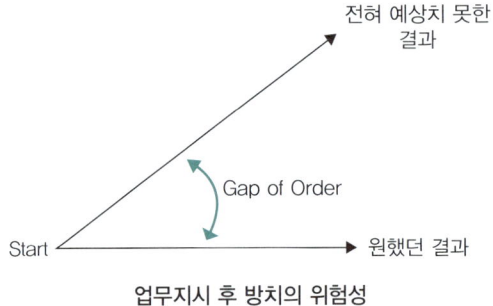

업무지시 후 방치의 위험성

Gap of Order를 방치하면 안 되는 이유는
일정 시간 업무가 진행되어 버리고 나면
업무방식에 대한 선입견이 발생하거나 인식의 고착화 현상이 생기기 때문입니다.

그리하여 원하는 업무 방향으로 교정하는 데에 있어 더 큰 어려움이 발생합니다.
결국 일의 Quality를 포기하고 대충 마무리 짓는 방향으로 급선회하면서
아무런 성과를 얻지 못합니다.

3. 실행단절이 야기됩니다.

　실행단절(Execution Gap)이란,
　실무자들이 조직의 목표와 전략들을 충분히 이해하지 못한 상황에서
　이것들을 단지 행동으로 옮기려고만 하고 있을 때 나오는 병폐를 말합니다.

　바쁘게 움직이며 무언가 일을 하고는 있지만 성과와 아무런 연동이 없고,
　결국 조직의 방향과도 연결이 되지 않는 상태인 겁니다.

　실행단절(Execution Gap) 속에서는 후배가 아무리 열심히 일을 해도
　그 결과물은 성과에 아무런 도움이 되지 않을 수도 있고 '일을 위한 일'로 전락합니다.

　'일은 하고 있으나 일을 하고 있지 않은 상태'가 야기되고
　일 속에서 추구해야 하는 '성과(Performance)'는 이미 세상에 없게 됩니다.
　따라서 후배들은 자신의 일에 대한 가치를
　전혀 느끼지 못하면서 스스로를 일개 부속품으로 비하합니다.

4. 후배의 성장이 멈추고 업무의 능률도 멈춥니다.
　앞서 언급했던 바와 같이 업무에 대한 중간 관리를 받지 못하면서
　후배는 일을 통해 성장하지 못하고 역량이 정체됩니다.
　그 과정을 표현한 것이 다음의 그림입니다.

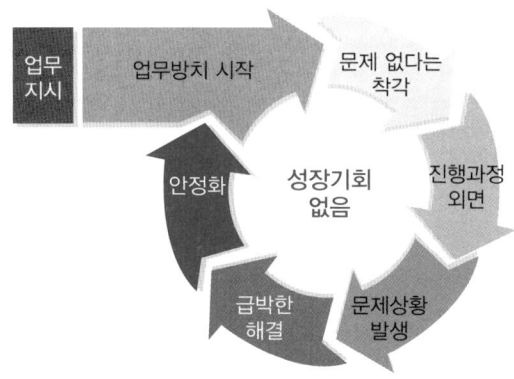

업무방치 속에 성장이 멈추는 과정

업무지시 후 선배가 방치를 하면서
문제 없을 것이라는 착각을 하고 실행과정을 외면합니다.
문제가 발생하면 그제야 선배가 뛰어 들어와서
안달복달, 부랴부랴 급한 문제의 불을 끕니다.
그리고 다시 방치하는 겁니다.
이것을 'Autopilot의 저주'라고도 부릅니다.

Autopilot의 저주로 인한 유일한 피해자는
버림받은 후배, 업무주도권이 없는 후배입니다.

부여받은 업무에 대해 숙고하지도 못하고,
살얼음판 걷듯이 불안해하면서 주먹구구로 일을 처리하다 보니
빨리 일을 끝내는 것이 목적이 됩니다.
어떻게 하면 더 잘할까의 고민은 멀어집니다.

일을 효율적, 효과적으로 할 수 있는 기회를 얻지 못하면
후배는 다음번에 유사한 일을 할 때에도 같은 방식으로 접근합니다.

결국 같은 일을 다음번에 다시 지시받더라도
성장하지 못한 후배는 똑같은 에너지를 다시 쓰는 겁니다.
선배는 또 다시 업무지도를 해야 합니다.
비효율의 악순환입니다.

좋은 선배의 위임으로 인하여
(이 부분은 앞서 언급한 내용의 반대이므로 간단히 다루도록 합니다.)

1. 후배의 몰입이 일어나고, 잘 해보고자 하는 의욕이 발생합니다.
   원래 운동선수도 응원하는 관중이 있으면 더 잘하려고 애쓰는 법입니다.

2. 자신이 하고 있는 일에 대한 의미를 찾고 조직에 기여한다는 느낌을 가지게 되어
   Loyalty가 높아집니다.

3. 지속적인 코칭(수정/보완/조언) 속에 선배의 노하우를 전수받게 되어
   결국 이 업무에 대해서는 혼자서도 해낼 수 있는 독립성을 확보할 수 있습니다.

4. 같은 일에 대한 코칭이 반복되지 않기 때문에
   선배는 또 다른 일, 부가가치가 높은 일을 할 수 있는 여유가 생깁니다.
   후배도 성장하고 선배도 성장하는 것입니다.

TIP

방임의 사전 징후 vs 위임의 사전 징후

방임은 애초부터 싹이 보입니다.
나쁜 선배는 무성의한 업무지시 단계부터 이미 방임의 징후를 보입니다.

충분히 고민하지 않고 일을 지시하거나,
그 일에 대해서 스스로도 자신이 없는데도
후배에게 일을 미루어 버리는 나쁜 선배는
반드시 업무 실행과정에서 방임으로 일관하게 됩니다.

나쁜 선배의 콤보Set 공격

1단계 : 부족하고 성의 없는 업무지시
2단계 : 방임
3단계 : 업무의 탈선(삽질) 발생
4단계 : 발뺌과 질타

좋은 선배의 위임은 애초부터 다릅니다.

충분한 고민을 통해서 일을 생각하고
후배의 육성을 내다보면서 일을 주게 되면
일을 하는 중간과정의 이미지가 어느 정도 예측됩니다.

'성의' 있게 일을 시킬 때부터
'성의' 있는 중간 관리까지 연결되는
'성의'의 선순환이 시작되는 겁니다.

진정한 위임은 믿고 맡긴다는 명목하에 그냥 내버려 두는 것이 아닙니다.

선배는 후배보다 많은 경험과 지식을 바탕으로
일이 잘못되기 전에 제대로 된 방향을 알려주고 바로잡아줌으로써
성과를 높여야 합니다.
그런 역할을 하라고 월급을 더 받는 것입니다.

선배의 올바른 업무위임에 대한 자세를 비유해 본다면
일명 건축현장에서의 '비계(Scaffolding)'에 비유할 수 있습니다.

비계(Scaffolding)란,
건축 공사 시 작업원의 통로 및 작업, 재료운반을 위한 발판을 위해
건축물 주변을 (주로) 쇠로 된 재질의 파이프를 엮어가면서 둘러싸는 것을 말합니다.

보통 건축물의 재건축이나 리모델링 등에서 사용되는 방식이며
주위에서 흔히 볼 수 있습니다.

비계(Scaffolding)는 대상 건축물에 바로 붙어 있지도 않으면서도
멀리 떨어지지도 않은 거리를 유지하면서 파이프를 엮어갑니다.
너무 가깝지도 않고 멀지도 않은 거리를 유지하여야
커버의 기능을 다할 수 있습니다.

업무를 위임한 선배와 그 업무를 직접 하고 있는 후배의 상호관계는
이러한 비계(Scaffolding)의 모습과 유사해야 합니다.

실무를 하고 있는 후배에게 너무 바짝 붙어서 관리하게 되면
후배의 생각이나 자율성이 침해를 받게 되고,
선배의 행동 또한 위임이 아닌 간섭이 되게 됩니다.

반대로 실무를 하고 있는 후배와 너무 멀리 떨어져 있게 되면
후배가 힘들어하는 사안이 무엇인지,
불필요한 시행착오를 겪고 있는 것은 아닌지 인식하지 못할 수 있습니다.

**후배와 적절한 거리를 유지하되,
항상 관찰하고 지원하는 모습을 유지해야
선배의 바람직한 위임의 장면이 만들어집니다.**

'결과'와 '성과'의 차이

'결과'와 '성과'는 겉으로는 비슷하게 보이지만 내면의 본질은 완전히 다릅니다.
미리 결론부터 이야기하자면 선배는 결과가 아닌 성과를 얻어야 합니다.

두 가지 단어의 사전적 정의를 먼저 보시지요.

> **결과(結果), 명사**
>
> 어떤 원인으로 결말이 생김. 또는 그런 결말의 상태
> 예 설문조사 결과를 분석하다.

> **성과[成果], 명사**
>
> 이루어 낸 결실. 보람으로 얻은 그 무엇
> 예 기대 이상의 성과를 올리다.
> 　　이번 협상은 별다른 성과 없이 끝났다.

결과와 성과의 언어적 차이를 보면
'결과는 얻는 것', '성과는 얻어 내는 것'입니다.
결과는 수동적이고, 성과는 능동적입니다.

영어로 보면 그 차이는 훨씬 더 극명해집니다.
'결과'의 영어표현은 'Result'이고, '성과'의 영어표현은 'Performance'입니다.

구글에서 검색했을 때 영문판 정의 또한 깊이가 다릅니다.
'Result'는 'Outcome of something'이고
'Performance'는
'The Process of Carrying out or accomplishing an action, task, or function'으로 검색됩니다.
'Performance'는 달성과정의 전방위적인 시간과 행동을 어우르고 있습니다.

업무의 '시작 – 수행 중 관리 – 종료'까지
일의 전체 흐름이 담겨 있는 것이 바로 '성과'입니다.
그러므로 '성과'를 내려면 선배가 중간의 업무실행과정까지
유심히 들여야 보아야 한다는 이유가 여실히 보입니다.

결과와 성과의 차이

위 그림은 '결과'와 '성과'의 차이를 극명하게 잘 보여줍니다.
무언가의 Input이 시작되면
어떤 것은 결과로 가지만, 어떤 것은 성과로 귀결되며
그 중간에 큰 물음표가 있습니다. 이 물음표가 무엇일까 생각해 보십시오.

일하는 과정의 중간에서 선배의 어떤 영향과 관리를 받았는지에 따라
일에 쏟는 노력이 결과가 되느냐, 성과가 되느냐의 차이가 생기는 겁니다.
물음표는 선배가 해주는 업무 중간 관리의 수준과 깊이입니다.

그래서 아래의 해석이 가능해집니다.

결 과 (나쁜 선배가 '얻어 내는')	성 과 (좋은 선배가 '만들어 내는')
도출과정이 불투명한	도출과정이 투명한
의도 · 비의도의 조합	의도적
현실의 변수가 작동하는	리더십, Care, 정성이 작동하는
선배가 후배를 지도, 연출하여 만든 본인의 작품으로 생각	선배와 후배가 같이 책임지거나 공동의 작품으로 생각
교훈이 없는	교훈이 있고 육성으로 연결되는

나쁜 선배는 '결과'를 얻고, 좋은 선배는 '성과'를 만듭니다.
얻는 것과 만드는 것은 다릅니다.

'결과'는 그 과정이 불투명하고 가려져 있습니다.
무엇이 어떤 영향을 끼쳤는지 잘 모르고 가만히 기다리다가
나중에서야 짠! 하고 만나는 것입니다.
그래서 좋은 결과도 나올 수 있지만, 나쁜 결과도 심심치 않게 나옵니다.

하지만 '성과'는 만들어지는 과정이 투명합니다.
투명하다는 말은 중간 과정을 잘 알 수 있다는 말이고,
이를 달리 표현해 보면 중간에 일정부분 만들고 다듬고 조율하면서
만들어낸 결과물이 성과입니다.
결과에 비해 훨씬 더 과정중심적인 것이 성과입니다.

성과는 나쁜 성과라고 표현하는 것이 어색할 만큼
긍정적이고 발전적인 모습에 가깝습니다.
궁극적으로 현업의 개선이 없었다 하더라도
실패에서 교훈을 얻었다면 결국 그 성과는 긍정적으로 볼 수 있습니다.

**결과는 우연 및 외부에 의한 영향을 받지만
성과는 의도적이고 연출된 것입니다.**

결과는 운칠기삼(運七技三)의 상황 속에서 태어납니다.
그저 분위기 흘러가는 대로 하늘의 뜻에 맡기는 거지요.
이 과정에서 갈팡질팡하면서 후배만 죽어납니다.
그래서 결과는 일회성입니다.

반면 성과는 중간의 관리와 의도된 조율 등이 가미되어 있기 때문에
관리되고 연출되는 것에 가깝습니다.
성과가 훨씬 더 생산적이고 반복성이 있습니다.

성과에는 리더십과 Care, 선배의 정성이 들어갑니다.
방금 이야기하였듯이 결과는 운명에 맡겨진 것이지만
성과는 선배의 리더십과 후배에 대한 배려, 관심이 중간에 첨가되어 만들어집니다.
결과가 될 운명의 일들이
선배의 리더십을 통해 성과로 바뀔 수 있다는 점이 중요합니다.

결과는 후배가 얻는 게 없지만, 성과를 통해 후배는 성장합니다.
결과는 관리된 것이 아닌 방임으로 인해서 만들어지는 것이므로,
최종 산출물이 어떻든 후배가 얻는 교훈은 그리 많지 않습니다.

반면 성과는 진행 과정에서 선배들에게 노하우와 접근방향, 식견을 얻기 때문에
후배에게는 남는 것이 있고 교훈이 생기게 됩니다.
그러므로 후배의 역량 향상 또한 일을 통해 얻는 간접성과로 봐야 합니다.

위의 내용들을 종합 정리했을 때 생각할 수 있는 것은

일을 지시했다면 결과를 얻는 것이 아니고, 성과를 만들어야 한다는 것입니다.

일을 시켰다면 그 과정을 관리하고 보살펴야 하는 이유가 바로 여기에 있습니다.
성과를 통해서 선배도 좋아지고, 후배도 좋아집니다.

TIP | 자존감이 높아지는 3가지 상황

자존감이란, 미국의 의사이자 철학자인 윌리엄 제임스가
1980년대에 처음 사용한 단어로서
'자신이 사랑받을 만한 가치가 있는 소중한 존재이며
어떤 성과를 이루어낼 만한 유능한 사람이라고 믿는 마음'을 말합니다.

직장생활 속에서 후배가 자존감을 가지게 되면 어떤 장점이 있을까요?
후배의 자존감 고취로 인한 장점은 크게 3가지가 있습니다.

첫째, 조직에 몰입합니다.
조직 내에서 자신의 입지와 기여위치를 정확히 찾게 되면
후배에게는 주인정신이 생기게 됩니다.
나와 일과 조직을 동일한 연장선으로 생각하여 더욱 몰입합니다.

둘째, 자신의 성장을 스스로 찾을 수 있습니다.
자신이 무엇을 잘하고 있는지 객관적으로 확인하게 되면
그 장점을 발휘할 다른 과제를 주도적으로 탐색합니다.
그러면서 스스로 성장을 꾀하게 되는 선순환 사이클에 올라탈 수 있습니다.

셋째, 자립심과 책임감이 생깁니다.
기여한다는 긍정적 기분 덕에 과제를 시키지 않아도 찾아서 합니다.
그리고 기대받는 자신의 역할에 충실하기 위해
더욱 더 업무 결과물에 완벽을 기하게 됩니다.

그래서 선배는 후배의 자존감을 높여주는 행위를 전략적으로 할 필요가 있습니다.

후배는 언제 자존감을 느끼게 될까요?

한 정신과 의사가 제시했던 '자존감을 느끼는 3가지 상황' 속에서
선배의 전략적 행동을 찾을 수 있습니다.

첫째, 자기 스스로의 힘으로 무언가를 성취할 때
둘째, 자기가 만든 결과물에 대해 긍정적 피드백을 받을 때
셋째, 자신이 타인을 돕거나 기여하고 있다고 느낄 때

이러한 3가지 상황을 종합해 보면
선배는 후배가 일을 스스로 완수할 수 있도록
옆에서 지원해 주는 것이 가장 중요함을 알 수 있습니다.

일하는 과정 속에서 작은 성공(Small Victory)을 느껴
'일이 되는 맛'을 알도록 하고,
결국 내 힘으로 해냈다는 성취감을 제공해야 합니다.

또한 선배는 후배가 일하는 과정을 관심 있게 지켜보며
건설적인 의견을 지속적으로 제시해야 합니다.
'일 속에서 크는 맛'을 알아야 어제와는 다른 오늘의 나를 찾으면서
발전감을 느낄 수 있습니다.

마지막으로 선배는 후배가 하는 일이
왜, 얼마나 중요한지 지속적으로 안내해주어야 합니다.
단순하게 일을 하고 있다는 의무감에 그치지 말고
조직 내에 어떤 기여를 하고 있는지를 확인시켜주면
'업무 결과물을 자신의 분신이자 자존심'으로 생각하며 더욱 에너지를 쏟습니다.

요즘 MZ 세대는 개인적이고 자기 위주의 시간을 소중히 여기며
회사에 나와서도 수동적이고,
일하는 것 자체를 싫어하는 존재라고 치부하는 경우가 많습니다.

젊은 후배들은 일하는 것을 싫어하는 것이 아닙니다.
일을 시키는 방법과 관리하는 과정이 불공정하고 고압적인 것이 싫은 겁니다.
이는 나이를 많이 먹은 시니어급 선배들도 싫습니다.

02

과정을
관찰하십시오!

선배의 도움은 타이밍이 절반입니다.

후배가 지시한 일을 수행하고 결과물을 가지고 왔을 때
그 결과물이 선배의 마음에 들고,
선배의 원래 의도에 부합할 확률이 몇 프로일까요?
통계적으로 5%가 안 된다고 합니다.

자기 마음에 딱 들게 일할 수 있는 사람은 없습니다.
사실 자기 스스로 자기가 일한 결과물에 100점 만점을 주는 사람도 없습니다.

타인을 통해서 업무를 진행할 때
최소 50점 이상의 만족도를 가지는 결과물을 원한다면
제일 필요한 것이 중간의 과정 관리, 관심과 도움입니다.

나쁜 시어머니처럼 아무 때나 개입하여 헤집어 놓으라는 것이 아니라
3자 입장에서 지켜보되,
일의 방식이 잘못될 징후가 보일 때는 방치하지 않고 슬쩍슬쩍 도움을 주라는 겁니다.

후배가 일하는 과정이 시작되면서부터
선배의 주(主)역할은 '도움'을 주면서 성과를 촉진하는 것입니다.

'도움'에서 제일 중요한 것은 타이밍(Timing)입니다.
어떤 도움을 받았는가도 중요하지만
정작 필요할 때 도움을 받았는가, 결정적인 시점에 도움을 받았는가가 더 중요한 겁니다.

후배가 어려움을 이미 겪고 나서 나중에 도움을 주는 것은
도움이 아니고 '잔소리'입니다.

정말 절실할 때 얻게 되는 선배의 도움의 손길만큼 고맙고 간절한 것은 없습니다.
작은 도움이더라도 타이밍이 맞으면 엄청나게 큰 효과를 냅니다.

너무 이르지도 않고 너무 늦지도 않은 시점에서
선배의 노하우를 전수해 주거나 후배의 고충을 덜어주는 것만큼
최적의 코칭도 없습니다.

'줄탁동시(啐啄同時)'라는 말이 있습니다.

부를 줄, 쪼을 탁, 같을 동, 시간 시가 합쳐진 말입니다.
알 속에서 자란 병아리는 부리로 껍질 안쪽을 쪼아 알을 깨고
세상으로 나오려고 하는데,
'줄'은 바로 병아리가 알 껍질을 깨기 위하여 쪼는 것을 말합니다.

어미 닭은 품고 있는 알 속의 병아리가 부리로 쪼는 소리를 듣고
밖에서 알을 쪼아 새끼가 알을 깨는 행위를 도와주는데,
'탁'은 어미 닭이 알을 쪼아 깨는 것을 말합니다.

이때 알 안쪽에서 병아리가 열심히 쪼는 것도 중요하지만,
어미 닭이 밖에서 쪼아주는 타이밍이 굉장히 중요하다고 합니다.
즉 너무 일찍 쪼아줘도 병아리가 위험하고
너무 늦게 쪼아줘도 병아리가 너무 힘들어한다는 겁니다.

줄탁동시가 사용된 어원은
원래 사제지간, 즉 스승과 제자의 상호협동을 강조할 때 쓰였습니다.
회사로 보면 선배와 후배의 긍정적 상호작용과 유사하겠지요.

후배의 노력에 선배의 적시 도움이 작동했을 때
훨씬 더 크고 빠른 성과를 낼 수 있다는 해석이 될 수 있겠습니다.

후배의 업무 상황을 관리하고 조언을 해 준다 하더라도
적절한 타이밍을 놓치는 경우 효력이 반감됩니다.

타이밍! 아주 중요한 것이라고 강조했습니다.
그렇다면 타이밍은 어떻게 맞출 수 있을까요?
답은 간단합니다. 바로 '관찰'이 있어야 합니다.

타이밍은 지속적인 후배에 대한 관찰, 관심 속에서만 잡을 수 있습니다.

관찰은 감독의 행위가 아닙니다.
뒷짐 지고 지켜보는 Watch 행위 이상의 것입니다.
후배에게 충분한 지식을 전수하고, 권한을 부여한 후
너그럽게 지켜보는 동시에
후배의 일에 대한 생각과 마음을 허심탄회하게 이야기할 수 있는
기회를 부여하는 것까지도 포함됩니다.

그냥 지켜만 보는 정의적인 관찰이 아니고,
후배와 소통하는 것도 같이 포함되어 있어야 관찰이 완성됩니다.
관찰은 지속적인 대화로 연결되어
후배의 의견과 요청사항을 수렴하여 이에 대응해주어야 올바른 관찰입니다.

후배의 상황을 파악하고 관찰하는 것은 어떤 이점이 있을까요?

1. 문제를 조기에 발견할 수 있습니다.
　'개미 구멍으로 공든 탑 무너진다.'라는 속담이 있습니다.
　즉 평소에 관찰을 잘하면 이 구멍이 조그마할 때 막을 수 있게 됩니다.
　관찰을 통해 후배의 업무 과정에서 생기는 문제를 조기에 발견하여
　사전에 대처할 수 있습니다.

　통제하기 힘들어질 정도로 문제가 커지면
　훨씬 더 많은 시간과 노력이 수반됩니다.
　또한 후배의 자존심이 더 크게 상처를 입기 전에
　실수나 문제를 빨리 알아내서 이를 막아낼 수 있습니다.

2. **적절한 개입의 처방전을 낼 수 있습니다.**
　　꾸준한 관찰을 통해서만
　　무엇이 진짜 문제인지 후배가 어떤 난관에 봉착했는지를 알 수 있습니다.
　　문제의 배경과 일의 진행경과(History)를 어느 정도 알고 있어야
　　현실적 처방을 빨리 내릴 수 있고,
　　지금 당장 꼭 맞는 개선안을 제시할 수 있는 겁니다.

3. **시간을 절약할 수 있습니다.**
　　후배에게 적절한 조언을 제공하고, 상황을 조율함으로써
　　시행착오로 인해 발생하는 시간의 낭비를 줄일 수 있습니다.

　　또한 관찰과 적절한 코칭 속에서
　　후배는 계속 발전하게 되고, 후배의 역량이 높아지면
　　보다 많은 책임과 업무를 맡게 될 수 있습니다.

　　궁극적으로는 성장한 후배가 선배의 시간을 Save해 줍니다.
　　선배는 미래지향적인 업무에 몰두할 수 있으니 선배도 성장합니다.
　　후배의 성장은 곧 선배의 성장으로 연결됩니다.

진정한 선배는 후배를 단순히 가르쳐서 키우는 것이 아니라,
후배가 하고 있는 일을 관찰하고
시의적절하게 조언해 주면서 성장시킵니다.

TIP | 대나무의 성장과 사람의 성장

후배가 더디게 성장해서 답답하다는 고민을 토로하는 선배가 많습니다.
"언제까지 내가 일일이 알려주고 챙겨줘야 하나?"와 같이
후배들의 성장에 조바심이 생기면 필요 이상으로 채근하기도 합니다.

흔히 사람의 성장을 대나무에 비유하기도 합니다.
대나무는 마디와 마디 사이에 생장점이라는 것이 있어서 마디 사이가 자랍니다.

대나무는 1년 동안 평생 자랄 길이를 다 자라는 식물인데
대나무가 많이 자라는 날은 하루에 30cm(최고 90cm)씩 자란다고 합니다.

하지만 특이하게도 대나무는 꾸준히 자라는 게 아닙니다.
땅에 씨앗을 심은 4년 동안에는
땅 위로 죽순만 삐죽 올라오고 겉으로는 아무런 변화가 없습니다.
잠시도 아니고 약 4년 동안 아무런 변화가 없다는 것!
이 기간 동안에는 모든 성장이 땅속에서 이루어지는 겁니다.
내실을 계속 다지는 거지요.

약 5년 정도가 되면 거의 몇 달 만에 평생 자랄 길이만큼 자랍니다.
그래서 하루 몇십 센티미터를 자라나는 폭풍 성장으로 금방 커버리는 겁니다.

사람 역시 대나무와 비슷한 성장의 속도와 패턴을 보입니다.
일반적으로 한 사람이 조직에 정착하여
독자적으로 성과를 낼 수 있는 시점은 3~4년 후로 봅니다.

고민하고 준비하며 내부적으로 영글고 있는 단계입니다.

마침내 그 사람의 성과의 시작점이 열리면서부터는
스스로 성장을 가속화하면서 기존보다 더 크고 빠른 성과를 만들어냅니다.
하루하루 무섭게 성장하는 겁니다. 대나무와 유사하지요.

그러므로 선배는
후배들이 영글고 있는 내적인 성장의 과정을
천천히 지켜보고 지원하는 기다림의 인내심이 있어야 합니다.

발묘조장(拔苗助長)이라는 말도 있습니다.
급하게 서두르다 일을 그르친다는 뜻입니다.
농부가 논에 모내기를 한 후에
빨리 빨리 자라기를 바라는 욕심에 벼의 순을 잡아당겼습니다.
결과는 어떻게 되었을까요?
벼는 모두 자리를 잡지 못하고 죽었습니다.

이렇듯 사람의 성장에는 급한 마음을 덜어내고
느긋하게 인내심을 가져야 합니다.

특히나 신입사원인 경우에는 더더욱 그렇습니다.
후배의 직급이 낮으면 낮을수록
그들이 만들어내는 성과는 오래 걸릴 수밖에 없기 때문입니다.

이때 답답하고 기다리기 싫다고 해서 그들의 육성을 등한시하여
선배가 대신해 버린다거나,
디테일한 간섭을 해버리면 후배의 성장이 멈춥니다.
후배가 자생적으로 성과를 만들어내는 기간은 영영 오지 않을 수도 있습니다.

사람은 경험이 축적되고 성찰을 통해 학습된 여러 가지 교훈이
일정 수준이 되는 순간부터 폭발적으로 성장하게 됩니다.
그리고 그 속도는 점점 배가 되어 나타납니다.

처음부터 억지로 급하게 키우려 하면
사람이든 조직이든 생물이든 나중에 기반이 흔들려서 결국은 탈이 납니다.

일하는 과정을 보아야 합니다!

나쁜 선배들은 일을 시킬 때 대체로 이렇게 이야기합니다.

> "A 프로세스 다음에는 B 프로세스니까 그냥 이렇게 해...
> 나도 지금까지 이렇게 해 왔으니까 너도 이렇게 하면 될 거야.
> 내일까지 할 수 있지? 문제 있으면 말하고..."

이러한 일방적이고 단선적인 지시방식,
즉 답을 알려주고 외우라고 하는 방식으로는
쉽게 결과를 얻을 수 있다는 장점이 있기는 합니다.
하지만 그 일의 원리와 노하우의 숙지에 대해서는 나 몰라라 하는 업무지시입니다.
후배의 성장을 외면하는 겁니다.

이러한 선배 밑에서 일을 배운 후배들은
지금 당장은 몸이 편한 즐거움과 편안함을 느끼겠지만
이렇게 1~2년 지나면 '업무 바보'가 되어버립니다.
짬밥은 생겼는데 경륜은 안 생기는 거지요.

단순하게 시킨 일만 하는 데에 익숙해지다 보면
또 다른 응용력이나 개선에 대한 의욕이 없어지기 때문에
하던 업무가 아닌 새로운 업무를 부여받았을 때는
그 무력함이 여지없이 드러납니다.

'나쁜 선배'가 자신이 시킨 일에 대해 후배가 가져온 결과물을 볼 때
그 일을 평가하는 가장 중요한 잣대는
"내가 시킨 대로 했나?"입니다.

반면 '좋은 선배'는 내가 시킨 대로 했는지를 검사하기보다
후배의 생각이나 의견이 그가 일하는 과정과 결과에 담겨 있는가를
중요하게 생각합니다.

그러므로 좋은 선배는 후배에게 일을 지시하고 나서도
후배가 일하는 과정에 관심을 놓지 않고 과정을 관리하려 합니다.

좋은 선배는 후배에게 일을 시키고 나서

− 후배는 이 일에 대해서 어떻게 느끼고 있는지
− 후배는 어떤 방식으로 일을 하고 있는지
− 또 다른 응용방식을 사용하고 있는지 유심히 지켜봅니다.

후배가 일하는 과정에
그의 고민과 생각이 조금은 더 들어갈 수 있도록 기다려주고 독려해 주면
일의 진행속도가 느리고 더딜 수는 있습니다.

하지만, 이는 더 빨리, 더 멀리 뛰기 위해서 서서히 몸을 푸는 과정과 같습니다.
지금 당장은 느릿느릿 가지만 이후에 진행되는 또 다른 일에 있어서
훨씬 빨리, 그리고 훨씬 멀리 뛸 수 있는 역량이 만들어지기 때문입니다.

그래서 훌륭한 선배가 후배의 업무를 평가함에 있어서 가장 먼저 생각하는 것은
"실무자로서의 생각이 들어있는가?"입니다.

이렇듯 후배가 일하는 과정에 관심을 두고
그의 업무수행 과정에 대해서 자율성을 인정하는
선배의 코칭 방식은 두 가지의 장점이 있습니다.

첫째, 일하는 과정을 통해 후배의 역량을 판단할 수 있습니다.
일을 통해서 역량을 개발하는 방법이 가장 좋은 육성방법이며,
그렇기 때문에 일을 잘 시키는 것이 매우 중요한 선배의 역할이라는 것을
책의 앞에서 강조했습니다.

이와 맥락을 같이하는 것이 '과정관찰'입니다.

일하는 과정에 대한 관찰을 통해
후배의 역량을 정확히 판단할 수 있습니다.

그 사람이 일하는 과정을 관찰하면
가장 정확한 역량 수준의 판단이 가능합니다.
이렇게 되면 순수하게 일로서 그 사람의 역량을 판단하기 때문에
최대한의 객관성과 정확성을 확보할 수 있습니다.
(사람의 역량을 판단함에 있어서 정성적인 요소들이
자꾸 개입되는 경우가 많아 올바르고 정확한 역량 평가가 어려운 것이 사실입니다.
그래서 실제 현장에서는 리더와 친분이 두터운 구성원들 또는
자기주장이 강한 구성원들이 역량평가를 높게 받는 경우도 많습니다.)

일하는 과정을 잘 관찰하면
후배의 장점이 무엇인지, 단점이 무엇인지를 잘 파악할 수 있게 됩니다.

그와 동시에 후배에게 적합한 육성방식 또한 쉽게 찾아낼 수 있습니다.
이를 통해 결국 '일과 육성'이 따로 놀지 않게 됩니다.

성과와 성장이 동시에 만들어지고,
지금까지의 내용에서 계속 강조하는 일의 선순환이 일어납니다.

둘째, 후배가 가진 새로운 관점을 업무에 담아낼 수 있습니다.

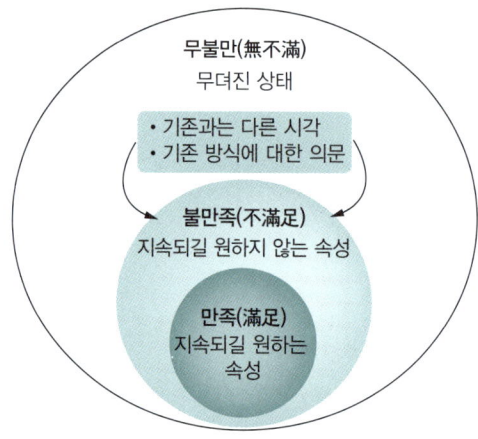

무불만의 상태에서 변화요소를 찾는 과정

위 그림을 근간으로 설명해 보겠습니다.
일반적으로 이 세상의 모든 상태는 3가지로 나눌 수 있습니다.

1. 만족(滿足)의 상태

    현재의 상태에 대하여 더이상 바랄 것이 없으며,
    더이상 개선의 필요성을 느끼지 못하는 상태입니다.
    따라서 지속되길 원하는 속성을 가집니다.

2. 불만족(不滿足)의 상태

    현재의 상태에 대해서 무언가의 불만이 있으며,
    불충분하거나 껄끄럽거나 답답하여 개선이 필요하다고 느끼는 상태입니다.
    따라서 지속되길 원하지 않는 속성을 가집니다.

3. 무불만(無不滿)의 상태

    많은 사람들이 간과하고 있는 영역이지만
    실제로 우리가 살아가고 있는 상태의 대부분이 이에 포함됩니다.
    이 상태는 불만도 아니며 만족도 아닌 영역입니다.

대개 한번 만족한 상황에 도취되거나 무뎌지게 되면
무불만(無不滿)에 빠져서 정체되어 있는 상황이 됩니다.

우리의 회사 업무도
고정관념에 휩싸이거나 기존 관습에 도취되면
개선의 필요성을 느끼지 못하는
무불만(無不滿)의 상황이 되는 경우가 많습니다.
지금이 최선이라는 생각을 하는 겁니다.
이때부터 발전이 없고 과거의 답습이 시작됩니다.

무불만(無不滿)의 상황에 빠지게 되는 가장 큰 이유는
고착화 또는 관습·관행입니다.

관습과 관행의 근원을 살펴보면 과거의 선배들이 하던 방식을
아무 고민 없이 후배가 그대로 따라하는 것에 기인하는 경우가 많습니다.

혁신 전문가들에 의하면,
이렇게 고착된 관습적 업무 스타일을 타파하기 위해서는
조직에 새롭게 입사한 사람들의 다른 시각과 관점을 수용하여
현재의 상황을 재해석하는 방식이 가장 좋다고 합니다.

기존에 이미 존재했던 선배들은
지금이 최선이고 지금이 정답이라고 느낄 수 있지만,
새로운 사람들은 다른 관점에서 도전(Challenge)을 할 수 있기 때문에
기존의 선배들이 못 봤던 사항들을 들춰낼 수도 있습니다.

그로 인해 무불만(無不滿)의 상태가 불만족(不滿足)의 상태로 바뀌게 되고,
불만족(不滿足)의 상황은 지속시키고 싶지 않은 성질을 띠기 때문에
서서히 만족(滿足)의 상태가 되기 위한 노력을 시도하게 됩니다.
개선이 시작되는 거지요.

새롭게 조직에 입사한 사람들을 지칭하여 '새로운 피',
또는 조직이 새 식구를 맞이하는 것을 '수혈'에
비유하는 이유가 여기에 있습니다.

**신입사원은 New Face가 아니고
New Process Maker라고 볼 필요가 있습니다.**

따라서 일하는 과정에서 후배의 일부 자율성을 존중해 주고,
후배가 바라보는 또 다른 관점을 수용하려는 선배의 자세는
회사와 부서를 더욱 발전시키는 좋은 밑거름이 됩니다.

후배의 의견에는 어리석고 부족한 면도 분명 존재합니다.
하지만 선배들이 그간 보지 못하거나 묵과했던 것들에 대한
신선한 도전이 될 수도 있습니다.

그렇기 때문에 후배들이 일하는 과정을 지켜보고 관심을 가지면서도,
후배들의 생각이 담기도록 유도하는 것이
훌륭한 선배들에게 요구되는 역할입니다.

TIP | 업무수행의 사슬 관리

반드시 업무수행의 사슬을 관리해야 합니다.

아래 그림처럼,
업무지시 이후 후배의 실행에 있어서
추가적인 수행연결단계가 형성되는 경우가 많습니다.

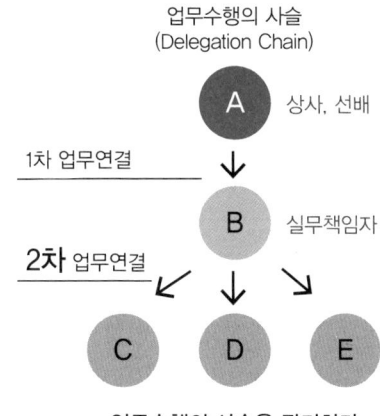

업무수행의 사슬을 관리하라

예를 들면, 인쇄물 제작을 지시했을 때
실무자인 후배가 외주 업체에게 의뢰를 하는 경우에
2차 업무연결고리가 발생됩니다.

또는 마케팅 자료수집을 지시했을 때,
실무자가 연관 부서에게 관련자료를 요청하는 경우에도
2차 업무연결고리가 발생됩니다.

올바른 업무지시자라면
2차 업무연결고리를 반드시 체크하고 관리해야 합니다.

대부분의 업무 관련 사건, 사고 또는 결과물 함량 미달의 원인은
2차 업무연결고리에서 발생하는 경우가 많기 때문입니다.

주니어급의 실무자들은 보통 탄탄한 2차 업무연결고리를 형성하는 데에
능숙하지 못하기 때문에 보통 여기에서 펑크가 자주 납니다.

예를 들면 외주업체에 맡겨두고 넋을 놓고 있다가
외주업체와 커뮤니케이션이 미흡하여 예정기한을 못 맞추는 경우가 있다거나
업무 마감 전날에 발주했던 의도와 완전히 어긋난 디자인을 받아들고
쩔쩔매는 경우가 발생하는 겁니다.

또는 관련 부서와의 협조가 제대로 형성되지 않은 상태에서
부정확한 자료를 받아들고 다시 조정하면서 시한을 맞추지 못하는 경우도 허다합니다.

따라서, 실무자인 후배가 후속 연결고리를 정확하게 끼워서 진행하고 있는지
체크해 주어야 업무 진척을 제대로 확인하는 선배의 모습이라고 할 수 있는 겁니다.

후배 노력과 능력 외에
업무결과에 영향을 미치는 요소까지 지속 제어해 주어야
원하는 시간 안에, 시행착오 없이 좋은 성과를 만들어 낼 수 있습니다.

그게 바로 진정한 고수의 리더십을 가진 선배입니다.

첫 번째 장애물만큼은 미리 예측하고 도와주십시오.

"내려갈 때 보았네, 올라갈 때 보지 못한 그 꽃"

고은 시인의 '그 꽃'이라는 시(詩)로
노벨 문학상 후보에도 올랐던 작품입니다.

선배는 본인이 지시했던 업무에 대해서는
후배보다 상대적으로 잘 알고 있는 사람입니다.

그래서 선배는 압니다.
후배가 언제쯤 힘든 상황을 맞닥뜨릴 것인지,
무엇에 힘들어 할 수 있는지를 말입니다.

위의 '그 꽃' 시에서처럼 새로운 산에 처음 등산하는 사람들은
주변을 둘러볼 여유 없이 올라가기 바쁜 경우가 많습니다.
숨이 차고 허덕이고,
혹시나 돌부리에 걸려 넘어질까 하며 산길에만 집중하면서 정상에 오릅니다.

하지만 내려오는 길에는 호흡도 약간은 편안해지면서
먼 경치를 볼 수 있는 여유도 생기고, 길 옆의 다른 생물들을 관찰할 수도 있습니다.

후배가 처음 해보는 일에 대한 심적·물적 여유는
첫 등산자의 수준과 동일합니다.

업무수행 과정 속에서 후배는
무난하게 돌파하는 데에만 온 정신과 에너지를 사용합니다.
후배에게는 다른 업무요소를 고려하거나
중간 과정을 성찰할 수 있는 여유가 많지 않다는 말입니다.

(앞에서 잠시 비유하기도 했었지만)

선배는 먼저 그 산에 올라봤던 사람입니다.
그래서 산을 올라가는 길 어디에 무엇이 있는지,
언제가 가장 힘든지, 언제부터 수월해지는지
언제 잠시 쉬면서 먼 풍경을 바라보면 좋은지를 잘 압니다.

좋은 선배라면 자신이 지시한 업무의 진행과정에서
가장 힘들 만한 그 무엇과 그것이 발생할 시점을
미리 알 수 있습니다.
그때를 놓치지 않고 적절하게 개입해 주는 것이 필요합니다.

후배가 시행착오를 너무 많이 겪으면서 의지가 상하고 꺾이기 전에,
그 처방을 일러주고 필요하다면 마음의 위로를 해주어야 합니다.

특히나 업무수행 상황에서 맞닥뜨리게 될 첫 번째 오는 장애물을 미리 예상하고
그때가 되면 적절한 도움을 주면 좋습니다.

하버드 경영대학원 테레사 에머빌은
직장생활에 가장 큰 영향을 미치는 감정은
'앞으로 나아가는 느낌'이라고 했습니다.
이는 업무진행현장에서는 '일이 되는 맛'일 겁니다.

일은 진행되는 맛이 있어야 하는데
처음부터 장애물에 압도당하면 의욕이 많이 상합니다.

여러 장애물이 있겠지만, 초반에 생기는 장애물 정도만큼이라도
예측되는 시점에는 미리미리 언질을 주어야
후배가 마음의 채비를 할 수 있습니다.
그래야 진짜 업무 중간 관리입니다.

다음 표는 일반적으로 비즈니스 상황에서 일어나는
업무가 예상대로 가지 못하게 만드는 리스크들을 모아둔 것입니다.

고객, 업무범위	품질, 호환성	조직, 문화, 팀웍
• 잘못된 고객선정 • 예상치 못한 돌발업무추가 • 너무 좁게 추정된 업무범위 • 업무 목적의 변화 • 너무 짧게 산정된 일정 • 납기 미준수	• 기존 상태와 낮은 호환성 • 예측하지 못한 대량주문 • 표준 이하의 품질 • 배송문제 • 운영방식의 변화 • 소유권, 저작권의 제한 • 특허권, 지식재산권 침해	• 부서간, 파트너간의 적대적 관계 • 부정부패 발생 • 모호한 책임(White Space) • 비효율적인 커뮤니케이션 • 현장과 스태프의 갈등 • 다양성(성별, 학력 등의 불화) 이슈 • 암묵적 규율, Norm, Taboo의 무시
정보/홍보 관련 문제	자원조달	외부적 영향
• 신뢰할 수 없는 정보 • 고객의 외면 • 고객의 이해 부족 • 고객의 반응 탐색 부족	• 인력 부족 • 낮은 능력/의욕 • 팀 멤버의 이탈 • 가용자금의 축소 • 예상치 못한 비용 발생	• 기후나 천재지변, 전염병 창궐 • 상위 기관의 제약, 간섭 • 정부의 규제 • 경기변동 • 기업 이미지 추락
요구변경		
• 비현실적인 돌발기대 • 경영진의 요구 변화 • 대체재의 출현		

일을 시키는 초반인 업무지시대화에서 활용하여
주의할 점, 미리 대비해야 할 점을 미리 알려주는 것도 좋습니다.

더불어 업무가 진행되는 과정에서 가장 먼저 나타날 리스크 만큼은
선배가 후배의 손을 잡고 같이 헤쳐나가 주는 것도 좋습니다.

후배의 업무관리에 "나중에 결과물 가지고 오면 그때 많이 도와줘야지."라는 말만큼
상황을 악화시키는 것이 없습니다.

03

후배의 업무상황,
이럴 땐 이렇게

업무를 지시받은 후배는 바로 뚝딱뚝딱 성과물을 만들어내지 못합니다.
특히나 업무 경험이 많지 않은 주니어급의 후배일수록 더욱 그렇습니다.

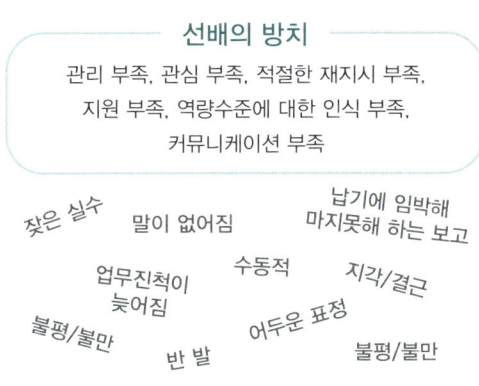

업무수행 과정에서 후배의 말이 없어지는 원인

업무수행 과정 중에 후배들이 힘들어하는 점은
그들의 입을 통해서 나오지 않는 경우가 많습니다.
후배가 당당하게 선배에게 "저 ○○ 때문에 힘들어요!"라고 쉽게 말하지 못합니다.
혼자 끙끙대는 경우가 허다합니다.

그들의 어려움은 업무과정 속에서
잦은 실수, 늦어지는 일정, 수동적 모습, 계속되는 야근, 어두운 표정 등으로 표현됩니다.

본의이든 본의가 아니든 간에 이러한 모습으로 어려움이 드러나게 되는데,
이러한 무언의 표현을 간과하고 방치하면 안됩니다.

업무수행 과정에서의 선배의 '방치'라는 행위는
'후배의 업무수행 과정에 신경 쓰지 않는 것'을 넘어서
선배의 부족한 행동으로 구분하여 깊게 들여다볼 필요가 있습니다.

1. 중간과정에 대한 관리와 관심 부족
    업무는 예정대로 잘 진행되고 있는지,
    후배는 무엇을 가장 힘들어하는지,
    어떤 것이 장애물이 되는지 확인하고 제거해 주어야 합니다.

2. 적절한 재지시(Reorder)와 지원 부족
    업무진행 과정에서 예정을 벗어난 변수가 있는 경우에는
    새로운 추가지시와 이에 필요한 지원이 제공되어야 합니다.

3. 후배 역량에 대한 인식 부족
    후배의 역량 수준이 업무를 수행함에 있어 충분한가를 지속적으로 확인해야 하며,
    필요한 경우에는 지식과 스킬을 개발할
    학습기회와 자원을 제공해 주어야 합니다.

4. 중간 대화의 부족
    선배와 후배가 업무와 관련한 공식적 · 비공식적 대화를 진행함으로써
    일방적인 관찰이 되지 않도록 해야 하며,
    후배의 이야기와 속내를 들을 수 있는 기회를 마련해야 합니다.

이러한 선배의 중간 관리의 부족은
결국 업무 성과의 질을 낮추게 되며, 후배의 업무 의욕에 치명타를 입힙니다.

앞서 누차 언급했듯이
좋은 선배라면 후배들이 겪게 되는 업무수행 과정의 어려움을 관망하지 않고
직접 개입하여 시의적절한 도움을 주어야 합니다.

그렇다면 언제 어떤 도움을 주는 것이 시의적절한 것일까요?
업무를 수행하는 후배의 진척상황은 보통 3가지 단계를 거치면서 진행됩니다.

이러한 3가지 단계에는 업무를 수행함에 있어
두 가지 요소가 변인으로 작동하게 됩니다.
하나는 '방법(Skill)을 아는가?'이고,
나머지 하나는 '자신감/의욕(Will)이 있는가?'입니다.

후배는 업무수행 과정 중, 이 두 가지 요인(방법, 자신감)의 수준이 바뀌면서
3단계를 순차적으로 겪게 됩니다.
각 단계별 후배의 특징과 함께 선배가 해야 하는
바람직한 중간 관리의 방법을 제시해 보겠습니다.

1단계. 방법은 모르지만 자신감은 높은 초보자 단계

후배의 성숙 1단계

구 분	업무방법/스킬	의욕/자신감
상 태	모르는	해 보고 싶은

"뭐든지 잘할 수 있습니다."
"뭔지는 잘 모르겠지만, 일단 열심히 해보겠습니다."

업무수행 과정에서의 첫 출발 단계입니다.
마냥 열심히 뛸 수 있는 마음은 하늘을 찌르지만
구체적인 실행방법은 모릅니다.

대개 후배들은 업무수행의 방법을 정확히 모르고,
자신감만 충만한 단계에서 업무를 시작하게 됩니다.
마음속으로는 무엇인지는 잘 몰라도 일단 열심히 해보겠다는 생각이 가득합니다.

이 자신감은 아직 정확한 업무를 모르고
현실의 어려움을 모르는 상태에서 옵니다.

이 단계에서 선배는 후배에게 부족한 업무 방법과 스킬을
채워주는 노력을 제공해 주어야 합니다.
업무를 정확하게 알려주고 불필요한 시행착오를 줄여 주어야 하며,
업무에 대한 장애 상황과 어려움을 알려주어
과도한 자신감을 일부 잠재워주어야 합니다.

1단계에서 필요한 선배의 행동은 아래와 같습니다.
- 업무과제에 대한 정확하고 구체적인 설명
- 상세 추진계획과 우선순위의 구별
- 상세한 가르침과 시범
- 이해 여부 체크
- 예상되는 장애물과 대처방법
- 지속적인 중간 진행상황 모니터링
- 업무 결과의 구체적인 이미지 제공

1단계에서 선배의 대화멘트는 아래와 같습니다.
- "아직 이런 업무를 해본 적이 없지?(경험이 없음을 확인해보기 위한 질문임)"
- "내가 방향/자원/정보를 제공해 주면 도움이 되겠지?"
- "~을/를 ~까지 해야 해."

- "이 단계를 마치면 다음 단계는 ~이/가 있어."
- "구체적으로 해야 할 일은…"
- "만나 보아야 될 사람은…"
- "필요하다면 ~을/를 참고해."
- "다음번 대화 때에는 ~을/를 확인하는 시간으로…"
- "(이해를 확인하는 차원에서) 지금까지 들었던 것을 다시 한번 요약해서 설명해 줄래?"

2단계. 방법도 잘 모르겠고, 자신감도 꺾이는 방황의 단계

후배의 성숙 2단계

구 분	업무방법/스킬	의욕/자신감
상 태	혼란스러운	꺾이는

"막상 해보니까 쉽지 않아요."
"어떻게 해야 할지도, 잘 해낼 수 있을지도 모르겠어요."

누구나 현실의 벽에 부딪히게 됩니다.
후배는 멋모르고 일단 시작했지만,
실제로는 마음같이 쉽지 않다는 점을 알게 되면서 자신감이 한풀 꺾입니다.

약해진 자신감에 더하여
아직까지 업무에 대한 정확한 방법이 덜 숙지되었다는 사실은
2단계에서 후배가 느끼는 스트레스를 더욱 높여버립니다.

업무방법도 정확히 모를뿐더러, '내가 정말 잘할 수 있을까?' 하는 의구심 때문에
심리적으로 바닥을 치는 경우도 생깁니다.

이 경우, 선배는 업무수행에 필요한 추가적인 방법과 Tip을 제공해 주어야 하며,
현실의 벽에 잠시 멈춘 후배의 마음을 어루만져 주어야 합니다.

2단계에서 필요한 선배의 행동은 아래와 같습니다.
- 명확한 업무 목표의 재안내
- 업무과제의 중요성 각인(업무과제가 왜 중요한지, 어떻게 해야 하는지)
- 성공과 실패에 대한 정확한 원인 분석
- 후배의 우려사항에 대한 논의
- 잦은 관심
- 일정 부분의 진척사항에 대한 칭찬
- 격려와 조언
- 이후 단계의 액션 플랜 및 예상 리스크와 해결방안

2단계에서 선배의 대화멘트는 아래와 같습니다.
- "걱정되는 부분은 없어?"
- "아직까지는 배우는 단계니까…"
- "~ 하기 위해서 가장 먼저 해야 할 일은 무엇이라 생각해?"
- "도움이 될 정보, 사례를 들자면…"
- "나 같으면 ~ 할 것 같아, 어떻게 생각해?"
- "필요하면 ○○은/는 내가 도움을 줄게."
- "처음 생각했던 것보단 어렵다는 것을 잘 알고 있어, 포기하지 말고…"
- "자주 만나서 얘기하자."

3단계. 방법은 익숙해졌지만, 아직 확신이 서지 않는 단계

후배의 성숙 3단계

구 분	업무방법/스킬	의욕/자신감
상 태	터득하기 시작하는	조심스러운

"어떻게 해야 하는지 어느 정도는 알고 있어요.
근데 정말 제가 잘하고 있는 것인지는 모르겠어요."

3단계가 되면 후배는 이제 자신감을 일부 되찾고 열심히 노력하면서
업무의 수행방법을 터득하기 시작합니다.

이제 어느 정도 업무수행의 감각도 생기고,
어려움이 있어도 스스로 해결을 할 수 있는 단계가 됩니다.
하지만 아직은 내가 정말 잘하고 있는 것인지에 대한 의구심이 아직 남아있습니다.
혼자서 훨훨 날아다니는 단계는 아닙니다.

후배는 업무가 점점 진척되어가고 있는 모습을 보이지만
정말 이렇게만 하면 되는지, 내가 잘하고 있는 것인지의
조심스러움이 아직 남아있습니다.

그리고 업무를 하는 중간 과정에서 시간이 흘러서
내가 왜 이 일을 해야 하는지, 이 일은 왜 중요한 것인지의 연결고리가 약해지면서
업무 몰입도도 하락할 수도 있습니다.

이 경우에 선배는 떨어지는 후배의 자신감을 높여주고,
끝까지 최선을 다하도록 만들어주는 도움을 제공해야 합니다.

3단계에서 필요한 선배의 행동은 아래와 같습니다.
- (작은) 실패에 대한 용인
- 현재까지의 결과물에 대한 가치 부여
- 스스럼 없이 선배에게 다가설 수 있는 기회
- 후배의 근심에 대하여 논의하고 감정을 공유할 수 있는 기회
- 과제를 끝까지 후배 스스로 완수하기 위해 필요한 지원과 격려
- 과제수행에 방해가 되는 장애물 사전 제거
- 업무수행 지연을 막기 위한 신속한 의사결정

3단계에서 선배의 대화멘트는 아래와 같습니다.
- "업무가 어떻게 진행되고 있어?"
- "업무가 회사와 너에게 모두 중요한 이유는…"
- "함께 되짚어 볼까?"
- "어떤 점이 잘 되고, 어떤 점이 잘 안 되고 있지?"
- "어떻게 하면 제일 좋을 것 같아?"
- "실무자의 의견이 더욱 현실적이라고 생각해."
- "내가 어떻게 도와줄까?"
- "좋아! 계속해서 그렇게 해줘."
- "~ 측면에서 너의 장점을 잘 활용하고 있다고 보여. 특히 이번에 두드러지게 잘한 점은…"
- "어떻게 하면 더욱 신이 나서 일할 수 있을까?"
- "언제든지 도움이 필요하면 얘기해."

지금까지 후배의 업무성숙 3단계에 맞추어
도움을 주는 방법을 소개하였습니다.
이것이 바로 시의적절한 선배의 중간 관리입니다.

누구나 바로 한번에 잘하지 못합니다.
사람은 항상 되어 가는 과정에 있습니다.
후배도 업무를 완성하는 과정 중 되어 가는 과정에 있는 겁니다.

그 되어 가는 과정에서 인내심과 관심을 가지고
차근차근 이끌어 주는 것이 좋은 선배의 역할입니다.

04

성과의 환경을
만들어 주어야 합니다.

일은 사람이 하는 겁니다.
기계가 아닙니다.
마음이 합니다.

(책의 앞에서 가볍게 설명했던 이야기입니다만, 다시 한번 그 상황을 묘사해 보겠습니다.)
최근 한 회사의 대리, 과장급 대상의 강의에서 들었던 말은
상당히 충격적이지만 울림이 있었습니다.

> 김○○ 대리 : "업무지시를 왜 명확하게 내려달라고 하는 줄 아세요?"
>
> 필자 : "음... 팀장의 업무지시가 너무 허술해서
> 이른바 삽질을 피하려고 명확함을 요구하는 것 아닌가요?"
>
> 김○○ 대리 : "반만 맞아요.
> 팀원들이 업무지시의 명확함을 원하는 이유 중
> 대 놓고 말을 못하는 이유가 있어요.
> 딱! 그 업무만 하고 싶어서입니다.
>
> 팀장님이 어렴풋한 업무지시를 하면
> 연결된 다른 일들까지 더불어 해야 해요. 그게 싫어요.

> 주인의식을 가지고서 주도적으로 일을 해달라?
> 저의 대답은 'No Thank you.'입니다.
>
> 사실 그럴 필요 없잖아요. 너나 나나 월급쟁이인데…
> 정확하게 콕! 찍어서 업무를 지정해 주면
> 딱! 그것만 하고 남은 시간에는 제 개인적인 삶을 즐기고 싶어요."

이 말을 들었을 때, 순간 멍했습니다.
부정할 수 없는 팩트였기 때문입니다.

물론 모든 후배들이 김대리의 마음과 동일하다고 볼 수는 없습니다만,
절반 정도는 이런 마음이지 않을까요?
이러한 김대리의 마음을
'수동적인 태도, 헝그리 정신 부족, 오너십 부족'으로 치부하며
마인드의 문제로 덮고 외면하지 말아야 합니다.

모든 회사의 직장인 중 최소 절반이 이런 김대리의 마음일 겁니다.
선배인 당신도 예전에는 그랬고, 글을 쓰고 있는 나도 그랬습니다.
누구나 문제가 되지 않는 선에서 할 일만 하겠다는 마음입니다.

이는 일에 대한 마음이 닫힌 것입니다.
닫힌 마음으로 일을 하는 사람이 성과를 낼 수 있을까요?
설사 단기적으로 성과를 냈다고 해도 장기적으로는 성장했을까요?

리더십은 사람을 다루는 일이고, 결국 사람의 마음을 얻는 겁니다.
따라서 업무지시를 Direction, 그 이상이라고 봐야 합니다.

업무지시는 일을 하는 후배의 마음을 열게 하여
자신의 일로 느끼도록 하며,
성과를 위해 노력하는 마음을 만들어 주는 행위입니다.
결국 구성원의 마음 얻기는 업무지시 행위의 중심에 있습니다.

업무지시 장면에서도 후배의 감정선을 볼 줄 알고 보듬어 주는 모습이 필요합니다.
후배는 기계처럼 입력을 한다고 해서 그대로 움직이지 않습니다.

일을 받아들이게 하고 열정을 끓어오르게 하지는 못할지언정,
하기 싫어 죽겠는데 마지못해 꾸역꾸역 하는 업무 상황은 되지 않도록 해야 합니다.

그러므로 리더는 업무를 지시하면서 몰입환경을 만들어 주어야 합니다.

마음을 열어 지혜를 동원하고, 고민하며 업무에 임하는 후배의 마음을
간단히 표현하면 바로 '영혼을 가지고 일하는' 모습으로 정리될 수 있습니다.
그래서 선배들이 성의 없이 일하는 모습을 질책할 때
"너 영혼 없구나!"라는 말을 하기도 합니다. 마음이 떴다는 말입니다.

영혼 없이 일하는 후배들이 가장 즐거운 때가 있습니다.
선배의 휴가 또는 교육참여로 인한 선배 공석의 시간입니다.
이런 날을 직장인들은 '어린이날'이라고도 부릅니다.

영혼없는 후배들은 '어린이날'이면 당연히 일을 안합니다.
굳이 할 필요도 없고, 하고 싶지도 않습니다.
무슨 부귀영화를 누리겠다고 시킨 사람도 없는데 열심히 일할 필요가 없는 겁니다.
후배는 자가 휴식을 취하며 편안한 날을 즐깁니다.

영혼 없는 후배들이 많은 조직의 진짜 문제는 어디서 발생할까요?
이제 리모트 워크의 시대, 비대면 재택근무의 시대가 시작되었습니다.

**마음만 먹으면 누구나 근무일 모두를
어린이날로 만들 수 있습니다.**

리더의 업무관리 측면에서 완전히 새로운 국면이 시작된 것입니다.
자칫 잘못하면 스스로 어린이날을 즐기는 후배들을 끌고 가면서
선배는 성과를 만들어내게 됩니다.

후배의 전략적 업무지시와 관리기법이 그 어느때보다 필요한 시점이 지금입니다.

**결국 선배가 감시하지 않아도 스스로 일하도록 하려면,
후배의 마음을 얻어야 합니다.**

마음은 외형적 자극보다는 내면적 자극에서 생깁니다.
따라서 업무지시의 방점은
'후배가 업무에 몰입할 수 있는 상황을 만들어 주는 것'에 있습니다.

그렇다면 어떤 요소들이 팀원의 몰입과 업무생산성에 영향을 미칠까요?
이제부터 소개하는 6Box 모델을 이해하고 활용하면
좀 더 전략적이고 세련된 업무지시를 할 수 있을 겁니다.

환경적 요소 85%		
1. Expectation & Feedback • 명확한 기대 • 업무결과의 피드백	2. Tools & Resources • 적절한 자원, 시간 • 제도와 프로세스의 정립	3. Consequences & Incentives • 정신적·물질적 보상 • 결과에 대한 가시적 확인
4. Skill & Knowledge • 과제수행에 필요한 지식과 스킬	5. Capacity & Selection & Assignment • 물리적·시간적 여력	6. Motives & Preference • 동기와 자신감 • 수용성

6Box 모델 중 환경적 요소, 개인적 요소

위의 표를 '6Box 모델'이라고 합니다.
이 모델은 '수행공학(Human Performance Technology)'이라는
사람의 성과와 관련된 문제를 해결하거나
좀 더 높은 성과기회를 실현하는 방법을 연구하는 이론에서 출발하였습니다.
창시자는 Thomas F. Gilbert라는 인물입니다.

이 모델에서는
업무수행자, 즉 후배의 성과에는 다양한 영향요소가 있으며,
대표적으로 6가지 요소가 있다는 것을 제시합니다.

6Box 모델은 선배가 업무를 지시한다고 해서
당연히 성과가 나오지 않는다는 것을 여실히 보여줍니다.
또한 '일을 하는 것(Just Doing)'을 넘어서
후배가 '성과를 내도록(Performance Making)' 돕는 환경을 위해
선배가 무엇을 해야 하는지 가이드를 제시합니다.

자동판매기에 동전을 넣으면 쏙 나오는 성과가 아닙니다.
사람이 하는지라, 마음이 하는지라 말입니다.

후배의 성과에 영향을 미치는 환경요소를 이해하고
이를 현실 속에서 마련해주는 것이 선배의 좋은 업무지시 전략입니다.

6Box 모델의 요소를 하나씩 살펴보겠습니다.
(지금부터 소개하는 내용은 정통 수행공학의 이론을 바탕으로 하되
좋은 업무수행 환경, 좋은 업무지시의 리더십에 맞추어 해석했다는 점을
염두에 두고 봐주시기 바랍니다.)

1. Expectation & Feedback
   - 명확하고 구체적인 기대와 피드백
   업무수행 환경에서 가장 중요하며, 기본 중의 기본입니다.
   후배의 머릿속이 어렴풋하지 않게 안개를 걷어내주어야 압니다.
   일명 블러(Blur) 처리 된 지점을 최소화시켜 주는 것입니다.

   무엇을 해야 하는지 정확하게 구체적으로 알게 해주어야
   후배가 일을 제대로 합니다.

   여기서 유념해야 하는 사실은 선배인 나에게 구체적인 것이 아니라,
   후배에게 구체적인 것이어야 한다는 점입니다.
   나와 후배는 다른 사람입니다. 후배가 클론이 되기를 기대하지 마십시오.

   나와 후배가 아는 과제의 이해도 수준은 실제로 많이 다릅니다.
   "에이... 이 사안은 모를 리가 없지."라고 생각하지 말고
   조금은 과하게 소통해야 합니다. 그것도 업무수행 초반에!

2. Tools & Resources
　- 도구, 자원, 정보의 원활한 조달 그리고 참고할 매뉴얼과 프로세스의 정립 수준
일을 하고는 싶은데 적절한 자원과 정보가 없다면 속도는 더뎌집니다.

꾸준히 인내심을 요구하는 상황 속에서 오래 버틸 장사가 없습니다.
산 넘어 산 같이 모든 것이 장애물이고,
이 상황이 앞으로도 계속 반복될 것 같으면
결국 포기가 답이 될 수도 있습니다.

참고할 자료, 물적·인적 자원이 빈곤한 상태에서는
후배는 고성과를 낼 수 없습니다.
업무에 대해 지혜를 쏟지 못하고 자원을 마련하는 데 시간을 써야 하고,
허술하고 비합리적인 프로세스의 함정에 대응하느라
일에 몰입하지 못한다면 성과는 없습니다.

환경을 주지 못하는 회사가 밉고, 선배가 미워지고, 일도 싫어집니다.

3. Consequences & Incentives
　- 수행한 결과물에 대한 가시성 및 보상
본인이 해낸 것이 무엇인지,
고객이나 현장에 어떻게 활용되고 있는지를
눈으로 직접 볼 수 있도록 해주어야 합니다.

내가 하고 있는 일이 회사 또는 고객에게 어떤 의미에서 기여하고 있는지
생방송으로 확인하게 하면 훨씬 더 책임감과 긴장감을 가지기 때문입니다.

여기서 중요한 점은 녹화방송이 아니고 생방송이라는 점입니다.
기여감을 나중에 느끼게 하는 것보다는,
지금 어떤지를 실시간으로 느끼도록 하여
자신이 무엇을 잘했고, 무엇을 더 보완해야 하는지 알 수 있도록 해야 합니다.

그렇게 되면 나의 존재감을 스스로 확인하기 때문에
예전보다 확실히 더 업무에 몰입하고, 달성수준을 높이기 위해
노력하기 마련입니다.
이를 통해 자신과 업무의 일체감을 가지게 됩니다.

또한 자신이 해내는 결과물에 대한 적절한 물적·심적 보상이 기다리고 있고,
열심히 한 만큼 그에 비례하는 보상이 오는 것을 확신한다면
후배는 더더욱 몰입합니다.

이 보상에는 일을 통해서 얻는 경력개발의 기회까지 포함된다는 점을
잊지 말아야 합니다.
성장하는 느낌은 직장인에게 엄청난 보상입니다.

4. Skill & Knowledge
   - 지식과 스킬
   당연합니다. 자신이 하는 일의 수행하는 방법을 알고 있고,
   어떻게 해야 수월하게 할 수 있는지 알아야 성과가 납니다.
   열심히 하고 싶은데 방법을 몰라서 제대로 못하고 헤매는 상황은
   너무나 안타깝습니다.

   후배의 지식과 스킬이 부족하다고 해도
   무조건 후배의 탓으로만 두지 말고 체계적으로 직무역량을 높이도록
   도와주고 지도해야 합니다.

   시간 속에서 자연발생적으로 스스로 터득하도록 방치해 두지 말아야 합니다.
   그 길을 먼저 걸어왔던 선배가 가진 암묵지도 많이 전수해 주어야 합니다.

   500만원짜리 외부전문교육을 보내는 것보다,
   10분간 선배가 집중적으로 알려주는 지식 전수의 시간이 훨씬 더 값집니다.

5. Capacity & Selection & Assignment
   - 수행여력, 적절한 업무배정

"힘들어도 힘내라!"라고 말할 자격은 아무에게도 없습니다.
'워라밸'이 무너진 상태에서는 열심히 일할 수 있는 사람은 없습니다.

적절한 에너지를 유지하면서
신체적·정서적인 여유가 있을 때 후배는 지혜를 발휘할 수 있습니다.

쥐어짜듯 바쁜 일과 중에는 해내는 것이 목적인 업무수행이 됩니다.
이럴 때를 일컬어 '일을 쳐낸다.', '일을 팬다.'고 합니다.
성장은 없고 실적만 있습니다.

또한 업무 특성에 따라서 잘 맞는 개인특질이 존재합니다.
예를 들어, 수치에 약한 직원에게 전사 손익관리 업무나
임원 인센티브 제도 개선 업무를 무턱대고 맡길 수는 없는 노릇입니다.

스파르타식으로 마구 업무를 뿌리면 될 일도 안 됩니다.

충분히 훈련되고 증명되는 성장 과정을 기다려준 후
도전적인 업무 상황에 차근차근 노출시켜 주는 것이 좋은 리더십입니다.

이를 위해서는 평소 충분한 상호 간 교류인 대화가 전제가 됩니다.
대화하지 않으면 팀원의 속내와 현재 상황을 절대 가늠할 수 없다는
진리를 잊지 말아야 합니다.

6. Motives & Preference
   - 과제에 대한 동기와 자신감, 업무수용성

모든 것은 마음에 달렸습니다.
평양감사도 제가 싫으면 그만이라는 말이 있습니다.

아무리 훌륭하고 빛이 나는 업무가 있다 하더라도
그 일을 진심으로 하고 싶은,
또는 해보고자 하는 '끌림'이 있어야 후배는 지혜를 다합니다.

형식적이지 않도록, 팔다리만 일하지 않도록 하려면
남의 것을 어쩔 수 없이 대신하는 '업무대행자 마인드'를
탈피하도록 상황을 조성해 주어야 합니다.

렌터카를 세차해서 반납하는 사람은 없습니다.
누구나 잠시 빌려 타는 남의 것에 정성을 들이지 않습니다.

후배가 '이 업무는 내 것이구나.'를 느끼도록 안내해야 합니다.
후배가 업무를 수용하고 본인과 업무와의 일체감을 느끼게 하게 위해서는
선배의 마음 전이가 우선입니다. 즉 모범이 되어야 합니다.

"나도 하기 싫어… 나도 이 업무 하고 싶어서 하는 거 아니야… 상무님이 하래."
이러한 넋두리에 열정을 바칠 바보 같은 후배는 없습니다.

이 업무는 왜 중요한지,
이 업무를 하면 후배에게는 어떤 도움이 되는지,
후배의 장점과 능력이 조직에 어떤 기여를 할 수 있는지를
꾸준히 제시하고 설명해 주어야 합니다.

또한 어려운 업무더라도 동료와 선배와 함께라면
실패하지는 않겠다는 신뢰감을 보여주면 좋습니다.
이 일을 앞으로도 오래 하고 싶은 마음과
이 사람들과 오래 같이 일하고 싶다는 마음이 생기면 후배는 투혼(鬪魂)합니다.

6Box 모델은 선배가 일하는 과정의 상황을 독려할 때 고려해야 하는
요소들을 체계적으로 잘 보여줍니다.

한 가지 더 유념해야 할 것은
환경적 측면과 개인적 측면의 요소를 분리해서 보아야 한다는 점입니다.

환경적 요소 85%

1. Expectation & Feedback
• 명확한 기대
• 업무결과의 피드백

2. Tools & Resources
• 적절한 자원, 시간
• 제도와 프로세스의 정립

3. Consequences & Incentives
• 정신적·물질적 보상
• 결과에 대한 가시적 확인

4. Skill & Knowledge
• 과제수행에 필요한 지식과 스킬

5. Capacity & Selection & Assignment
• 물리적·시간적 여력

6. Motives & Preference
• 동기와 자신감
• 수용성

개인적 요소 15%

6Box 모델 중 환경적 요소, 개인적 요소

후배 개인의 노력에 해당하는 것은
4번과 6번의 요소인 'Skill & Knowledge'와 'Motives & Preference'입니다.
이 두 가지 요소는 성과에 미치는 영향력이 높지 않습니다.
통계적으로 약 15% 정도에 그칩니다.

나머지 요소 4가지가 환경적 요소에 해당하며,
영향을 미치는 비중은 85%입니다.
환경의 비중이 상당히 크지요?

그렇기 때문에
선배는 후배가 일하는 장면의 주변과 분위기, 환경이
최적화되도록 신경 써 주어야 합니다.

어찌 보면 선배가 해야 하는 주된 역할이
바로 후배가 성과를 낼 수 있도록 돕는 토양을 만들어 주는 것인데,
그것이 바로 성과의 환경을 만드는 것과 다름이 없습니다.

TIP | 필요하다면 최초 계획을 수정하십시오!

후배의 업무진행 과정을 관리하고, 관찰하며
다음 변경상황도 고려해볼 필요가 있습니다.

**첫째, 후배가 보여주고 있는 능력과 여력을 고려하였을 때
업무 범위를 변경할 필요가 있는지 결정합니다.**

해당 업무가 아직은 후배에게 과하다고 판단된다면
업무의 양을 조절하거나, 범위를 줄여 주어야 합니다.
또는 해당 후배가 지시했던 업무가 아닌 다른 업무로 인해
시간과 여력의 부족을 느낀다면 우선순위를 다시 한번 조정해 줄 필요가 있습니다.

**둘째, 업무처리 과정에서 후배가 보여준 능력이 출중하다면,
이를 지렛대로 삼아서 더욱 잘 할 수 있는 일이 더 있을지
생각해 보는 것도 필요합니다.**

진정한 능력은 업무 속에서 빛을 발하기 때문에
업무수행 과정을 객관적으로 지켜보는 선배는
그의 능력의 가치를 가장 정확하게 파악해 줄 수 있습니다.

보통은 본인이 어떤 장점과 차별화된 능력을 가졌는지 잘 모르는 경우가 많습니다.
지켜보던 누군가가 이를 정확하게 지목해 주면
당사자에게는 큰 동기부여가 될 수도 있습니다.

**셋째, 후배의 권한 수준이 현재의 업무를 수행하기에 부적절하게 협소한 경우라면
권한을 추가로 확장해 줄지 생각해 봅니다.**

적절한 권한이 부여되지 못한 경우,
업무를 수행하는 과정에서는 지속적인 걸림돌과 불필요한 고민이 발생되기 마련입니다.

부족하다면 채워주고, 너무 많다면 줄여줄 수 있는 것이 권한입니다.

05

업무지시의 번복상황!
지혜롭게 대처해야 합니다.

업무를 지시하고 나서 선배의 의도와는 상관없이
번복되거나, 방향이 바뀌거나, 극단적으로는 취소되는 경우도 있습니다.

필자의 직장 경험상으로
거의 30%는 일의 중간 과정에서 이러한 번복이 발생합니다.

선배는 신(神)이 아닙니다.
일은 사람이 하는 것이기 때문에 바뀌고 변경됩니다.
그리고 그래야만 급변하는 경영환경의 변화에 맞추어 갈 수 있습니다.

업무 추진 과정에서의 변경은 어쩔 수 없는 상황입니다.
또한 선배가 직접 발의해서 하는 업무도 있겠지만
그보다는 그 위의 윗사람, 예를 들면 본부장·사장단급에서
결정되어 떨어지는 업무를 진행하면서 지시가 만들어지는 것이 다반사입니다.

이런 경우에는 업무를 지시한 선배의 의중과는
다른 변수가 더욱 많이 작동합니다.

이렇듯 업무진행상황에서 지시의 변경·번복은 어쩔 수 없습니다.

하지만, 진짜 중요한 리더십은
업무지시 사항을 번복하는 상황에서 선배의 모습이
얼마나 공정하고 합리적인지에서 결정됩니다.

후배 입장에서 지시를 받고 열심히 일을 하는 중에
갑자기 모든 것이 수포로 돌아가 버리는 상황이 닥치는 것은
참으로 허망한 일입니다.

그럴 때에 아무런 배경설명이나 사과(Apology) 없이
후배에게 "인생 뭐 있어… 그냥 다시 해."라는 말투의 지시번복이 들어가게 되면
후배들의 의욕과 동기는 급속히 수직낙하합니다.

> "우리도 압니다. 선배도 인간이기 때문에
> 당연히 실수하거나 오판(誤判)할 수 있다고 생각합니다.
> 하지만 아무런 배경설명 없이 천연덕스럽게 업무지시를 번복하는 모습에는…"

선배의 본의이든 본의가 아니든 간에 지시의 번복상황이 발생하게 되면
지금껏 업무를 열심히 수행해 온 후배에게는
사과(Apology)가 필요합니다.

하지만, 대부분의 선배는 사과(Apology)를 하지 않습니다.
'사과(Apology)하지 않는다.'기보다는
'제대로 된 공식적 사과(Apology)를 하지 않는다.'가 맞는 표현입니다.

우리 상사는 사과(Apology)하는가?

구 분	실무자/후배	리더/선배
항상 사과한다.	5%	49%
종종 사과한다.	14%	38%
거의 하지 않는다.	50%	2%

위의 표에서 제시하는 것처럼,
선배의 입장에서는 항상 사과한다고 생각하는 경우가 49%입니다.
정작 사과를 받아들이는 후배의 입장에서는
거의 사과하지 않는다는 의견이 50%를 차지합니다.

유추해보면 선배는 공식적으로, 그리고 분명하게 사과를 하지 않고서
대충 얼버무리고 모면하려는 성향이 짙다고 볼 수 있습니다.
이는 선배가 가지고 있는 유교주의적 입장과 관점,
그리고 일부 관료조직 내에서의 계급사회적인 문화가 있어서라고 판단됩니다.

사과의 대상이 후배라고 해서 선배가 사과하지 않으면
조직 내에는 투명함과 공정성이 없는 것입니다.

선배가 사과(Apology)하지 않는 이유를 들어보면 다음과 같습니다.

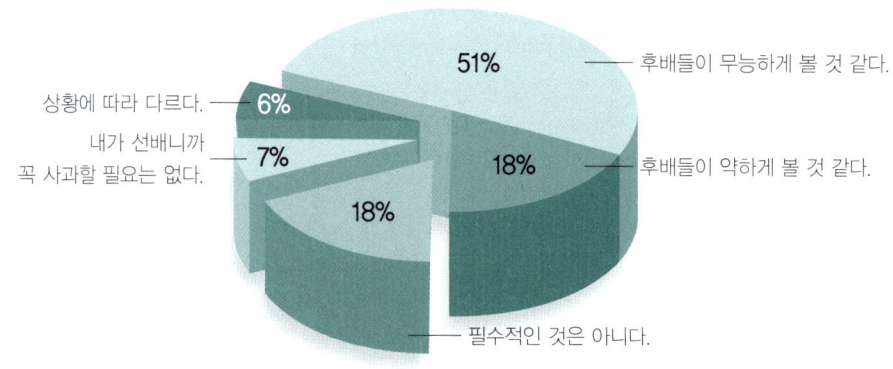

후배들이 나를 무능하게 보고, 얕잡아볼 것 같다는 의견이
거의 70%에 육박합니다.

물론 사람인지라 이러한 방어적 자세가 드는 것은 당연합니다.

지금 당장은 어물쩡하게 무마하면서 선배의 과오를 묻어버릴 수 있지만,
이 순간 후배들의 마음속에 생기는 앙금은
상당히 오래간다는 것을 생각해야 합니다.

천역덕스럽게 자신의 의사결정을 번복하는 선배를 겪어보면
이보다 화가 나는 일이 없고, 이보다 업무 의욕이 꺾이는 일이 없습니다.

시원하고 명쾌하게 본인의 실수와 오판(誤判)을 인정하고
개선을 입장을 취하는 사람만큼 멋진 사람은 없습니다.

직장 내 선배가 이러한 모습이면 더욱 그러합니다.
(물론 이러한 실수가 많지 않아야 한다는 전제입니다.

또한 이 표에서 보면
선배의 사과(Apology)는 필수적이지 않다고 생각하는 입장과,
자신이 윗사람이니 사과(Apology)까지 해야 하는가?에 대한 입장도 보입니다.

윗사람은 아랫사람에게 뭘 해도 괜찮다는 생각과
그들은 무엇을 해도 받아들여야 한다는
가부장적 마인드, 유교적 마인드는 한참 잘못된 겁니다.

요즘 같은 신세대의 실무자들은 합리성, 투명성, 공정성을
매우 중요하게 생각하고 있습니다.
또한 자신이 소중한 존재로서 존중받고 있음에 행복과 존재감을 느낍니다.

이러한 후배들에게
"그냥 다시 시키는 대로 하면 되지! 무슨 말이 그리 많아?"의 입장은
상당한 심리적 타격을 줄 것입니다.

**선배에 대한 신뢰를 급격히 감소시키는 가장 치명적 순간이
업무지시의 번복상황이며, 이때 지혜롭게 대처해야 합니다.**

그렇다면 이러한 업무지시의 번복상황에서 어떠한 대화를 하는 것이 좋을까요?

우선 잘못된 대화를 먼저 확인한 후
이상적인 업무지시 번복 대화의 모델을 제시하겠습니다.

[업무지시 번복의 배경]
내수 중심의 사업을 진행하던 A 회사.
내부 시장은 포화상태이므로 글로벌 진출이 조만간 진행되어야 하며,
마케팅 팀장은 글로벌 사업추진을 선도적으로 기획해 보고자 합니다.

팀장은 ○○○ 팀원에게,
글로벌 시장 중에서도 중국 위주로 시장분석을 지시했습니다.

하지만 금일 진행된 경영진 회의에서
당분간은 국내 시장 중심으로 사업을 추진하겠다는 결정이 내려졌습니다.

[잘못된 업무지시 번복상황의 대화]

1. 지시사항을 거시적으로만 언급합니다.

(자신이 지시했던 구체사항은 외면합니다.)

"지난주에 신제품 마케팅전략 수립 관련해서 '해외상권 분석'하라고 지시했었지?"

2. 번복의 배경을 언급하지 않습니다.

"그거 말이야… 다시 해야겠어. 중국이 아니라네."

3. 자신의 실수를 인정하지 않습니다.

(No Action : No Comment · 얼버무림)

"뭐, 살다 보면, 이럴 수도 있고 저럴 수도 있는 거 아니겠어?,
원래 다 그런 거지… 토 달지 말고… 쉽게 가니까 좋지 뭐… 괜찮지?"

4. 지금까지 해왔던 업무는 없었던 셈 칩니다.

"지금까지 작업한 거는 의미 없는 거니까… 바로 접고…"

5. 당연히 새로운 일을 하는 것으로 생각합니다.

"특별히 문제 될 거는 없잖아… 그치?
일정대로 가능한 거지? 주말도 있으니까, 뭐…"

6. (천연덕스럽게) 다시 업무를 지시합니다.

"뭔 말인지 알지? 다음주 수요일까지 가능하지?"

이러한 일방적인 업무지시 전환은 분명 잘못되었습니다.
선배인 자신에게는 아무런 책임이 없으며,
실무자인 후배는 그냥 받아들여야 하는 상황이라는 전개는
다음번의 업무지시에 대한 신뢰를 급격히 감소시킵니다. 치명적입니다.

그렇다면 업무지시의 번복 대화를 어떻게 하는 것이 가장 좋을까요?

Step	Action
0	1~5까지의 이야기를 사전에 준비한다.
1	기존 지시, 의사결정 내용을 간단히 언급한다.
2	번복의 배경/필요성을 자세히 언급한다.
3	미안함을 구체적으로 표시한다.
4	지금까지의 노고에 의미를 부여한다.
5	전환으로 인한 시간, 에너지, 자원 손실을 보전하기 위해 자신이 도와줄 사항을 먼저 제시하고 후배의 의견을 들어본다.
6	변경된 방향으로 다시 업무를 지시한다.

[바람직한 업무지시 번복상황의 대화]

1. 기존 지시, 의사결정 사항을 간단히 언급합니다.

> "지난주에 신제품 마케팅전략 수립 관련해서,
> '내가 우선 중국지역 중심으로 상권분석하라고 지시'했던 건 말이야."

2. 번복의 배경/필요성을 자세히 언급합니다.

(번복이 아닌 '전환'이라는 이미지 형성이 중요함)

> "오늘 상품기획본부가 참여하는 경영진 회의에서 중국보다는 내수 중심으로
> 방향이 선회되었다고 하네...
> 사장님께서도 해외 진출은 아직은 시기상조라는 언급도 하셨고,
> 당분간은 내수에 집중하는 것이 효과적이라는 분위기야."

3. 미안함을 구체적으로 표현합니다.

> "일단... 업무의 변경이 발생해서 미안해.
> 나는 이번 기회를 통해서 우리 마케팅팀의 글로벌 시야를 키울 수도 있다고 생각했고,
> 신상품이 특히 중국 시장에서도 부합할 거라고 예상을 해서
> 중국 시장 분석을 지시했었는데... 안타깝네..."

4. 지금까지의 노고에 의미를 부여합니다.

> "지금까지 한 내용도 나한테 한번 보내줘 봐, 추가로 정리할 필요는 없어.
> 분명 내수용 마케팅전략 수립에도 힌트가 있을 거야.
> 그리고, 하반기에 있을 글로벌 업무과제 할 때 활용해 보자."

5. 업무지시 변경으로 인한 시간, 에너지, 자원 손실을 보전하기 위해 도와줄 사항을 먼저 제시하고, 후배의 의견을 들어봅니다.

> "원래 계획했던 일정에 맞출 수 있다면 좋겠지만
> 어려울 것 같으면 3일 정도의 추가 시간은 벌 수 있을 것 같아.
> 그 정도면 괜찮겠어?
> 자료조사가 필요하면, ○○○ 대리를 붙여 줄게...
> 아니면, 아르바이트를 활용하는 것도 가능하고.
> 수월하게 할 수 있는 방법이 있으면 어떤 것도 좋으니 나한테 먼저 얘기해 줘.
> 혹시 더 필요한 게 있을까?"

6. 변경된 방향으로 다시 업무를 지시합니다.

C.O.A.C.H 모델에 맞추어 업무를 다시 지시합니다.

이러한 방식으로 업무지시의 변경사항을 전달하면
선배로서의 위엄이 떨어지지 않습니다.

보다 합리적인 방향에서 새로운 돌파구를 모색하는 데에
대화의 초점이 집중될 수 있습니다.

분명한 것은, 선배도 사람입니다.
실수할 수 있고 오판할 수 있습니다.
이를 겸허히 받아들인 후 정확하게 사과하고,
개선의 방향을 제시하게 되면 자칫 추락할 수 있는 후배의 신뢰를 유지할 수 있습니다.

치명적 순간인 업무지시의 번복상황을 어설프게 넘기지 말아야 합니다.

TIP | 업무지시/수행 과정 중 선배의 10대 펑크

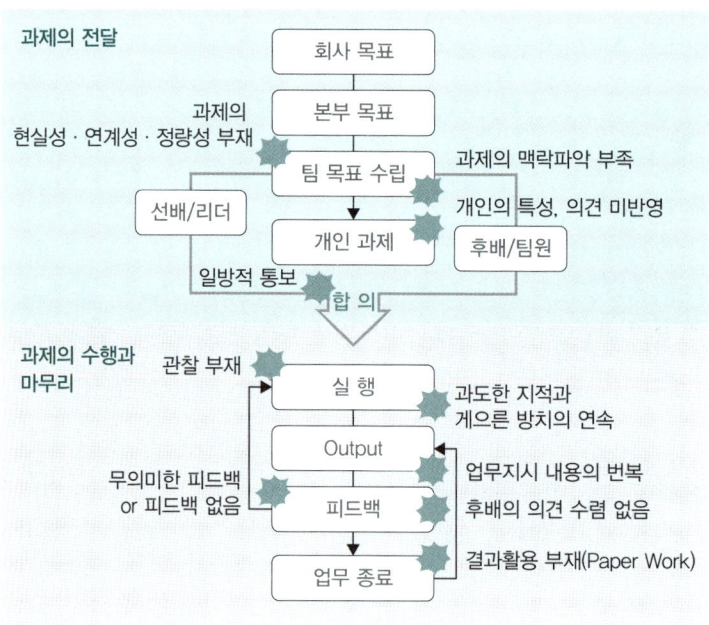

업무를 지시하고 수행하는 과정 중에
선배가 조심해야 하는 10가지 실수요소가 있습니다.

선배의 소홀함이나 과소평가로 인해서 발생하는 실수이므로
위의 그림에서 이것을 10대 펑크라고 표현했습니다.

그리고 10대 펑크는 연속적인 시간의 흐름 속에 존재하면서
앞 단에서 일어난 잘못은 뒷 단까지 계속 악영향을 미칩니다.
그러므로 한두 가지만 잘하려고 하지 말고,
전체를 골고루 잘 수행해야 한다는 점을 상기하십시오.

잘못된 행동만 피해도 중간은 갑니다.
이제부터 설명하는 10가지 요소를 잘 참고하여
업무지시와 수행의 마무리까지
아래와 같은 실수를 피하여 후배의 업무를 관리하기 바랍니다.

1. 과제의 현실성 · 연계성 · 정량성 부재
    후배가 하는 일이 조직의 성과에 전혀 연동이 안 되거나,
    뚜렷한 기여영역이 없거나, 수치적인 지표로 잡히지 않아서 달성기준이 모호한 상황

2. 과제의 맥락파악 부족
    일을 시키는 선배조차도 확신이 없고 전체적인 이해가 떨어진 상태에서
    표면적이고 원시적인 활동만 던지듯이 지시하는 상황

3. 개인의 특성, 의견 미반영
    후배의 역량이나 장단점을 고려하지 않거나
    예전에 했던 일이니까 당연히 그 사람이 해야 한다는 식으로 할당되는 상황

4. 일방적 통보
    • "하라면 해, 시키는 대로 해." 하는 방식으로 일방향적인 통지로 일관하고
        후배의 의견이나 질문, 요청사항을 듣지 않은 상태에서 지시가 되는 상황
    • 후배만 일하고 선배는 업무에서 손을 떼어버려
        일당형 잡부와 현장 감독자 체제로 전락하는 상황

5. 관찰 부재
    후배가 일하는 과정에 관심을 두지 않고,
    현장 속 실행의 애로사항이나 답보상황을 파악하지 않거나 외면하여
    업무수행의 효율이 떨어지는 것을 인식하지 못하는 상황

6. 과도한 지적과 게으른 방치의 연속

   업무하는 과정에서 말로는 '빨리빨리'를 요구하면서

   작은 행동에는 필요 이상의 개입을 하여 사사건건 간섭을 하고,

   정작 중요한 업무단계에 대해서는 "네가 알아서 해."라는 말을 해버리는 상황

7. 업무지시 내용의 번복

   지시했던 과제에 대해 처음부터 충분히 고민하지 않아서

   막상 진행하다 보니 잘못된 방향이었음을 나중에 알게 되어

   업무 방식 또는 업무의 존재 자체가 뒤집히는 상황

8. 무의미한 피드백 or 피드백 없음

   • 후배가 수행하는 과제의 방식이나 결과물에 대해
     선배로서 건설적이고 구체적인 의견을 주지 않는 상황

   • 일의 과정에서 좀 더 수월하게 잘하도록 개입하지도 않고
     일의 종결상태에서도 향후 더 잘할 수 있도록 노하우를 주지 않는 상황

9. 후배의 의견 수렴 없음

   • 선배의 마음에 들도록 업무를 한 것인지만 판단하여
     자신의 업무취향에 맞춰서 재단해 버리는 상황

   • 후배의 생각과 관점을 반영하거나 듣는 대화가 차단되어 버린 상황

10. 결과활용 부재(Paper Work)

   • 후배가 일을 하기는 했지만, 그 결과물은 그 어떤 곳에도 활용되지 못하고
     단순히 컴퓨터의 파일 또는 결재된 종이쪼가리로 전락하는 상황

   • 일을 위한 일을 해버린 상황

06

후배의 Burn Out을
막아야 합니다.

Burn Out은 일의 의미를 잃을 때 발생합니다.

직장생활 속에서는 자신의 의도 또는 계획과 다른 업무 상황을 맞이하면서
스트레스를 받는 경우가 많습니다.
일이 순풍에 흘러가듯이 흐르지 않기 때문입니다.

이때 후배들을 포함한 거의 대부분의 직장인은
스트레스를 극복하여 이겨내거나,
아니면 현실과의 타협을 통해 감정의 폭발을 가능한 지연시킵니다.

하지만 스트레스가 지속적이고 점점 커지기 시작하여
현실과의 타협에도 실패하게 되면 결국,
좌절하며 심리적 공황상태와 무기력 상태로 빠지게 됩니다.
이를 'Burn out'이라고도 합니다.

> **Burn-Out**
>
> 독일의 사회심리학자인 프로이덴베르거(Freudenberger)가 1974년 처음 사용한 용어. 우리나라 말로 하면 '(체력, 열정의) 탈진(Burn out)'이라고 해석할 수 있으며, 사회적인 스트레스로 인한 개인의 완전한 좌절과 심리적 공황 상태를 말함

탈진(Burn out)을
오랜 직장생활의 스트레스 끝에서 40대나 50대 직장인들만
겪는 것으로 생각하면 오해입니다.
대학생이나 젊은 직장인들 역시 이런 탈진(Burn out) 상황을 곧잘 겪습니다.

탈진(Burn out)은 직장경력의 길이와는 거의 상관이 없으며,
어떠한 선배가 나의 주변에 있는가에 영향을 많이 받습니다.

즉, 탈진(Burn out)의 발생에는 스트레스의 시간적 누적보다는
스트레스의 상황적 밀도가 더 큰 영향을 미친다는 말입니다.

'나쁜 선배'를 만나게 되면
매일매일이 탈진(Burn out)의 시기가 될 수도 있고
반대로 '좋은 선배'를 만나면 아무리 일이 많고 여가시간이 없다고 해도
한 번도 탈진(Burn out)을 맞이하지 않을 수 있습니다.

탈진(Burn out) 현상을 맞이하면
직장인들은 대인기피증, 발작, 사회적 불신, 이중적 사고, 정신분열 등의
순간적인 희생자가 되기도 합니다.

자신이 탈진(Burn out) 상황에 빠질 것 같다고 인지했다면
그나마 대처하거나 이를 피하는 방법을 모색할 수 있습니다.

하지만 많은 직장인, 특히나 주니어급 후배들은
**자신이 이러한 탈진(Burn out)에 임박한 상황이라는 것을
잘 인지하지 못하는 경우가 많다고 합니다.**

그래서 그들은 이상하게 무기력하다고 느끼고
자신이 하는 일에 대해 의구심이 들기도 하며 자신감을 상실합니다.

탈진(Burn out) 상태에 빠진 자신의 모습을 발견하지 못하고
'좀 쉬면 괜찮겠지.'라는 생각으로 지금이 지나가기를 기대합니다.
그래서 하루의 휴가나 운동, 음주, 한순간의 일탈 등의 방법을 통해
이를 해소할 수 있으리라는 믿음으로 버팁니다.

하지만 전문가들의 의견에 의하면,
한번 탈진(Burn out)된 사람은 일상 업무를 손쉽게 회복하기 어렵다고 합니다.
뭔가 강력한 변인(變因)이 작용하지 않는 이상
쉽게 이를 탈출하기가 어렵다는 겁니다.

일시적인 휴식을 가진다면 탈진(Burn out) 상태가
잠시 완화될 수 있겠지만, 조만간 결국 다시 원점으로 돌아가게 됩니다.

탈진(Burn out)은 단지 체력의 고갈을 뜻하는 것이 아니라는 것을 유념해야 합니다.
탈진(Burn out)은 단순히 체력의 문제만이 아니며,
그 근원에는 업무에 대한 불만이 누적되고
업무를 통해 얻게 되는 정신적인 긍정에너지가 부족하여 나타나는 것입니다.

대기업 직장인들 중
현재 자신이 탈진(Burn out) 상태에 빠져있다고 응답한 사람들을 대상으로
의견을 조사한 결과를 보면 그 이해가 더 빠를 것입니다.

> **탈진(Burn out)을 발생시키는 주요 요인들**
> - 역할 갈등(자신이 하는 역할의 모호함, 타인과의 역할 중복 등)
> - 업무량 과다
> - 반복적 업무
> - 지루한 일
> - 진급의 누락
> - 개인 시간 부족

이 리스트를 보게 되면
체력고갈이 탈진(Burn out)의 1차적 요인이 아니라는 것을 알 수 있습니다.

체력도 체력이지만
자신 역할에 대한 의미를 찾지 못하거나,
업무에 대한 의미를 찾지 못할 때 탈진(Burn out)이 발생합니다.

에너지의 선순환 모습

위 그림은
'후배가 자신이 하고 있는 일의 의미를 찾고 있는 경우'에 해당합니다.

아침 일찍 회사로 출근하고,
각종 회의에 참여하고 보고서를 쓰거나 현장에서 일하면서
체력이 소모되는 것은 어쩔 수 없습니다.

하지만 일의 의미와 조직 소속감, 성과 기여감을 통해 얻고 있는
또 다른 긍정에너지가 이를 보완해 주기 때문에
탈진(Burn out) 상태에 쉽게 빠지지 않습니다.

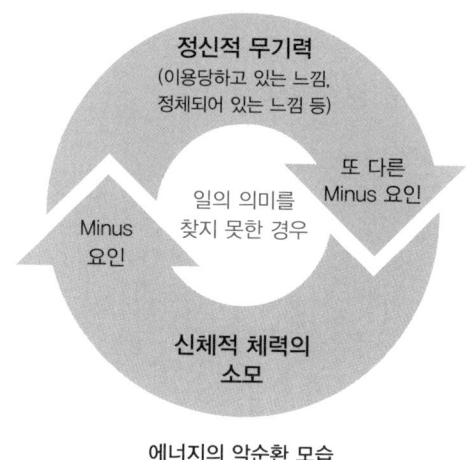

에너지의 악순환 모습

하지만 이 두 번째 그림은 완전히 다릅니다.
선배의 방관 및 잘못된 업무지시로 인하여 발생하는
악순환 프로세스를 담고 있습니다.

후배의 체력소모는 당연히 발생되는 것이지만
여기에 정신적 무기력까지 겹쳐버려 에너지 소모가 급격히 빨라집니다.
이 상황에 있는 후배는 더욱 힘든 시기를 맞게 됩니다.

체력도 소모되고, 정신력 또한 소모되기 때문에 엎친 데 덮친 격이 되며
이러한 상태에 있으면
누구도 탈진(Burn out) 상태로 빠지게 될 수밖에 없습니다.

직장생활을 쉽고 만만하게 봤다가는 분명 큰 코 다칩니다.
요즘은 예전에 비해 비즈니스 환경이 점점 어려워지고 경쟁구도도 심해져서
개인에게 요구되는 업무의 양도 많아지는 것이 사실입니다.
회사생활이 속칭 '빡세지고' 있습니다.

따라서 체력이 예전에 비해 많이 소모되는 것은 당연합니다.
하지만 체력소모만이 탈진(Burn out)을 불러오는 것이
아니라는 것을 기억해야 합니다.

**선배의 잘못된 행동들이 후배들의 탈진(Burn out)을
불러올 확률이 높다는 것을 생각해야 합니다.**

후배에게 일을 시켰으면
그 일에 대한 기대사항을 지속적으로 알려주고
후배가 일을 통해서 조직에 기여하고 있음을 알려주며,
이러한 과정을 통해 성장하고 있다는 것을 알려주는 관리를 해야 합니다.
그래야 후배의 탈진(Burn out)을 피할 수 있습니다.

후배가 탈진(Burn out)하게 되면
그 나쁜 여파는 고스란히 다시 선배에게 갈 수도 있습니다.

TIP | 후배의 체력관리도 중요합니다.

앞서 언급한 탈진(Burn out)을 예방하기 위한 방법은
일에 대한 의미를 끊임없이 부여하는 것이라 했습니다.

하지만 후배의 체력적 소모도 외면하면 안 되고,
지속적으로 관리해 주어야 하는 '뜨거운 감자'입니다.

후배의 야근 및 주말 근무가 지속되고 있다면
업무 진척에 무언가 문제가 생겼다는 적신호입니다.
이를 절대 간과하면 안 됩니다.

후배가 경험이 부족하고 일 처리의 효율성이 떨어지기 때문에
업무속도가 더딘 것은 어쩔 수 없지만,
밥 먹듯이 야근하고 주말에 출근하는 것이 지속되면
천하장사도 견딜 수 없습니다.

무엇이 문제인지를 파악해서 야근의 연속을 끊어 주어야 합니다.
야근을 피할 수는 없다 하더라도 야근을 하는 절대시간을 줄여 줄 수는 있습니다.

선배라면 후배가 스스로 체력 안배를 할 수 있도록
옆에서 브레이크(Brake)를 걸어 줄 필요도 있습니다.

나쁜 선배는 후배의 체력고갈까지 방치합니다.

그러면서 하는 말이
"나 때는 3일 밤새고 집에 가서 속옷만 갈아입고 또 근무한 적도 있어."
"회의실에 간이침대를 좀 비치해야겠어. 아예 거기서 자게 말이야…"
"일 못하면 몸으로라도 때워야지. 밥값 해야 할 거 아니야."
"바쁜 데 휴가는 무슨 휴가야!"
"아픈 것도 허락 맡고 아프란 말이야."

이런 나쁜 선배 밑에 있는 후배는 말 그대로 완전 죽음입니다.

후배들이 제대로 된 휴가를 못 쓰는 이유가 무엇인지 아십니까?
바빠서? 일이 많아서? 절대 아닙니다. 바로 선배 때문입니다.

아래의 상황을 보시지요.

후배 : 선배님 다음 주 금요일에 개인 휴가를 좀 써도 될까요?
선배 : (눈을 치켜뜨며) 왜? 무슨 일 있어? 얘기해봐.
후배 : (마음 속으로) 아... 꼭 무슨 일이 있어야만 쉬는 거구나...
　　　그냥 좀 쉬려고 했었는데... 안 되겠다.
선배 : (다그치는 말투로) 말을 해봐! 나도 무슨 일인지 알아야 휴가 결재를 하지.
후배 : 아니에요, 그냥 휴가 안 쓸게요... 필요하면 다시 말씀드릴게요.

쉬는 데에 이유가 있어야 하는 거라면
이유가 없으면 쉬지 말라는 것입니다.
"입 닥치고 일해야지."라는 말을 하지 않을 뿐,
이런 분위기 속에서 휴가는 특별한 때나 쉬는 것으로 전락합니다.

중간 동기부여를 등한시하지 마십시오.

사람은 누구나 다양한 욕구를 가지고 있고,
본능적으로 모든 일상 속에서 자신의 욕구를 충족하기 위한 행동을 합니다.

충족되지 못한 욕구는 정신적인 긴장(Tension)을 야기하여
끊임없이 그 욕구가 충족되는 상태를 지향하도록 만듭니다.
즉, 충족되지 않은 욕구는 사그라드는 것이 아니고
결핍상태로 남아 늘 목말라 하면서 그 욕구를 채우려는 시도가 지속되게 만듭니다.

우리가 흔하게 알고 있는 동기부여 이론이 있습니다.
매슬로우(Maslow)의 욕구 5단계 이론입니다.

사람이 살아가는 데에 있어서 어떤 욕구가 우선되고
그 욕구가 충족되면 다음에는 어떤 욕구가 발생하는지 표현하여
욕구의 단계적 접근을 잘 알려주는 이론입니다.

매슬로우의 욕구 5단계 이론을 유심히 들여다보면
회사생활 속 후배가 원하는 욕구들이 잘 보이기 시작합니다.
후배의 욕구를 파악하게 되면
그에 상응하는 선배의 바람직한 관리행동을 유추할 수 있습니다.

각 단계별로 어떤 욕구가 있는지,
그 욕구는 우리의 직장생활에서는 어떤 모습으로 해석되는지,
그리고 그 욕구는 어떤 선배의 행동으로 충족될 수 있는지 알아보겠습니다.

매슬로우의 욕구 5단계와 회사의 상황

계층	명칭	내용	기업에서의 충족 가능 분야
1단계	생리적 · 기본적 욕구 (Basic Needs)	의식주 생활에 관하여 본능적이고 기본적인	• 쾌적한 사무환경 • 최저임금 보장
2단계	안전 · 안정의 욕구 (Safety Needs)	신체적 · 정서적으로 안전과 안정을 추구하는	• 고용보장 • 생계보장수단 부여 • 안전한 작업조건
3단계	사회적 · 소속의 욕구 (Social Needs)	소속감을 느끼고 주위사람들과 친밀한 관계를 형성하는	• 인간적 리더 · 선배 • 가족적 분위기 • 우호적 팀원들
4단계	존경의 욕구 (Esteem Needs)	타인에게 인정 · 존경받고자 하는	• 포상, 승진, 타인의 인정 • 책임감 부여 • 중요업무 부여 • 기여한다는 느낌 주기
5단계	자아실현의 욕구 (Self-actualization Needs)	자아발전과 이상적 자아를 실현하고픈	• 도전적 과업수행 • 잠재능력 발휘 기회

1. **1단계 생리적 · 기본적 욕구**

   인간의 가장 기본적인 욕구입니다.
   식사, 물, 수면, 고통 회피 욕구 등을 말하며,
   직장에서는 적절한 급여 및 쾌적한 작업환경이 이에 속합니다.

2. **2단계 안전 · 안정의 욕구**

   생리적 욕구가 충족되었을 때 나타나며,
   이는 도둑 · 폭력으로부터의 안전, 위험 · 사고로부터의 보호 등을 말합니다.
   직장에서는 안전한 작업환경, 고용보장 등이 이에 해당할 수 있습니다.

   위의 1단계, 2단계의 욕구는
   대개 개인의 가정상황이나 회사의 기본적인 제도와 조건에 해당되므로
   선배가 하는 행동과 큰 관련이 없습니다.

3. 3단계 사회적 · 소속의 욕구

하위 두 가지 욕구가 충족되었을 때 발생하며,
동료 간의 친화감 및 대인관계의 양과 질에 대한 만족이 해당합니다.

이 단계에서부터 선배의 역할과 관련성이 시작되며,
선배의 여러 가지 행동이 후배의 욕구충족에 영향을 미치게 됩니다.

인간적인 배려나 부서 내 존재감 부여를 통해서 얻을 수 있는 사회적 욕구는
선배의 잘못된 행동으로 인해 깨질 수 있습니다.

3단계의 욕구(사회적 · 소속의 욕구)를 무너뜨리는
선배의 실수는 아래와 같습니다.

- 비인간적인 대우
- 무시하는 말투
- 방임과 방치
- 험하고 의미 없는 일의 전담부여

매슬로우 욕구 5단계 이론의 기본 전제는
하위 요소가 만족되어야만 상위욕구가 생긴다는 것입니다.

선배로부터의 만행으로 인해 3단계부터 막히기 시작하면
후배에게는 4단계, 5단계의 욕구 자체가 생기지 않게 됩니다.

즉 후배에게는
"내가 업무를 좀 더 잘해야겠다."
"새로운 일을 내가 먼저 찾아서 해야겠다."는 의욕은
애초에 발생하지 않게 됩니다.

4. 4단계 자존의 욕구

하위 세 가지 욕구가 충족되었을 때 발생하며,
소속 조직 내에서 인정받고 싶고
성과 창출 과정에 기여하여
다른 사람에게 존재감을 보여주고 싶은 욕구입니다.

즉, 자신이 하고 있는 일의 가치와 의미를 찾고 싶어 하고,
일을 하는 동안에도 자신은 회사의 성과, 팀의 성과에
일정 부분 기여하고 있다는 느낌을 가지고 싶어 하는 겁니다.

자신의 현재 업무 상황을 주변 동료에게 알리고 싶어 하는 동시에
지금 본인이 잘하고 있는지 못하고 있는지를 평가를 받고 싶어 하는 것도
자존의 욕구와 궤를 같이 합니다.

4단계의 욕구(자존의 욕구)를 무너뜨리는 선배의 실수는 아래와 같습니다.

- 무성의한 업무지시
- 업무 진행 사항 무관심, 방치
- 업무 결과에 대한 불성실한 평가
- 결과만 바라보며 실행 독촉
- 이용당하고 있다는 느낌 부여 등

5. 5단계 자아실현의 욕구

하위 네 가지 욕구가 충족되었을 때 발생되며,
자신만의 고유한 꿈과 목표달성을 지향한다거나
자신만이 할 수 있는 영역을 만들고 싶어 하는 욕구입니다.

즉, 어떤 일을 하더라도 남과는 다르게 하고 싶고,
"○○○이 한 일은 다르다."는 평가를 받고 싶어 합니다.
기존과 또 다른 방법을 찾아서 자신만의 고유영역을 만들고 싶어 합니다.

또한 어제보다 새로워지기를 바라고,
지난달보다 성장했기를 바라고,
작년보다 현명해지기를 바라면서
도태되지 않고 나아진 자신을 찾고 싶어 하는 욕구입니다.

5단계의 욕구(자아실현의 욕구)를 무너뜨리는 선배의 실수는 아래와 같습니다.

- 일방적인 업무지시
- 후배 의견에 대한 묵살
- 기존 관례 요구
- 동일한 업무의 지속 반복
- 후배 인생 전반에 걸친 커리어 목표에 대한 무관심

좋은 선배라면 후배의 각 욕구 5단계별로
자신이 해줄 수 있는 사안이 무엇인지 고민하고, 충족시켜주려 노력해야 합니다.

우리는 일로 만난 사이입니다.
선배와 후배가 인간적으로 서로 친해지는 것도 중요하지만,
후배가 일과 친해지도록 만들어 주는 것이 더 우선되어야 합니다.

일과 친해지면 성과에 대한 욕심이 생기면서 일 속에서 성장합니다.
성장한다고 느낄 때 회사가 즐겁고 일이 재밌어집니다.
그러면 다시 또 일을 통해 성장합니다.

후배의 업무 상황을 잘 지켜보면
그 일과 친해질 수 있도록 도와줄 수 있는 기회들이 은근히 많습니다.
이러한 선배의 노력을 통해
회사생활 속에서도 후배가 가진 다양한 욕구를 충족시켜 준다면
회사를 다니는 것이 즐거워질 수 있지 않을까요?

앞서 후배의 업무 상황 속 동기부여에 대한 적절한 방식을
매슬로우의 욕구 5단계 이론으로 소개했습니다.

이제는 동기부여의 타이밍에 대한 이야기를 덧붙이고
이 장(Chapter)을 마무리하겠습니다.

올바르고 성의 있는 업무지시를 하여
일을 귀하게 받아들인 후배의 동기(Motive)가 높아졌다 하더라도
일정 기간이 흐를수록 동기는 한풀 꺾이게 되어있습니다.

선배는 충분한 관찰을 통해
후배의 의지와 열정이 한풀 꺾이는 경우를 찾아
적절한 도움을 주는 것이 필요합니다.

다음의 표를 보십시오.

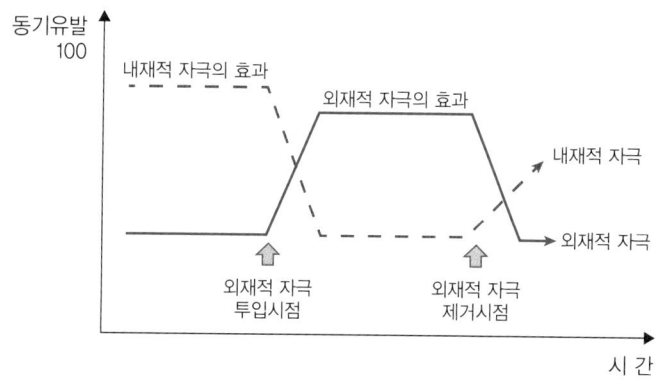

내재적 자극과 외재적 자극의 상호작용

심리학 전문가들은 동기부여를 위한 자극을 크게 2가지로 나눕니다.

첫째, 내재적 동기요인은
개인 스스로가 마음속으로 가지고 있는 동기부여 요인입니다.

둘째, 외재적 동기요인은
개인이 아닌 타인 또는 외부환경으로 인해 얻게 되는 동기부여 요인입니다.

동기부여 수준에서 내재적 요인이 높다는 것은
후배의 내면 즉, 마음가짐이 긍정적인 심리상태를 유지하고 있다는 것을 말합니다.

하지만 후배는 기계가 아닌 사람인지라
일정 기간이 지나서 효력이 떨어지거나, 일부의 어려움을 겪게 됨에 따라서
내재적 동기부여 요인이 점점 떨어지기 마련입니다.

이때, 외재적 요인에 해당하는 선배의 추가적 동기부여를 받게 되면
하락세를 보이던 후배의 내재적 동기부여 요인이 다시 상승세를 타게 됩니다.

비유해 본다면,
꺼져가는 불씨에 장작을 추가로 얹어준다거나 바람을 불어준다거나 하여
소멸되던 불씨를 다시 살려주는 외부적 영향이
선배의 외재적 동기부여 활동이 될 수 있습니다.

후배가 100% 동기부여된 상황을 만들기는 어렵습니다.
하지만 후배의 동기상태가 지속적으로 하향세가 되지 않도록 하고,
특히나 동기가 완전히 바닥을 치지 않도록 해주는
선배의 관리 노력은 꼭 있어야 합니다.

그러려면 결국 타이밍이 관건입니다.
후배의 동기(Motive)가 떨어지려 하는 타이밍을 알아내기 위해서
선배는 후배들을 항상 관찰하고, 관심을 유지해야 합니다.

일을 시켰으면 그게 전부가 아닙니다.

과정을 관리하고 관찰해야 합니다.

그래야 원하는 성과가 만들어지고, 후배가 육성되고 성장합니다.

TIP | 업무지시 장면에서 퇴사를 부르는 선배의 말들

- "신입사원한테 인격이 어디 있어!"
- "그것도 몰라? 아는 게 뭐야?"
- "생각 좀 하고 일해."
- "안 돼, 못 해."
- "요즘 애들은…"
- "하던 대로 해, 그냥 내가 시키는 대로 해."
- "네 생각대로 해봐, 잘못되면 네가 책임지는 거야."
- "도대체 몇 번을 더 알려줘야 해?"
- "그럴거면 네가 사장 하든가!"
- "내가 언제까지 일일이 떠먹여 주랴?"
- "네가 알아서 해."
- "나랑 상무님이랑 둘 중에 누구랑 오래 일할 것 같아?"
- "내가 시킨 대로만 해."
- "빨리해."
- "늦게라도 좋으니 메일로 보내고 전화해."
- "주말에 하면 되잖아."
- "내가 그렇게 시켰다고? 와! 생사람 잡네."
- "됐어! 넌 이제부터 이 일에서 빠져."
- "이제 밥값 좀 해야지?"
- "넌 일단 아무것도 하지 마. 그게 도와주는 거야."
- "이따가 밤에 아홉시 반쯤에 회의 좀 하자. 회의실 잡아놔."
- "이거 안 되면 이번 휴가 못 갈 줄 알아."
- "(아침 7시 반, 지하철 타고 출근하는 길에) 여보세요. 어디니?"
- "요즘 안 바쁘지?"

TIP | 좋은 선배와 나쁜 선배의 행동 차이

구 분	나쁜 선배의 행동	좋은 선배의 행동
후배에게 일을 제시하고 나서	• 방임(방치)한다. • 말 그대로 놓아 버린다.	• 위임한다. • 적절한 권한을 부여하고 신뢰를 주되, 관심의 끈을 놓지 않는다.
후배가 하는 일에 대해서	• 기다린다. • 언제까지 완료할 것인지만 체크한다.	• 관찰한다. 그리고 지도한다. • 후배가 처한 상황과 고민, 그리고 의욕이 어떤지 지켜본다.
후배의 결과물에 대해서	• 예상했던 결과물의 이미지도 딱히 없거나, 있다 하더라도 천운(天運)에 맡긴다. • 결과를 운명처럼 받아들인다.	• 예상했던 결과물이 나올 수 있도록 중간에 조율한다. • 성과를 이루어 낸다.
후배가 하는 일이 중간에 잘못되면	• 후배가 일하는 과정을 관찰하지 않기 때문에 잘못되고 있는지조차 모른다. • 발견된다고 하더라도 처음부터 다시 하도록 다람쥐 쳇바퀴를 또 돌려준다.	• 지속적인 관찰을 통해서 적절한 타이밍에 코칭하여 결과물의 탈선이 일어나지 않도록 한다. • 만약 예상치 못한 상황이 벌어지면 중간에 개입하여 그동안 진행된 후배의 업무 내역을 살펴보며 적절한 개선책을 찾아 준다. • 앞서 했던 후배의 노력이 헛되지 않도록 관리해 준다.
후배의 육체적, 정신적 에너지를 관리할 때	• 후배가 소진되어도 상관없다. • 일은 원래 힘든 것이고, 밑에 있을수록 더욱 빡세게 굴려야 하기 때문이다.	• 후배가 소진되지 않도록 관리한다. • 체력적인 것뿐만 아니라 정신적인 소진이 일어나지 않도록, 업무의 필요성과 당위성, 적절한 칭찬을 통해 중간 관리를 한다.

다음 장으로 넘어가기 전에
후배들이 해야 할 일을 하지 않는 이유,
옳게 일하지 못하는 이유 Best 6를 알아봅시다.

일을 시키다 보면
나쁜 선배는 당연히 원하는 결과물을 얻지 못하겠지만,
좋은 선배라도 원하는 결과물을 얻지 못하는 경우가 있습니다.

그러한 경우를 '업무의 탈선'이라고 부르는데,
이러한 예상치 못한 결과가 나오는 이유를 간단히 정리해보면 다음과 같습니다.

1. **무슨 일을 해야 하는지 모른다.**
   - 술자리에서 일을 시켰다거나,
     점심을 먹으면서 지나가는 말로 일을 시킨 경우
   - 일에 대한 공식적인 설명과 절차 없이 일을 시킨 경우
   - 계획성, 구체성, 대면성 없이 일을 시킨 경우

2. **그 일을 해야 하는 방법을 모른다.**
   - 목표만 주고 어떻게 일을 해야 하는지 아무것도 알려주지 않은 경우
   - "니가 알아서 해."로 일관하는 경우
   - 일과 관련된 사람을 전혀 언급하지 않거나, 단순히 이름만 알려준 경우
   - 적절한 사무기기와 환경이 제공되지 않은 경우

3. **그 일을 왜 해야 하는지 모른다.**
   - 일의 목적 없이 목표만 부여한 경우
     예 전쟁이 일어난 이유는 모른 채 전투를 치르도록 하는 것
   - 아주 단순한 행위로만 일을 묘사한 경우
   - 그 일을 함으로써 예측되는 이점을 전혀 느끼지 못한 경우
   - 그 일을 함으로써 예측되는 부작용을 심하게 느낀 경우

4. **이미 그 일을 하고 있다고 생각한다.**
   - 지난번에 지시했던 일이 올바르게 마무리되지 않은 경우
   - 새롭게 부여받은 일에 대한 설명이 불충분하여
     기존에 하던 일의 연장이라고 생각하는 경우

5. 통제할 수 없는 장애물이 있다.
   - 아무도 도와주지 않는 경우
   - 기존에도 유사한 일이 과하게 실패했다는 것을 이미 알고 있는 경우
   - 상담하거나 고민을 토로할 대상이 전혀 없는 경우
   - 일하는 방법을 전혀 모르는 경우
   - 참고할 만한 자료나 프로세스 등이 전혀 없는 경우
   - 예측되는 장애물에 대한 정보가 전혀 없는 경우

6. 그 일보다 다른 일이 더 중요하다고 생각한다.
   - 그 일의 배경과 우선순위에 대한 선배의 의견을 듣지 못한 경우
   - 데드라인 점검 위주의 업무 관리만 받아온 경우
   - 일을 동시에 3개 이상 부여받고 모두 독촉(督促)받고 있는 경우

일은 시킨 것만큼 마무리를 잘 지어주는 것도 중요합니다.
일의 마무리를 지어주고 귀하게 거두어내는 선배가 진정한 선배입니다.

'결자해지(結者解之)'라는 말이 있지요?
자신이 일을 부여했으면
자신이 일의 종료를 선언해 주어야 하는 법입니다.

많은 선배들은 대충 일을 시킨 것처럼
대충 일을 거두어버립니다.

후배가 열심히 고민해서 만들어 낸 결과물에 대해
일언반구(一言半句) 없거나,
아니면 일수 찍듯이 형식적으로 점검을 하는 선배 때문에
후배들은 좌절합니다.

일을 거둬내는 것은
또 다른 일의 시작을 준비하는 것의 연장선에 있습니다.
일을 천하게 거두어버리면,
또 다른 일이 천하게 시작되는 연결성을 보일 수밖에 없습니다.

흐지부지 끝난 업무의 나쁜 기억이 쌓이면
일을 새롭게 부여받는 것이 싫어집니다.

이번 마지막 Part에서는
일을 귀하게 거둔다는 선배의 모습과 행동이 무엇인지 언급하고
왜 그래야 하는지를 후배 육성의 차원에서 해석하여 제시합니다.

결국에 마무리가 좋아야 하는 이유는 왜인지 아십니까?
마무리가 좋아야 Next가 만들어지기 때문입니다.

직장생활 하루 이틀 할 것이 아니지 않습니까?
후배하고 이번 한 번만 일할 것이 아니지 않습니까?

PART 3

마무리,
또 다른 일의 시작

01
마무리가 가장 중요합니다.

이 세상 모든 리더십을 분석하고 파헤치고 나서,
가장 진리(眞理)이며 절대로 변하지 않을 한 문장만을 남겨야 한다면
바로 이 문장일 겁니다.

일을 귀하게 시키고
귀하게 중간 관리를 하였다면
마지막에 해야 하는 것은 귀하게 거두어내는 겁니다.

책의 앞장에서는 귀하게 일을 시키는 것이 무엇인지,
그리고 귀하게 관리하는 것이 무엇인지 소개했습니다.

이제는 귀하게 일을 거두어내는 것은 무엇인지,
선배의 어떤 행동이 필요한지 안내합니다.

일을 귀하게 거두는 선배의 모습과 태도는
크게 2가지로 구분할 수 있습니다.

첫째, 일의 완료를 함께 선포해 주고,
일의 진행 과정 및 성과에 대해 적절한 평가를 내려 주는 것입니다.
이는 귀하게 일을 거두는 선배의 '언행'에 해당합니다.

둘째, 후배가 자신보다 더 잘할 수 있다는 점을 받아들이고, 인정하는 것입니다.
이는 귀하게 일을 거두는 선배의 '태도'에 해당합니다.

일에 있어서 마디와 매듭이란…

예를 들어보겠습니다.

과일 농사를 짓는 농부가
가장 이윤이 좋은 과일의 종류를 선택한 후,
기름진 땅을 만들고 자신이 선택한 과일나무를 심었습니다.

그런 후 몇 개월 동안 정성을 쏟아부으며 나무를 보살펴줍니다.
바람이 불면 바람을 막아주고
비가 오지 않으면 물을 대어 촉촉하게 적셔줍니다.
병충해를 입지 않도록 적절한 방충 작업도 취해주었습니다.

드디어 과일나무에 먹음직스럽고 탐스러운 과일이 주렁주렁 열렸습니다.

하지만 이상하게도 농부가 수확을 하지 않거나,
다른 일이 급하다고 해서 대충 어물쩡 수확해버리면 어떻게 될까요?
(아마 이런 정신 나간 농부가 있을 리 만무하지만 말입니다.)

첫째, 수확을 대충 해버리면

농부는 일정 수준 이상의 이윤을 얻기가 어렵습니다.
나무에는 조금만 더 손보거나 기다려 주면
더욱 상품가치가 클 수 있는 과일들이 남아 있을 수 있습니다.
개념 없는 농부가 지금 당장의 수확에만 눈이 멀어,
손이 닿는 위치에 매달려있는 익은 과일만 따고
나머지는 포기해 버리면
결국 나무에서 다른 열매들이 썩어 버립니다.

둘째, 나무 또한 상품가치가 없는 과일을 생산하는 야생나무로 바뀝니다.

나무는 적절한 때에 과일을 따 주어야
다음번 열매를 더 확실하고 크게 맺을 수 있다고 합니다.
그래서 제때 수확을 하지 않는 나무에서는
모나고 비뚤어진 작은 과일들이 맺혀서 결국은 상품성이 떨어지게 됩니다.
제때 수확을 하지 않으면
농부도 손해이고, 나무도 거칠어지면서 생산성이 약해지는 겁니다.

**이렇듯 지구상에 존재하는 모든 진행단계에는
적절한 마무리가 있어야 합니다.**
그래야만 의도한 성과를 얻어낼 수 있는 것이고,
다음의 성과가 시작되는 선순환의 고리를 다시 채울 수 있습니다.

업무의 결실을 맺는 마무리가 적절하지 못하면
앞에서 해 왔던 성과 창출행위와 투입한 에너지들은
모조리 물거품이 됩니다.

업무에 있어 적절한 마무리가 필요한 이유를 대나무에서 찾아볼 수 있습니다.
(책의 앞 단에서는 후배의 성장 속도를 대나무에 비유해서 설명했었습니다.)

대나무는 사군자 중에서도
푸른 잎과 곧은 줄기를 가지고 있어서
굽히지 않는 지조와 절개를 상징합니다.

대나무가 곧고 단단한 것은 '마디' 때문이라고 합니다.
대나무의 마디는 바람이 불어도 쓰러지지 않고
곧게 서 있을 수 있는 지지대 역할을 합니다.
만일 대나무가 마디 없이 하나의 줄기로만 되어 있다면,
거센 폭풍우가 아니라 작은 바람에도 쉽게 부러집니다.

이렇듯 대나무에는 마디가 잘 만들어져야 다음의 성장이 준비됩니다.
대나무의 마디가 잘 누적됐을 때 더욱 키가 높아질 수 있고,
마디들이 잘 영글었을 때 그 높이를 견딜 수 있는 견고한 힘이 만들어집니다.

사람이 하는 업무도 이와 마찬가지입니다.
앞서 언급했던 대나무의 마디를 업무의 진행 흐름에 비유하자면
수행한 업무에 대한 '정돈과 성찰 단계'로 볼 수 있습니다.

이러한 정돈과 성찰 단계를 통해
후배는 더욱 강해지고 역량이 성장할 수 있는 계기를 얻게 됩니다.

업무의 정돈과 성찰 단계를 또 다른 용어로 비유한다면 '매듭'을 꼽을 수 있겠습니다.

매듭이란 '업무의 순서에 따른 결말'과 같습니다.
모든 업무에는 매듭이라는 것이 필요한 법입니다.

더구나 선배가 직접 시작해서 혼자 마무리하는 일이 아니고
후배를 통해서 진행되는 업무라면
더욱더 시킨 사람인 선배에 의한 매듭이 필요합니다.

실행하는 사람이 스스로 묶는 것은
업무의 매듭이라기보다는 잠시의 일단락에 불과할 수 있습니다.
그냥 어딘가에 멈춘 거지요.

특히나 주니어급 후배에게는
스스로 일의 매듭을 짓는 일이 어려울뿐더러
후배 혼자서 선배가 시킨 일의 매듭을 짓는 것 자체가
납득하기 어려운 상황입니다.

업무를 지시한 사람이 묶어주는 매듭이
'업무의 진짜 종료와 완료'를 만드는 것이니까요.

업무를 함에 있어서 매듭이 묶이지 않거나
대충 묶이게 되면 어떤 상황이 발생할까요?

1. 어디가 끝인지 모릅니다.
  그러므로 다음번 줄의 시작이 어디인지 불확실해집니다.
  업무가 종료되었음이 공식 선언되지 않으면
  후배는 그 업무에 대한 에너지를
  일정 부분 유지할 수밖에 없습니다.

  설령 그 업무를 하고 있지 않다 하더라도
  신경은 계속해서 쓰이기 때문입니다.
  다른 업무를 수행하더라도 마음 속에는
  주렁주렁 부담의 주머니를 달고 있는 격입니다.

  **후배는 당연히 업무를 지시한 선배가
  그 일에 대한 마무리를 짓거나 결과물을 수확할 거라 기대합니다.**

하지만 선배가 그에 상응하는 행위를 하지 않으면
후배의 마음속에는 뭔가 끝나지 않은 것 같은 찜찜함이 남기 마련입니다.

"언젠가는 선배님이 찾으시겠지…"라는 생각으로
그 일을 시원하게 놓아버릴 수 없는 겁니다.

그러다가 흐지부지 업무가 끝나버렸다는 사실을 알게 되면
후배는 그동안 자신의 노력이 허비되었다고 느낍니다.
그리고 다음번 업무를 하면서 아무것도 기다리지 않습니다.
"선배님은 이번에도 결과물을 찾지 않을 거야. 일단 하는 시늉만…"

2. 매듭이 쉽게 풀어집니다. 그리고 다른 줄과 엉킵니다.

매듭이 올바르게 묶이지 않고, 허술하게 묶이면 결국 풀어집니다.
매듭이 풀어진다는 것은 결국 그 업무가 완전히 종료된 것도 아닌 상태가 되어
때가 되면 다시 살아나서 후배를 괴롭히게 된다는 것을 말합니다.

어설프게 묶어 준 매듭은
일정 시간이 지나면 스르륵 풀리게 되어
업무를 한 것도 아니고 안 한 것도 아닌 상태가 됩니다.

처음에 일을 시킨 것도 아니고, 안 시킨 것도 아니고
중간에 일을 하는 것도 아니고, 안 하는 것도 아니고
마지막에 일이 끝난 것도 아니고, 안 끝난 것도 아니고
끝까지 후배를 힘들게 만드는 겁니다.

일이 확실하게 끝난 게 아닌 경우 손에 잡히는 결과물이 없으니
선배는 심지어 동일한 업무를 다시 시키는 경우도 있습니다.
이는 정말 최악의 상황입니다.
후배는 생각합니다. "의미를 찾을 수 없는 업무의 반복이군."

3. (전혀 연관 없는) 다른 사람이 매듭을 묶어 버린다.

　다른 사람이 업무의 매듭을 묶는다는 것은,
　열심히 일한 사람이 공적의 주인이 되지 못하고
　업무 결과물을 엉뚱한 사람이 가져가 버리는 경우를 말합니다.

　일에 대한 완료 선언이 이루어지지 않고
　업무가 질질 늘어지게 되는 경우,
　후배가 열심히 해 놓은 중간 결과물들을
　제3자가 날름 가로채어 써먹을 수 있습니다.

　이런 경우
　후배가 한 결과물은 다른 사람이 하는 업무에 귀속되어 버려
　결국, 후배는 하청을 받아서 부속품을 잘 만들어 준 꼴이 됩니다.

일을 귀하게 거둔다는 것은

업무의 매듭을 짓는 것도 역시 선배의 시간과 에너지 투여가 필요합니다.
그리고 이 또한 선배의 스킬이 요구되는 중요한 단계입니다.

충분히 고민하여 후배에게 업무를 시키고
중간에 관리를 소중하게 잘했어도,
업무의 결과물을 수확하는 단계에서 삐끗하면 모든 것이 물거품이 됩니다.

아래와 같이 업무의 매듭 단계에 있어
선배의 좋은 모습과 나쁜 모습을 비교해 볼 수 있습니다.

일의 매듭을 잘 못 짓는 모습 (일을 잘 못 거두는)	일의 매듭을 잘 짓는 모습 (일을 귀하게 거두는)
• 공식적인 완료 선포라고 할 수 있는 행위가 없다. (일의 완료라기보다는 중단에 가깝다.)	• 일이 완료되었음을 공식 선포해 준다.
• 메일로 하거나 돌려서 이야기한다.	• 직접 얼굴을 보고 해준다.
• 여러 개를 한 번에 묶어서 하여 결국 엉킨다.	• 하나의 건마다 해준다.
• 결과물에 대한 평가나 교정 필요점에 대한 언급 없이 알맹이만 쏙 빼간다. (그냥 "수고했어."로 일관한다.)	• 결과물에 대해 구체적인 평가를 해 준다. (후배가 무엇을 잘했는지, 무엇은 어떻게 더 잘했어야 했는지 알려준다.)
• 질책부터 한다.	• 칭찬부터 한다.
• 그 자리에서 바로 다른 일을 준다.	• (적게나마) 다른 일을 할 수 있는 마음의 준비 시간을 준다.
• 결과물이 좋은 경우 자신이 직접 보고하고 자신이 했던 역할을 크게 부각시킨다. (후배는 배석하지 않은 상태에서) • 결과물이 부족한 경우 후배가 직접 보고하도록 한다.	• 결과물이 좋은 경우 윗 상사를 포함한 주변 사람들에게 후배의 공적임을 공지한다. • 결과물이 부족한 경우 자신이 보고하고 후배를 배석시킨다.

위의 표에서 업무 결과를 거두어낼 때
선배의 잘못된 행동을 간단히 제시했습니다만,
이를 좀 더 알기 쉬운 비유형 표현으로 다시 정리해보겠습니다.

첫째, 밀린 설거지형

업무의 결과를 거두어낼 때는
차근차근 하나씩 의미를 두면서 거두어야 하는데,
미루고 미루다가 한 번에 몰아서 와장창 해버리는 것을 말합니다.

어떤 것이 잘 된 것이고
어떤 것이 잘못된 것인지 이야기 해주는 모습은
온데간데 없고, 그냥 형식적으로 하는 수고했다는 말로 일이 종료됩니다.
이런 경우에는 업무를 종료시킨다기보다는
그냥 죽여 없애는 것에 가깝습니다.

둘째, 일수찍기형

업무의 결과를 거두어낼 때는
업무를 수행한 후배의 노고와 그간의 과정에 대해서
같이 성찰해주고 격려해주어야 하는데 그것을 안 하는 겁니다.

마치 사채업자가 돈을 빌려주고 일주일에 한 번씩
원금과 이자를 회수하듯이
사무적으로 업무를 거두어 냅니다.
너무나 당연한 듯이 했는지 안 했는지 진행 상황만 체크하는 겁니다.

게다가 후배가 고민해서 들고 온 결과물에 대해서는
일언반구 없으면서 또 다른 일을 얹어서 보냅니다.

"어 수고했어, 책상 위에 놓고 가봐.
아까 점심 먹다가 얘기했던 건 말이야. 내일까지는 해야 한다. 알았지?"

셋째, 인터셉트형

> **인터셉트(Intercept)**
> 축구 · 농구 · 럭비 따위에서, 상대편의 패스를 중간에서 가로챔. 또는 그런 일
> [비슷한 말] 가로채기 · 공 빼앗기

선배가 업무지시를 한 것이지만 중간의 실무 전체를 후배가 한 것이라면
그 업무는 결국 후배가 한 것으로 포장되어야 하는 것이 마땅합니다.

만약 이러한 공적을 중간에서 가로챈다면,
후배는 어떻게 생각할까요?

이러한 상황은 업무 결과물이 만족스러워도 발생할 수 있고,
결과물이 만족스럽지 못해도 발생할 수 있습니다.

즉 결과물이 만족스러우면
선배가 공적을 가로채기 위해서 그러는 것이고,

결과물이 만족스럽지 못한 경우에는
선배가 그 결과로 인해 피해를 입을까 봐
후배가 해온 일을 강제종료 시킨 후에
자기가 마무리를 시도하는 경우입니다.

"어 수고했고, 지금 이거 나한테 파일로 좀 보내봐.
지금부터 내가 마무리할게."
일의 시작은 선배였어도 끝은 후배여야 합니다.

넷째, 묵묵부답형
선배와 후배가 상호작용하면서 업무 결과가 완성되어야 하는 법입니다.
그러한 상호 소통과정에서 업무가 올바른 방향으로 가게 되고,
업무의 결과 또한 마지막까지 다듬어질 수 있습니다.

하지만 나쁜 선배는 업무를 시킬 때와 마찬가지로
아무런 소통과 대꾸가 없습니다.

업무 결과에 대한 평가는 당연히 없고,
심지어는 후배에게 그 업무를 시켰던 사실조차
기억하지 못하는 사람처럼 행동하기도 합니다.
그래서 후배가 일한 결과물을 보고해도 아무런 답이 없습니다.

이렇게 되면 후배의 일의 진척이 없고 마무리가 안 되는
가장 큰 이유는 선배가 됩니다.

다섯째, 폭탄형
업무가 진척되는 과정에서는 일언반구 없다가
일의 마무리 때에 와서야 엄청난 질책을 동반한 폭풍 피드백을 합니다.

중간의 과정 관리는 전혀 하지 않았기 때문에
할 말이 한 번에 폭포수처럼 쏟아져 나오는 겁니다.
대개 질타와 지적 위주로 진행되므로,
후배는 기분만 상하고 얻는 것은 없습니다.
그리고 결과물은 결국 미완성 또는 함량 미달의 수준으로 남지요.

속담으로 치면, 소를 잃은 주인이 외양간을 최신식으로 고치는 식입니다.
"기억 안 나? 내가 이렇게 하지 말라고 했지?"
"지난주에도 말이야... 내가 말을 안 하려고 했는데 이제는 좀 해야겠어."

마지막 여섯째, 블랙홀형

이는 업무를 거두는 선배의
가장 나쁜 모습이자 가장 흔한 모습이기도 합니다.
발생의 빈도가 높고, 악영향의 강도가 높은 행위이므로
선배는 신경을 쓰고 유의해야 합니다.

어떤 선배도 자기가 사장이 아닌 이상 그 위에 분명 상사가 있습니다.
예를 들면 팀장·부장·본부장 등으로,
상사가 줄줄이 있는 것이 정상입니다.

따라서 업무는 계속해서 상급자에게 보고가 되어야만 결과물의 의미가 생깁니다.
Bottom-Up & Down의 흐름 속에서만
후배의 업무 결과물이 인정받고 현실화되는 겁니다.

하지만 나쁜 선배는 후배의 보고를 받고 나서는
아무런 조치 없이 위의 상사에게
보고하지 않는 행태를 자주 보입니다.

업무의 소통이 안 되도록 중간에서 떡하니 막고 서 있습니다.
일명 '일을 묵히는 행위'를 하는 겁니다.

이런 경우, 후배는 열심히 일했지만
차상위 상사(예를 들어, 경영진)는 후배의 결과물을 접할 수 없으니
후배가 조직성과에 기여하고 있는 장면 자체를 인지하지 못합니다.

따라서 그 선배의 차상위 상사는
열심히 일하고 있는 후배(실무자)를 보며 이렇게 비평하게 됩니다.

"쟤는 맨날 하는 일 없이 바쁜 것 같아… 쟤는 요즘 뭐하냐?"

업무의 가장 큰 목적은 '성과'이기도 하지만,
더불어 중요한 것이 '일을 통한 성장'이라고
책의 앞에서 강조했습니다.

업무를 귀하게 거두지 못하는 선배의 언행은
오로지 업무 결과만 얻기 위해 혈안이 된 일 중독자의 모습으로 보입니다.
이러한 경우, 후배들은 이용당하고 있다는
매우 부정적인 느낌을 받게 될 겁니다.

꼭 기억하십시오!
업무를 거두어낼 때가
후배 육성활동이 가장 현실적으로 일어날 수 있는 진실의 순간입니다.

자기가 한 일에 대해
구체적으로 무엇을 잘했고,
무엇의 개선이 필요한지 듣는 장면을 통해야만 후배는 성장합니다.

자신의 강점이 무엇이고
어떤 것은 단점이자, 개선이 필요한 것인지
진단받는 순간부터 사람들은 개발됩니다.

자연적으로 일이 종료된다고 믿지 마십시오.
선배와 후배가 함께 나누는 대화 속에서 일을 종료시켜야 합니다.

당신은 선배일 뿐 神이 아닙니다.

후배가 자신보다 일을 더 잘한다고 해서 선배가 긴장하는 경우가 발생합니다.

이를 긍정적인 긴장감으로 해석하고
자기를 더욱 단련시키고 개발해야 한다고 생각하는
선배의 모습이 가장 이상적입니다.

하지만 선배도 사람인지라
후배의 탁월함에 적개심을 품는 경우가 많습니다.

이는
'선배는 하늘이자 모든 것을 다 알고 있으며, 모든 것을 잘하는 사람'이어야 한다는
고정관념에서 비롯됩니다.

예전 90년대 이전의 시절에는
지식이나 정보에 대한 접근성이 낮기 때문에
지식·정보에 많이 노출될 수 있는 기회를 많이 가졌던,
즉, 짬밥이 높은 선배가 후배보다 훨씬 많이 알고 있는 것이 당연했습니다.
그래서 이때에는 선배가 후배보다 모든 면에서 우수해야 하는 것이 당연했습니다.

하지만 지금은 다릅니다.
IT와 SNS의 발달로 인해 관심만 있으면 언제 어디서든
고급 정보를 습득하고 이용할 수 있습니다.
예전에는 시간의 누적으로 얻을 수 있는 지식과 능력을
지금은 관심과 노력의 누적으로 충분히 극복할 수 있습니다.

정보접근성이 매우 높아진 이 시대에는
후배가 선배보다 많은 지식을 알 수 있는 가능성이 훨씬 높아진 겁니다.

그러므로, "새파란 것이... 니가 뭘 안다고 까불어?"라는 사고방식은
더 이상 안 통합니다. 후배의 눈에는 그저 애처롭게 보이는 꼰대인 겁니다.

따라서 선배가 전지전능한 신(神)이 아닌 이상,
나보다 탁월한 후배의 모습을 받아들일 수 있어야 합니다.
내 그릇부터 커져야 새로운 것을 더 많이 받아들일 수 있습니다.

오해하지 마십시오.
선배로서 더 나은 면이 많아야 하는 것이 맞습니다.
모든 면에서 후배들보다 나을 수는 없다는 것을 말하는 겁니다.

옛말에 '청출어람(靑出於藍)'이라는 말이 있습니다.
선생님보다 나은 제자가 만들어졌을 때를 비유하는 말입니다.
이는 제자가 잘난 것도 분명 맞겠지만,
그 이전에 선생님이 가르치고 육성하는 능력이 뛰어났기 때문에
그러한 제자를 둘 수 있었던 것이 아닐까요?

후배가 훌륭한 결과물을 가지고 왔다면 흐뭇하게 바라보십시오!
그리고 그 결과를 예측하고 관리했던 선배인 스스로에게도 칭찬을 아끼지 마십시오!

좋은 성과는 선배와 후배 모두가 다 잘했기 때문에 만들어진 겁니다.

02

선배가 빠지기 쉬운
3가지 두려움

후배의 업무를 거두면서 선배가 빠지기 쉬운 3가지 두려움이 있습니다.

실수가 아니고 두려움이라는 단어를 사용한 이유는
고정관념 속에서 오는 잘못된 인식임을 강조하기 위해서입니다.
또한 이 두려움을 잘 극복하면
좀 더 마음 편하게 후배를 대하게 될 수 있기 때문에
두려움이라는 심리적 단어로 표현했습니다.

- **패배에 대한 두려움**
  "항상 이겨야 한다."
- **틀리는 것에 대한 두려움**
  "항상 정확해야 한다. 항상 옳아야 한다."
- **싫어하는 것에 대한 두려움**
  "후배는 나를 좋아해야 한다."

선배가 빠지기 쉬운 3가지 두려움

1. 패배에 대한 두려움

　많은 선배가 모든 면에 있어서
　자신의 밑에 있는 후배들보다 항상 우월해야 하고,
　후배들을 이끌어야 하는 위치에 있어야 한다고 생각합니다.

　이러한 고정관념을 가지면
　후배가 한 일의 결과물이 자신의 업적보다 나으면 불쾌하게 느낍니다.

　자신은 모든 면에서 후배보다 나아야 한다는 강박에 사로잡혀 있는데,
　후배가 자신보다 더 잘하고 있고
　자신보다 우위에 있는 장면을 무척 두려워합니다.
　(이러한 패배에 대한 두려움은 '일'에 있어서만 발생하지 않습니다.
　가령, 후배가 자신보다 좋은 승용차를 가지고 있다고 해도 느끼는
　경우도 있고 자신보다 좋은 학벌을 가지고 있어도 느끼는 경우가 있습니다.)

　패배에 대한 두려움에 사로잡히게 되면
　선배의 머릿속에는 드는 생각이 있습니다.

　"후배는 나보다 나을 수 없는 존재다."
　"후배를 항상 이겨야 한다."
　"나보다 나은 후배를 꺾어야 한다."

　이러한 생각을 가진 상태에서는
　후배가 한 업무를 객관적으로 평가를 할 수가 없습니다.
　자신보다 더 좋은 결과를 후배들도 만들어 낼 수 있다는 것을
　받아들일 수 있을 때 비로소 자신의 진심이 담긴 후배육성이 가능합니다.

　(앞에서도 언급했던 바와 같이)
　선배와 후배가 가지게 되는 전문성의 수준은
　결국 동일 기점에서 만나게 되어 있습니다.

후배는 언젠가 선배의 전문성 수준에 도달합니다.
이를 두려워하거나 외면하는 선배는 오히려 더 빨리 추월당합니다.

현명한 선배는,
자신의 전문성으로 후배를 압도하려는 집착에 빠지기보다는
자신의 영향력으로 후배를 지원하고 육성하면서
후배를 이끌어 가는 것이 현명하다는 것을 빨리 깨우칩니다.

2. 모르는 것, 틀리는 것에 대한 두려움
   '자신은 모든 것을 다 알고 있어야 한다.'는 강박관념입니다.
   (선배는 모든 면에서 후배보다 앞서야 한다는
   패배에 대한 두려움과 함께 작동하는 두려움입니다.)

   신이 아닌 이상, 이 세상 모든 일에 대해
   순도 100%로 정확하게 옳고 그름을 판별할 수 있는 사람은 그 누구도 없습니다.

   업무의 방식은 다양할 수 있습니다.
   무엇은 옳고, 무엇은 틀렸다고 그 누구도 확언할 수 없습니다.

   하지만 어떤 선배들은 자신의 말은 거스를 수 없는 진실이고
   자신이 하는 일은 무결점이며, 타인의 제언을 받을 필요가 없다고 생각합니다.
   이는 모르는 것, 틀리는 것에 대한 두려움에 기인합니다.

   이러한 두려움에 빠지게 되면 나타나는 증상이 있습니다.
   후배들 앞에서 항상 가르치려 하는 습관을 보입니다.
   업무를 함에 있어서 후배와 함께 고민하고 논의하는 모습은
   선배로서 창피한 일이라는 생각을 하기 때문입니다.

후배가 해 온 업무 결과에 대한 평가를 함에 있어서도 마찬가집니다.
선배라면 모든 것을 알고 간파하고 있어야 한다는 고정관념으로 인하여
후배의 말을 귀담아듣지 않고, 자신의 생각을 일방적으로 강요합니다.

또 다른 증상은
자신이 예전에 후배에게 했던 말이 틀렸다는 생각이 들어도
잘못된 판단을 인정하려 하지 않고 뻔뻔함으로 일관하는 것입니다.

잘못된 생각을 초지일관 끝까지 밀어붙여서
어떻게든 만회해 보려는 행태를 보이다가 결국은 더 큰 실수를 만들게 됩니다.

이렇듯 틀리는 것에 대한 두려움에 빠진 선배들의 머릿속에는
다음과 같은 생각이 듭니다.

"항상 정확해야 한다."
"모든 것을 알고 있어야 한다."
"내가 했던 말을 번복하는 것은 수치스러운 것이다."
"나는 절대로 틀릴 수 없다."
"후배는 나의 결정, 언급사항에 반박을 해서는 안 된다."
"그때는 맞고, 지금은 틀리다."

이러한 오만한 관점으로 인해
후배들을 동등한 대상으로 생각하지 않고
지시의 대상으로 여기게 됩니다.
그러면서 증상이 심해지면 점차 후배를 업신여기기도 합니다.

현명한 선배는
후배와 함께 생각을 조합하여 최적안을 찾을 때
더욱더 진리에 가까워질 수 있다는 것을 깨우칩니다.

3. 싫어하는 것에 대한 두려움

모든 후배가 선배인 자신을 사시사철, 언제 어디서나 좋아하고 선호해야 한다는
강박관념을 말합니다.

이는 좀 더 과장해서 말해보면
자신은 항상 후배에게 스타 연예인과 같은 이미지로
남아야 한다는 잘못된 인식이라고 표현할 수도 있겠습니다.

실제 많은 선배들이 이러한 두려움에 빠지는 경우가 많고,
이를 이겨내는 경우는 그리 많지 않은 것 같습니다.

싫어하는 것에 대한 두려움에 사로잡히게 되었을 때
가장 많이 나오는 증상은
후배에 대한 질타를 상당히 저어하고 껄끄럽게 느끼는 겁니다.

후배가 한 일의 결과물 수준이 너무나 떨어지고
도저히 수용할 수 없는 수준이며,
이의 가장 큰 원인이 후배의 나태함이나 꼼꼼하지 못함에 있다면
반드시 이를 교정해 주어야 하는 것이 선배의 역할입니다.

또한, 냉정하게 일의 결과와
후배의 장단점을 지적해 주어야 하는 것 역시 선배의 역할입니다.

하지만 싫어하는 것에 대한 두려움에 빠진 선배는
항상 칭찬 일색으로 후배들을 대합니다.
좋은 점이 있다면 분명 개선이 필요한 점이 있는 법인데,
후배의 기분이 약간이라도 상할 것 같은 내용은 언급하지 않는 것입니다.

지금 당장은 서로 웃으면서 지내지만
그 선배는 나중에 반드시 후배의 원망을 사게 됩니다.
후배의 나쁜 점을 말해주고 개선해 주지 않는 선배는
좋은 사람일 뿐, 좋은 리더는 아닌 겁니다.

싫어하는 것에 대한 두려움에 빠진 선배는 항상 이렇게 생각합니다.

"후배들이 나를 싫어하면 어떻게 하지?"
"나는 항상 후배에게 좋은 모습, 나이스한 모습만 보여야 해."
"후배의 기분을 상하게 하는 말을 해서는 안 돼."

후배가 항상 자신을 좋아해야 하고,
자신은 후배들은 언제나 따뜻하게 감싸주는 모습만을
유지해야 한다는 생각을 버려야 합니다.

인생과 직장에서 피가 되고 살이 되는 (교정적) 피드백은
선배가 아니면 해줄 사람이 없다는 것을 생각하십시오.

옆의 동료나 가족이 해주는 피드백보다
직장 내 존경받는 선배가 해준 피드백이 가장 깊은 인지와 감응을 유도합니다.

일을 통한 육성이 실현되는 장면은
자신의 과오(過誤)를 냉정하고 객관적으로 지적해 주어
교정을 위한 일침을 주는 선배를 통해서 만들어집니다.

외국 속담에 이러한 말이 있습니다.
"아이를 망치려면 항상 칭찬만 해라."

칭찬만 일관하는 것은 아이를 이기적으로 만들게 되고,
세상모르고 혼자 잘난 듯 안하무인으로 사는
부적절한 인격체로 성장하게 만듭니다.

후배들이 항상 선배를 좋아할 수는 없습니다.
또한, 좋은 말을 하는 선배만을 좋아한다는 고정관념도 버려야 합니다.
좋아하는 선배와 존경받는 선배는 분명 다릅니다.

후배가 좋아하는 선배가 되기 위해서는
술 사주고 밥 사주고 기분 좋은 말만 하면 되지만,

존경받는 선배가 되기 위해서는 후배의 장점, 단점을 지적해 줄 줄도 알아야 합니다.
특히나 후배가 가지고 온 일의 결과물에 대해서는 더더욱 그렇습니다.
냉정하지만 정확한 교정을 통해서
선배는 존경받게 되고 후배는 성장하게 됩니다.

03

시간을 내어 제대로 피드백하십시오.

긍정적이든, 부정적이든 피드백을 해야 합니다.

> *1년에 고작 한 단어로 된 피드백만을 받습니다.*
> *'양호함'*
> *이렇게 피드백도 없고*
> *누가 가르쳐 주지도 않으면*
> *개선해 나갈 방법이 없습니다.*
>
> 〈빌게이츠 TED 특강 의역 中〉

후배가 한 업무에 대해
단순히 '잘했다' 또는 '못했다'의 결과만을 가지고서 평가하는 것은
전혀 도움이 되지 않습니다.

중간 과정에서 나타난 후배의 모습을 반추하면서
그에 대한 선배의 의견을 제시해 주는 행위는
후배가 커나가는 성장의 자양분이 됩니다.

선배의 의견을 제시해 주는 것을 '피드백(Feedback)'이라고 부릅니다.
피드백(Feedback)이란 후배의 바람직한 모습은 유지·강화하고,
후배의 바람직하지 못한 모습은 개선시키는 의사소통 과정입니다.

올바른 피드백은
후배들로 하여금 잠재적인 문제에 대해 인식할 수 있도록 도와줍니다.
또한, 더 높은 성과를 이루기 위해 노력할 수 있는 건설적인 개선 포인트를
제공해 주는 장점도 있습니다.

물론 후배가 스스로 업무 성찰을 통해서
자기 모습의 장단점을 깨달을 수 있겠습니다만,
경륜이 부족한 후배에게는 셀프성찰이 쉽지 않을뿐더러 위험합니다.
자신이 보고 싶은 것만 보는 성찰을 하기 때문입니다.
자기 편한 대로 하는 취사선택형 성찰은 외곬과 닫힌 마음을 만들어냅니다.

타인의 눈과 입을 통해서
자신과 관련된 사실을 접할 때 객관적인 성찰이 가능합니다.
그것이 바로 업무를 시키고 진행되는 과정을 지켜본 선배가 주는 피드백이며
이를 통해 가장 객관적이고 현실적인 깨우침을 후배에게 제공하는 겁니다.

아래는 후배들의 고뇌를 모아놓았던 자료 중에서 발췌한 내용인데,
이를 종합해 보면 선배의 피드백이 없어서 오히려 힘들다는 이야기입니다.

- 내가 일을 잘하고 있는지 아니면 못하고 있는지 알 수 없음
- 어느 정도의 의사결정 권한이 있는지 알지 못함
- 일을 열심히 해도 인정해주지 않음
- 새로운 역량을 개발할 기회가 없음
- 나의 업무 수준, 방식에 대해 선배가 계속 불만스러워하는 눈치임

또한 최근의 연구조사에 의하면
MZ 세대는 최소 한 달에 한 번 이상 선배의 피드백을 받아서
자신의 현재 상황을 파악하고 수정하고 싶어 한다고 합니다.

하지만 현실은 피드백이 없거나 몇 개월에 한 번 정도 몰아서 받는 것이 사실입니다.

선배의 피드백은 선택이 아닌 필수입니다.
피드백은 시간이 나면 하는 행위가 아니고, 시간을 내서 해야 하는
고귀한 리더십 장면임을 잊지 마십시오.

피드백은 그 내용과 유형에 따라서
긍정적 피드백과 부정적 피드백으로 구분할 수 있습니다.

단적으로 표현하여 쉽게 이해를 돕는다면
긍정적 피드백은 후배의 업무태도, 성과에 대한 '칭찬'을 말하며,
부정적 피드백은 후배의 업무태도, 성과에 대한 '질책'을 말합니다.
(부정적 피드백은 '질책'으로 표현하면 이해가 쉽겠지만
'질책'에는 후배의 잘못이라는 전제가 포함될 수 있어서
'개선'이라는 단어를 사용하는 것이 좋겠습니다.)

하지만, 피드백은 일반적으로 머리를 쓰다듬어주는 칭찬과는 격이 다른 것이고,
잔소리하거나 지적하는 질책과도 격이 다른 겁니다.

따라서 긍정적 피드백은 '립 서비스(Lip Service)'가 아니어야 하며,
부정적 피드백은 선배의 '화난 감정 표현하기'가 아니어야 합니다.

긍정적이든 부정적이든 간에
피드백은 현재의 상태를 더욱 단단히 하거나
개선하는 것이 목적이어야 합니다.
**그래서 피드백은 지금보다 더 나은 상태를 지향하여야 하며,
항상 후배의 입장에서 필요한 내용이 담겨야 합니다.**

그렇게 하기 위해서는 꼭 지켜져야 하는 진리가 있습니다.

"피드백은 절대로 즉흥적으로 해서는 안 되며,
충분히 고민하고 준비한 후에 해야 합니다."

바람직한 피드백은 아래와 같은 특징을 가집니다.
- 선배가 후배를 위한다는 느낌이 드는 피드백
- 구체적이고 상세하게 알려주는 피드백
- 적시(문제가 발생하기 전, 성공이 일어난 시점)에 알려주는 피드백
- 선배와 후배가 상호 같은 비중으로 대화하는 피드백
- 후배의 성장을 위해 하는 피드백
- 솔직하지만 감정을 배려해 주는 피드백
- 선배가 직접 관찰한 결과를 말하는 피드백
- 업무의 과정, 결과와 후배의 행동을 다루는 피드백
- 1 : 1의 피드백

바람직하지 못한 피드백은 아래와 같은 특징을 가집니다.
- 선배의 감정에 따라 크게 동요되는 피드백
  (선배의 기분이 좋으면 좋은 얘기, 선배의 기분이 나쁘면 나쁜 얘기)
- 후배의 입장을 전혀 이해해 주지 않는 피드백
- 사후약방문(死後藥方文)격의 피드백
- 선배만 혼자 말하는 피드백
- 선배의 피해와 이익 때문에 하는 피드백
- 과격한 감정과 팩트폭력이 섞인 피드백
- 선배의 어림짐작으로 말하는 피드백
- 평소 이미지와 느낌을 다루는 피드백
- 1 : N의 피드백

후배가 잘한 점은 더욱 잘하도록

구 분	유지, 강화를 위한 피드백(칭찬)
목 적	바람직한 업무방식, 언행을 유지·강화시킴
시 간	일을 평가하기 전에 먼저
장 소	개별적으로 또는 사람들 앞에서
방 법	좋은 점을 먼저, 잘했던 행동과 그로 인한 결과를 구체적으로 지목하며

누구나 자신에게 긍정적인 이야기를 해주는 것을 좋아합니다.
하지만, 유지·강화를 위한 피드백은
막연한 칭찬과는 구분되어야 합니다.

후배가 업무를 수행했을 때
단지 "잘했어.", "수고했어."라는 칭찬만이 아니라,
잘한 부분을 하나씩 언급하는 긍정적인 피드백이 있어야
후배가 인정받고 있다는 것을 느끼게 합니다.
피드백을 통해 사람을 인정하고, 그 사람의 일을 인정하는 겁니다.

따라서 유지·강화를 위한 피드백은
후배가 더 열심히 일할 수 있도록 동기부여 해 줍니다.
그와 동시에 후배가 다른 일에 임함에 있어서
자신이 잘했던 행동이나 방식을 다시 발현하도록 이끌어 줍니다.
이를 통해 후배의 장점이 강점이 됩니다.

유지·강화를 위한 피드백을 성공적으로 진행하기 위해서는
다음의 상황이 지켜져야 합니다.

1. 업무의 결과를 평가하기 전에 먼저 합니다.
 일에 대한 결과를 하나하나 짚어보기 전에
 먼저 긍정적인 피드백에 대한 분위기를 만들어 주면 더 좋습니다.
 후배는 "내가 잘했구나."라는 흐뭇함과 안도감 속에
 자신의 결과물에 대해 논의하는 장면에 몰입합니다.

> "이번 외주업체 선정작업에서 업체별 장단점 분석은 치밀하고 공정하게 잘했어,
> (그와 동시에 후배의 얼굴에 비치는 미소와 안도감)
> 그 내용을 하나씩 볼까?"

2. 상황에 따라서는 공개적으로 합니다.
 필요하다면 후배로 하여금 은근히 우쭐댈 기회를 주어야 합니다.
 예로부터 시상을 하는 것은 모두가 보는 자리에서 하는 것이 관례입니다.
 널리 알리면서 축하하고 공로를 인정해야 그로 인한 긍정적 영향이 훨씬 크게 됩니다.

 이렇게 공식적인 자리에서 칭찬을 받게 된 후배는
 스스로가 잘하고 있다는 느낌 속에서 자신감을 얻게 되고,
 다음에는 더 잘해야겠다는 의지를 가집니다.

지속적 성과는 꾸준한 자존감 고취에서 나오는 겁니다.

3. 후배가 잘했던 행동과 그로 인한 결과를 구체적으로 지목해 줍니다.
 칭찬의 피드백은
 단지 후배의 자존감을 높여주는 데에만 목적이 있는 것이 아닙니다.
 그가 잘했던 행동과 방식을 향후 다시 반복할 수 있도록 하는 데에
 목적이 있습니다.

 따라서, 그가 잘했던 행동이 무엇인지
 그래서 그 행동으로 인하여 어떤 좋은 결과가 만들어졌는지를 알려주는 것이
 진짜 피드백입니다.

예를 들면 아래와 같은 멘트가 구체적인 칭찬의 대표적 모습입니다.

> "이번 보고서는 논리가 아주 매끄럽게 잘 잡혔고,
> 중요한 것을 부각시키는 편집이 상당히 정갈하게 잘 되었어.
> 그래서 본부장님이 이번 보고서의 맥을 빨리 정확하게 간파하신 것 같아."

많은 선배들이 후배에 대한 칭찬과 인정, 격려를
마음과 눈빛으로만 전달하는 데에 그칩니다.
칭찬을 하기가 어색하고 어렵다고 해서 대충 얼버무리는 칭찬을 하는 겁니다.

선배들이 칭찬의 대화를 잘하지 못하는 이유를 들어보면
크게 두 가지의 어려움을 토로합니다.

첫째, "낯간지러워서 칭찬 같은 거 못하겠어요."라고 말합니다.
이는 예전부터 우리는 칭찬과 인정을 주고받지 않았던 조직문화 속에서 살아와서
칭찬의 장면 자체에 익숙하지 않아서입니다.

익숙하지 않더라도 칭찬을 위해 노력해야 합니다.
칭찬은 후배에게 보약 같은 것이기 때문입니다.
칭찬이 없어도 살 수는 있지만, 칭찬이 있으면 활기가 넘칩니다.

둘째, "어떻게 말하면서 칭찬해야 하는지 모르겠어요."라고 말합니다.
칭찬은 선배의 진심이어야 하지만, 결국 밖으로 꺼내지는 장면은 칭찬대화입니다.
대화에 강한 선배가 후배를 잘 이끕니다.

어떤 말로 후배를 칭찬·인정·격려해야 하는지 모르겠다면
다음의 문구를 응용해서 전해보시기 바랍니다.

- "~의 성과가 월등해. 왜냐하면…"
- "~의 기여가 컸어. 왜냐하면…"
- "타인 대비 ~이 탁월하다고 생각해. 왜냐하면…"
- "~의 기여/노력은 ~을 가능하게 해. 왜냐하면…"
- "~을 시도한 것은 ~의 장점/기여가 있었어. 왜냐하면…"
- "~이 독창적/독보적이야. 왜냐하면…"
- "~하는 능력이 높다고 평가해. 왜냐하면…"
- "~은 이후에도 잘 활용될 수 있겠어. 왜냐하면…"

위의 문구들을 잘 활용하면
후배의 잘한 점, 강한 점을 잘 드러내 주는
칭찬, 인정, 격려의 대화를 할 수 있을 것입니다.

위 문구에는 모두 '왜냐하면'이라는 어구를 뒤쪽에 붙였습니다.
'왜냐하면'이라는 단어에는 대화를 견인하는 힘이 있습니다.
그래서 대화가 너무 사무적으로 끝나지 않도록 다음의 이야기를 만들게 해줍니다.

또한 '왜냐하면'이라는 단어는
뒤쪽에 증거를 대야 하는 상황을 강제합니다.
칭찬에는 이유가 있어야 하는데, 그 이유를 대충 넘기지 않고 정확하게 말하기 위해서
'왜냐하면'의 강제장치를 억지로라도 붙이는 겁니다.

칭찬의 멘트 뒤에
선배가 가진 자신의 경험, 전문가로서의 조언, 실제 현장과 고객의 이야기를
근거로 제시해 주면 칭찬, 인정의 내용이 훨씬 더 신뢰성 있게 되고 빛이 납니다.

TIP | 긍정적 별명을 붙여주면 후배의 강점이 더욱 배가될 수 있습니다.

칭찬의 중요성은 굳이 설명하지 않아도 아실 겁니다.

일회성에 그치지 않고
후배의 강점을 지속적으로 활용하도록 칭찬하는 방법이 하나 있습니다.
바로 후배의 강점을 상징하는 '별명'을 붙여주는 것입니다.

예를 들면, 업무처리를 상당히 빨리 하는 후배의 장점이 있어서
'스피드'라는 별명을 붙여주었다고 가정해봅시다.
후배는 자신의 강점을 더 살리기 위해서 노력할 것이고,
앞으로 진행되는 다른 업무에 임할 때도 본인의 별명에 부합하기 위해
추가적 노력을 더할 겁니다.

**후배의 강점을 찾아 그 강점을 칭송해주고 추켜세워주는 방법으로
강점별명을 만들어 주면 후배가 달라질 것이고,
그 강점이 더욱 강해지는 상승효과가 있습니다.**

강점은 크게 업무실행 차원에서의 강점과
업무태도 차원에서의 강점으로 구분될 수 있으며,
각각의 강점의 후보군은 아래와 같습니다.

단, 부정적 약점에 대한 별명을 붙여줬을 경우,
오히려 비꼬는 것 같은 역효과가 발생할 수 있으니 유념해야 합니다.

업무차원	태도차원
꼼꼼, 민첩(스피드), 뎁스, 신선(창의), 행동, 선빵, 탐정, 분석, 비교, 신중, 섭렵, 셋팅, 약속, 기록, 자료	마당발, 젠틀, 케어, 힐링, 엄마, 개그, 창의, 대범, 협조, 미소, 활달, 씩씩

붙여서는 안 되는 별명(부정형 별명)
화근, 초딩, 단기, 알바, 원시, 웬수, 단명, 비용, 허술, 딴지

강점 강화를 위한 별명의 예

유지강화를 위한 피드백(칭찬)에 필요한 10가지 기술

1. 긍정적인 내용만 칭찬합니다.

   칭찬에는 가급적 실패를 같이 언급하지 않는 게 좋습니다.
   칭찬은 온전히 칭찬으로 마무리해야 의미가 더욱 살아납니다.

   이전의 잘못이나 실수, 실패를 비교하여
   지금의 성공을, 잘한 점을 부각하면 안 됩니다.

   '이렇게 잘할거면서 지난번에는 왜 그렇게 형편없었어?'라는 언급은 칭찬이 아닙니다.
   과거의 잘못, 실수, 실패는 눈에 보이지 않지만
   후배에게는 상처나 창피함으로 남아 있습니다.
   그런데 그런 과거의 상처와 창피를
   지금의 성공과 대비하기 위해서 언급하는 것은
   감추고 싶은 과거의 상처를 오히려 드러내는 것입니다.

2. 공개적, 공식적으로 칭찬합니다.

   칭찬은 가능한 많은 사람들이 모인 자리에서 하면 좋습니다.
   사람의 존재감은 타인으로부터의 인정에서 오기 때문에
   당연히 그 인정은 가능한 많은 사람으로부터 받는 것이 효과가 크게 됩니다.

   또한 공개적 칭찬은
   후배의 올바르고 모범적인 모습을 격려하고 그치는 것이 아닙니다.
   공개적으로 칭찬하는 기회를 통해
   어떤 태도와 행동이 칭찬을 받을 규범이 되는지를
   조직 내에 설파하는 것과 같습니다.

   다른 직원들에게도 무엇을 어떻게 해야 칭찬을 받는다는 것을
   인식시킬 수 있는 좋은 기회라는 겁니다.

따라서 칭찬은 가능한 많은 사람이 모인 장소와 시간에 해야 합니다.
(반면 개선 피드백은 아무도 없을 때 하는 것이 당연합니다.)

3. 립서비스가 아닌 마음을 담아 진실되게 말합니다.
칭찬은 진실된 태도와 마음가짐에서 우러나와야 합니다.
보통 눈치가 있는 후배라면,
지금의 칭찬이 입에 발린 말인지 진정으로 칭찬하고 있는 것인지 구분할 수 있습니다.

마음에서 표출되는 칭찬이 진정한 칭찬입니다.
그렇지 않으면 칭찬의 이름으로 행해지더라도 칭찬으로 여겨지지 않습니다.
오히려 그 저의에 의심이 들게 됩니다.

평소에 보였던 선배의 진심과 배려가 전제되어야
칭찬을 진심으로 받아들입니다.
포악하고 이기적이었던 선배의 일시적 칭찬에 후배는 아래와 같이 의심합니다.
"또 뭘 시키려고 이렇게 밑밥을 까는 거지?"

4. 묵히지 않고 바로바로 칭찬합니다.
칭찬은 타이밍이 매우 중요합니다.
시간이 지나면 칭찬의 효과가 현저하게 떨어집니다.
따라서 후배의 칭찬할 점을 알았다면 기다리지 말고
그 시점에 바로 칭찬을 해야 합니다.

이러한 말이 있습니다.
"칭찬은 그 자리에서 하고 질책은 다른 자리에서 하라."

시간이 지나도 칭찬이 없게 되면 공로나 성과를 인식하지 못하는
선배의 무관심에 후배들은 오히려 기분이 상하게 되고,
시간이 지나 칭찬을 하게 되면
마지못해 칭찬하고 있다는 인상을 줄 우려가 있습니다.

5. **잘한 행동을 구체적으로 알려줍니다.**
    칭찬의 내용이 무엇인지 구체적으로 알려주어야 합니다.
    칭찬은 잘한 행동의 강화 및 반복을 유도하는 것이 목적이기 때문입니다.

    어떤 점이 좋아서 칭찬하는지 구체적으로 제시하지 않는다면
    칭찬받는 사람도 자긍심이 생기지 않고,
    다른 사람들도 내용을 알 수 없게 되어 칭찬의 배경에 의문만 듭니다.

    왜 칭찬하는지가 모호한 경우에는
    둘과의 관계(칭찬하는 자와 칭찬받고 있는 자의 관계)에 대해
    주변인의 오해를 사기도 합니다.

6. **후배를 칭찬의 대화에 참여시켜서 칭찬합니다.**
    칭찬하는 사람이 일방적으로 칭찬받을 일을 적시하는 것도 중요하지만
    칭찬받은 사람, 즉 후배에게
    이렇게 훌륭한 성과를 만들 수 있었던 비결이나 배경을 물어봐야 합니다.

    질문을 통해 칭찬의 대상이 되는 사항의 배경을 설명하도록 하는 겁니다.
    이를 이른바 '물음표 칭찬'이라고 합니다.

    예를 들어 옷차림이 멋있는 사람에게 '멋있다'는 얘기도 분명 칭찬이지만,
    '당신의 패션 감각은 어디서 나오는가?' 또는
    '어디서 이런 멋있는 옷을 사는가?' 등의 질문을 해보는 겁니다.
    그렇게 되면 칭찬받는 사람이 자신의 노하우와 배경상황을 직접 설명하면서
    칭찬 대화의 취지가 더 배가됩니다.

    업무적인 측면이라면
    "이번 프로젝트 진행 시에
    위험요인을 미리 정확하게 예측할 수 있었던 비결이 뭐였어?"와 같이
    후배의 의견을 말하도록 하는 것도 좋습니다.

후배는 멋쩍어하면서 답을 하겠지만
**자신이 했던 행동의 과정을 복기하면서 스스로 정돈할 수 있고,
미처 생각하지 못했던 자신의 장점을 발견할 수도 있습니다.**

7. 말과 표정과 감정을 동원해서 표현합니다.
   칭찬하는 사람의 말, 글, 몸짓, 표정 등의
   언어적, 비언어적 태도 또한 칭찬을 하고 있어야 합니다.

   말로는 혹은 글로는 칭찬한다고 하면서
   표정이 굳어있거나 무표정하다면 칭찬이라고 느낄 수가 없습니다.

   밝은 얼굴, 환한 웃음, 굳은 악수, 따뜻한 포옹,
   다정한 다독임, 가벼운 윙크, 높이 치켜든 엄지손가락을 통해
   칭찬에 진정성이 묻어나오고 그 효과는 높아집니다.

8. 짧고 간결한 칭찬의 표적을 설정합니다.
   칭찬에는 필요한 구체적인 내용이 들어가되, 짧고 간결해야 합니다.
   지나치게 늘어지는 칭찬은 칭찬받는 사람에게 부담감을 줍니다.

   뿐만 아니라, 얘기가 길어지면 무엇 때문에 칭찬하고 있는지에 대한
   집중이 떨어지고 초점이 흐려집니다.

   중언부언으로 초점을 흐리지 않고
   구체적이지만 명확한 이유를 적시하는 칭찬기술이 필요합니다.
   그래서 칭찬도 미리 준비해야 하는 것입니다.

9. 모두에게 일관되게 칭찬합니다.
   칭찬은 대상이 되는 모든 사람들에게 일관되게 적용되어야 합니다.
   동일한 성과에는 동일한 수준의 칭찬을 해야 합니다.

성과는 같지만 사람에 따라서 차등적으로 행해지는 칭찬은
'편애'라는 심각한 오해를 동반하게 됩니다.

사람에 따라 다른 잣대, 다른 칭찬과 보상은
투명함과 공정성이 없는 상황이며 리더십의 치명타입니다.

10. 과정을 더 많이 칭찬합니다.

칭찬은 대개 결과에만 초점이 맞추어지는 경우가 많습니다.
하지만 이렇게 결과 중심의 칭찬이 만연하게 되면
목적이 수단을 정당화하는 비윤리적인 극단적 성과주의를 부추길 수 있습니다.

모로 가도 서울만 가면 된다는 식의 분위기를 만들면,
원칙과 규정을 무시해도 문제 되지 않는다는 의식이 생길 수 있습니다.

결과가 좋았어도 운이 절반이었다면 오히려 경고를 해야 하고,
결과나 나빴지만 과정의 노력과 열의가 높았다면 칭찬을 해야 마땅합니다.
그것이 정의이고 조직과 사람을 리딩하는 선배의 모습입니다.

개선이 필요한 점이 있다면, 대책과 함께

구 분	유지강화를 위한 피드백(칭찬)	개선을 위한 피드백(교정, 개선)
정 의	• 바람직한 업무 방식 • 언행을 유지·강화시킴	• 바람직하지 못한 업무 방식 • 언행을 개선시킴
시 간	• 일을 평가하기 전에 먼저	• 일을 평가하고 난 직후
장 소	• 개별적으로 혹은 사람들 앞에서	• 개별적으로
방 법	• 좋은 점을 먼저 • 잘했던 행동과 그로 인한 결과를 구체적으로 지목하며	• 건설적으로 • 사람과 문제를 분리하여

앞에서 유지강화를 위한 피드백을 소개할 때
이미 언급했던 내용을 다시 제시했습니다.
개선을 위한 피드백과 비교해서 보면 그 차이를 명확히 알 수 있습니다.

개선을 위한 피드백은 꾸중이나 비판, 질책과는 엄연히 다른 것입니다.
그러므로 선배의 접근 또한 달라야 합니다.

"네가 이 프로젝트를 망쳤어."라는 식의 피드백은 매우 주관적인 비판입니다.
또한 "네가 아니고 다른 사람이 했었다면 좀 더 나았을 텐데."라는
내용의 피드백은 사실이 아닌 것과 비교, 추측하는 것입니다.
그 어떤 후배도 이런 주관적 피드백을 기꺼이 받아들이지는 않을 겁니다.

주관적이고 추측에 가까운 질책성 피드백을 받은 후배들 역시
이를 주관적으로 해석합니다.
그래서 자신의 능력을 스스로 비하하거나, 선배를 원망하게 됩니다.
피드백의 목적이 완전히 왜곡되는 것입니다.

개선을 위한 피드백은
어디에서 왜 실수가 발생했고, 앞으로 어떻게 바로잡을 것인가를 알려주는
좋은 의도에서 시작되어야 합니다.

따라서 무엇이 문제이고, 이렇게 하는 것이 좋을 것 같다는
선배의 의견이 병행되어야 성공합니다.
반면 단순한 비판과 질책은 매우 주관적이며 해결책을 제시하지 않는 겁니다.
인신공격이나 비꼬는 언어는 사람만 잃습니다.

개선을 위한 피드백을 어떻게 해야 하는지 원칙을 소개해 보겠습니다.

1. **업무의 전 과정을 구체적으로 평가하고 나서 진행합니다.**
    모든 업무 과정에 있어서는 나쁜 점만 존재하지는 않을 것입니다.
    업무에 대한 평가를 시작하면서부터
    "~은 잘못됐다."
    "~은 그러지 말았어야 한다."
    "~은 고쳐야 한다."라는 말을 먼저 하면
    후배가 했던 모든 일과 열정이 모두 잘못된 것으로 치부됩니다.

    따라서 이를 받아들이는 후배는 피드백을 객관적으로 수용한다기보다는
    감정적인 상처 속에서 선배의 말을 듣기 때문에
    모든 것을 잔소리나 질책으로 받아들이기 쉽습니다.

    사실 마음만 먹으면 누구나 그 자리에서 잘못된 점을 열 가지 넘게 찾아낼 수 있습니다.
    나쁜 점을 찾으려면 다 찾아낼 수 있고,
    시비를 걸려면 다 걸 수 있습니다.

    잘못된 점만 콕콕 짚어서 말하면 선배의 능력이 출중해 보일 것이라 생각하지 마십시오.

후배의 업무에서 좋은 점, 애쓴 점은 확인하고 짚어둔 후
개선했으면 하는 포인트 한두 가지에만 집중하는 것이 훨씬 더 효과가 큽니다.

2. **개별적으로 합니다.**
   다른 사람들 앞에서 부정적 피드백을 하는 것은
   그 사람에게 망신을 주는 의도에 가깝습니다.

   이는 교정의 목적이 전혀 아니고, 강한 심리적 압박이자 벌을 주는 것에 가까우므로
   상처만으로 그 일이 일단락되어 버립니다.
   선배의 이러한 실수는 후배에게 평생 안고 갈 나쁜 기억을 줍니다.

   모두가 지켜보는 가운데 업무에 대한 부정적 피드백을 받고 있는 후배의 머릿속에는
   "내가 소홀했구나."
   "무엇을 고쳐야겠다."
   "다음부터는 이렇게 하지 말아야지."라는 생각보다는
   단 하나의 생각만이 가득 차게 됩니다.

   "이 시간이 빨리 끝났으면 좋겠다. 오늘 밤에 술이나 왕창 먹어야겠다."

3. **사람과 문제를 분리해서 해야 합니다.**
   이런 말이 있습니다. "죄는 미워해도 사람은 미워하지 말라."
   물론 죄를 지은 것은 그 사람이기 때문에
   그 사람에게 책임을 물어야 하는 것이 맞습니다만,
   최대한 객관적으로 그 사건을 바라봐야 한다는 이야기입니다.

   "이 일은 좀 더 신중했었어야 했다고 봐.
   책상을 그렇게 지저분하고 난잡하게 쓰니까 그러는 거 아니야!
   그리고 말이야 왜 이렇게 머리가 길어?
   요즘에 마음 떴어? 멋 내고 다닐 시간에..."
   후배가 듣고 수용하고 감내할 것은

잘못되거나 부족한 업무 결과에 대한 피드백입니다.
일을 잘하지 못했다고 해서
개인의 신상과 취향에 대한 비하나 딴지를 수용할 의무는 없는 겁니다.

앞에서 피드백은 즉흥적이면 안 된다는 말을 했었습니다.
특히나 부정적인 피드백이 즉흥적으로 이루어지는 경우,
객관적인 사실과 일에 집중된 내용이 아닌
후배의 개인 취향에 대한 선입견이 언급될 수 있으므로 조심해야 합니다.

이런 경우 이를 받아들이는 후배는 머릿속으로 이런 생각만 하게 됩니다.
"또 시작했구만... 쯧쯧, 도대체 그게 무슨 상관이지?"

4. 기존의 다른 일을 다시 들먹이지 않습니다.
"이번 일은 보고 시기를 놓쳐 버려서 팀장님이 화가 많이 나셨어.
내가 그렇게 말했잖아, 지난 월말까지 보고했어야 한다고...
지난 달에도 그러더니만 말이야... 그런데 지난 달에는 왜 그랬던 거야?"

칭찬, 즉 긍정적 피드백을 할 때는
후배의 좋은 행동들에 집중하기 때문에
다른 일과 함께 언급하면 그 효과가 커집니다.
다른 업무상황과 그 좋은 행동의 새로운 연결을 만들 수 있기 때문입니다.

하지만 부정적인 피드백은 교정을 목적으로 하는 것이기 때문에
하나의 업무 건에 대해서만 집중해야 합니다.
개선의 피드백을 광범위하게 하면
교정의 효과는 낮아지고, 후배가 받게 되는 상처만 깊어집니다.

5. 글로 하지 않고, 말로 합니다.

개선 피드백을 글로 받는 경우가 있습니다.
예를 들면 편지, 메모, 이메일, 사내 메신저 등을 통해
받는 질책을 말합니다.

칭찬을 글자로 받게 되면, 한 글자 한 글자가 기쁨으로 다가올 수 있지만
질책을 글자로 받게 되면, 한 글자 한 글자가 아픔으로 여겨집니다.

단어 하나하나의 속뜻을 이해하기보다는
'아픈 기억의 문신'으로 남아 더 선명한 아픔이 될 수 있습니다.

또한 글자로 피드백을 받는다는 것의 전제는
서로 대면성이 없는 소통을 하는 상황이므로,
오해가 발생될 확률도 높아집니다.
사람은 보고 싶은 것만 보는 성향이 있기 때문에
오해를 피하기 위해서는 우선 상대의 말을 들어봐야 합니다.

개선 피드백을 하는 경우는 민감하고 꺼리고 싶은 상황이므로
이를 글자로 대신하고 싶은 마음도 있을 겁니다.

하지만, 서로 얼굴을 보지 않는 상황에서
민감한 메시지를 전송하는 것은 과격한 일방향적 소통입니다.

후배의 실수가 왜 발생했는지,
현재 그는 어떻게 생각하고 있는지에 대해서 들어보고
그 본질을 고쳐주어야 하지만 그것이 불가능해지는 겁니다.

올바르고 객관적인 개선 피드백이라면
'Two Way 커뮤니케이션'을 해야 합니다.

6. 세련된 대화를 합니다.

선배들이 구두로 개선 피드백 대화를 하기 어려워하는 이유가
어떻게 말해야 할지 몰라서라고 합니다.
다음의 어구를 활용하여 개선 피드백의 대화를 이끌어가면
좋은 대화의 장면이 만들어질 것입니다.

"~의 개선이 필요한 이유는 ~야. 왜냐하면… 그러니까 앞으로…"
"~을 좀 더 잘하려면 ~을 해야 해. 왜냐하면… 그러니까 앞으로…"
"~을 하지 않으면 ~문제가 생겨. 왜냐하면… 그러니까 앞으로…"
"~이 지속되면 ~의 어려움이 보여. 왜냐하면… 그러니까 앞으로…"
"~로 인해 ~의 문제가 발생했어. 왜냐하면… 그러니까 앞으로…"
"~을 수정하면 ~이 가능해질거야. 왜냐하면… 그러니까 앞으로…"
"추후 ~을 집중적으로 신경써야 해. 왜냐하면… 그러니까 앞으로…"

위의 어구들의 뒤쪽에는 "왜냐하면… 그러니까 앞으로…"라는 말이
모두 덧붙여져 있습니다.
(이는 앞서 칭찬, 인정의 대화멘트에서도 소개한 사항과 유사합니다.)
개선해야 하는 항목만 제시하고 대화가 마무리되어서는 안 됩니다.

개선해야 하는 이유를 객관적으로 알려주어야 후배가 이해합니다.
"왜냐하면" 뒤에는 선배가 가진 자신의 경험, 전문가로서의 조언,
실제 현장과 고객의 이야기를 근거로 제시해 주면 좋습니다.

개선의 모습과 개선이 필요한 이유를 제시했다면,
덧붙여서 개선의 방향도 같이 제시하면 좋습니다.
"왜냐하면"의 뒤에는
"그러니까 앞으로~"라는 어구를 사용하여
후배의 미래 행동을 꼭 언급해주십시오.

개선의 피드백은 과거에 집착하는 것이 아니고
미래에 대해 더 많이 말해야 합니다.
과거는 하나이지만 미래는 여러 가능성을 가지고 있기 때문입니다.

개선 피드백이 건설적으로 이루어지기 위해서는
"그러니까 앞으로~"의 이야기가 반드시 있어야 합니다.

그리고 이때에는 선배가 먼저 어떤 행동을 하라고 지정해 주는 것도 좋지만,
후배의 개선의견을 들어보는 모습이 있어야 진정한 대화를 할 수 있습니다.

TIP | 개선 피드백의 타격감이 떨어지는 이유

선배가 개선 피드백을 하더라도 효과가 떨어질 때가 있습니다.
이를 속칭 '타격감이 떨어진다.'고 표현합니다.

개선 피드백 장면은 한 번에 정확한 의도가 전달되어야 하는 중요한 장면입니다.
그래서 실수가 없어야 하고 가급적 정확해야 합니다.
하지만 어설프게 개선 피드백을 하다 보니 실수가 많이 발생하는 것이 사실입니다.

선배가 유의해야 하는 개선 피드백 상황의 7가지 실수를 제시합니다.
후배의 업무 결과, 업무 과정을 평가해 주어야 하는 선배라면
본인이 이러한 실수를 하고 있지는 않은지 점검해야 할 필요가 있습니다.

구체적인 사실을 파악하지 못했을 때
업무지시도 구체적이어야 하지만, 피드백 또한 구체적이어야 합니다.
개선 피드백을 하는 가장 큰 목적은 후배의 행동변화가 목적이므로,
후배의 구체적인 행동과 상황을 지목하여 개선의견을 제시해야 합니다.
"뭔가 어설픈 것 같아."
"항상 소극적으로 보여."라는 말로는 후배를 감화시킬 수 없습니다.

과격하게 화를 낼 때
개선에 대해 이야기하는 상황에서
자칫 잘못하면 분노부터 표출하는 멘트부터 시작되어버려
선배의 감정표현에만 그치는 경우가 많습니다.

개선 피드백을 하는 상황에서 사람의 본성이 나오기 마련이지만,
최대한 객관적인 입장을 유지해야 합니다.
'분노 표출'이 아닌 '상황 개선, 행동 개선'이 주목적이라는 것을 되뇌십시오.

그래서 가급적 개선 피드백의 대화는
사전에 아래의 항목에 대해 먼저 정리하고 진행하기를 권장합니다.
- 무엇이 잘못된 것인지
- 그 실수로 인해 어떤 악영향이 있는지
- 어떤 방향으로 개선되면 좋겠는지
- 혹시 후배가 실수를 반복하는 이유가 있었다면 어떤 것일지

후배의 변명을 그냥 그대로 수용할 때
후배가 대답하는 사유가 확실한 변명이라면 휘말리지 않아야 합니다.
변명에 휘말릴 정도로 선배의 논리와 근거가 약하다면
시작하지 말았어야 하는 것이 개선 피드백입니다.

선배인 내가 너무 말을 많이 할 때
개선 피드백을 하는데
선배는 마구 의견을 쏟아내고, 후배는 듣기만 하면 어떤 불상사가 생길까요?
개선 피드백이 아닌 또 다른 지시가 되어버립니다.
그리하여 후배는 대화 내용을 "그냥 한 소리 들었다."라는 생각으로 치부합니다.

선배도 의견을 정확히 제시해야 하며,
후배의 의견을 적극적으로 요청하여
개선의 방향과 개선의 행동을 후배의 입을 통해 정리하도록 해야 합니다.
그러려면 개선 피드백 대화의 절반 정도에는 선배의 질문이 포함되어 있어야 합니다.
권장하는 질문은 아래와 같습니다.
- "이렇게 된 이유가 있어?"
- "이것에 대해서 나는 이렇게 생각하는데, 너는 어떻게 생각해?"
- "어떤 점을 바꾸면 좋을까?"
- "다음번 업무를 진행할 때에는 어떤 것이 바뀔 것 같아?"

타이밍을 놓쳤을 때
타이밍을 놓친 개선 피드백은 잔소리에 불과합니다.
문제의 행동이 발생했다면 가급적 당일, 필요하면 다음날 오전에는
대화를 진행해야 후배가 심각하고 엄중하게 받아들입니다.

그 사람의 천성이려니 생각하고 그냥 포기할 때
"사람은 안 바뀐다."는 흔한 말이 있을 정도입니다.
"사람은 고쳐 쓰는 것이 아니다."라는 말도 있습니다.
맞습니다. 사람의 천성은 바꾸기 어렵습니다.
하지만 행동은 바꿀 수 있습니다. 정확히는 '제어할' 수 있습니다.

"내가 부모님이 아닌데 어찌 그 사람의 천성을 바꿀까?"라는 부담감에
개선 피드백을 기피하는 선배가 많습니다.

후배의 천성을 바꿀 수는 없지만,
잘못된 행동이나 태도를 바꾸거나 완화시키는 것은 가능합니다.
그리고 그것이 선배의 의무입니다.

개선 피드백의 목적은 인간개조가 아닙니다.
잘못된 행동과 업무 실수의 감경이 목적입니다.

이런 말이 있습니다.
"나쁜 구성원은 없다. 나쁜 행동이 있을 뿐"

본인(선배)의 입장을 자주 내세울 때
개선 피드백은 조직의 성과, 그리고 해당 인물의 성장에 포커스를 맞춰야 합니다.
선배의 불이익이 개선 피드백 대화의 배경이 되어버리면
선배가 보여주는 의도가 왜곡됩니다.

"너 때문에 내가 ~됐잖아."는 잘못된 의도이고,
"너의 성장에 있어 ~이 문제가 된다."는 것이 중립적인 개선 피드백 의도입니다.

악역도 보스처럼 하십시오!

타인에게 싫은 소리를 하는 것을 좋아하는 사람은 별로 없습니다.
두 사람과의 관계가 나빠질 수도 있고,
자칫하면 마음의 상처를 줄 수 있기 때문입니다.
그래서 이를 꺼리거나 외면하는 선배들도 은근히 많습니다.

하지만, 후배의 언행에 잘못된 점이 있고,
개선해야 한다는 확신이 선다면 정확하게 그 사항을 지적해 주어야 합니다.

그래야 후배의 성장 방향을 옳게 잡아줄 수 있으며
그 후배가 조직 내에서 홀로서기 그리고 바로서기가 가능해집니다.
조직과 후배를 위해서라면 싫은 소리도 할 줄 알아야 합니다.
어렵고 싫어도 해야 할 행동을 하는 용기,
이를 'Managerial Courage'라고 합니다.

잘해주는 선배보다 잘되게 해주는 선배가
나중에 감사하다는 소리를 듣는 겁니다.

업무적인 실수와 함량 미달 외에도
후배의 잘못된 행동에 대해서는
선배로서 따끔하고 진중하게 교정을 해주어야 합니다.

아래는 선배가 방치해서는 안 되는 후배의 잘못된 행동입니다.

- 자발적 외톨이(일명 '독고다이' 마인드, 동료와의 관계 형성 차단)
- 업무 태만, 일 떠넘기기(자신의 업무성과 무책임)
- 항상 불평 불만(회사와 제도, 환경에 대한 맹목적 불신)
- 분노조절 미흡(과도한 화 표출, 감정적 대립, 기분대로 행동)
- 편 가르기(조직 내 아군과 적군의 구분, 동료에 대한 지나친 편애)

- 동료 비하(동료에 대한 무시, 과도한 잘난 체)
- 지나친 오지랖(업무에 관심 없이 사적인 대화, 동료에 대한 과도한 간섭)
- 불성실한 근태(잦은 지각, 무단결근, 연락 두절)
- 정보 독점(중요한 정보와 자료를 혼자서 독차지하고 공유하지 않음)
- 보고의 성의 부족(보고서의 심한 오류, 보고의 타이밍 실수, 보고 누락)

조직은 사람들이 모인 감정교류의 집합체입니다.
성과가 아무리 좋은 사람이라 하더라도,
태도에 문제가 있게 되면 이는 점차 조직을 병들게 합니다.

이러한 잘못된 행동을 방치하는 것도
선배의 조직관리 방식에 투명함과 공정성이 없는 상태라고 할 수 있습니다.
그리고 잘못된 언행을 방치하고, 외면하는 것은
결국은 선배의 무능함을 여실히 보여주는 것입니다.

선배는 이런 생각을 합니다.
껄끄럽고 싫다고,
나중에 자기 혼자 알아서 뉘우칠 거라고,
좋은 게 좋은 건데 굳이 내가 왜 싫은 소리 해야 하냐고,
어차피 사람 안 바뀌는데 내가 말해서 뭐가 바뀌겠냐고,
너나 나나 월급쟁이인데 싫은 소리 해서 인심만 잃지 않겠냐고 말입니다.
전형적인 무능한 선배의 현실도피입니다.

후배는 잘못된 행동을 일부러 하는 경우도 있지만, 그러한 경우는 그리 많지 않습니다.
실제 대화를 해보면
자기가 그러고 있는지 몰라서 그 행동을 하거나,
그 행동이 잘못되었다는 것을 모르는 경우가 많습니다.

그래서 잘못된 언행에 대해서도 개선 피드백을 꼭 해주어야 합니다.
그것이 그와 조직을 위한 선배의 용기입니다.

잘못된 언행에 대해 개선 피드백을 제공할 때에
꼭 필요한 것이 하나 있는데, 그것은 바로 '평정심'입니다.

화가 나더라도 그 상황에 대해 감정적으로 반응하지 않고
정확한 사실을 짚어주며 교정에 대한 의견을 제시해 주어야 합니다.
최대한 이성을 유지한 채 격한 감정을 숨기고,
차분히 후배의 과오를 지적해 주는 것이
오히려 더 진중하고 강렬하게 작용할 수 있습니다.

후배의 잘못된 언행에 선배가 이성을 잃고 감정적으로 대응하게 되면
후배는 자신의 잘못을 인식하기보다는
"선배가 나에게 화를 내는구나."라고 받아들입니다.

후배의 잘못된 언행에 대해 감정적으로 대응하는 경우는 크게 3가지입니다.

첫째, '명령/지시형'입니다.
바로 "이렇게 해!"라는 말로 앞뒤 없이 교정된 행동이나 태도를 제시해 버리는 겁니다.
이런 경우는, 후배가 본인이 무엇을 잘못했는지 모른 상태에서
선배에게 한 방 맞는 상황으로 느껴집니다.

> "회의 중에는 상대방의 말이 끝날 때까지 기다려!"

둘째, '경고/위협형'입니다.
"다음에 또 그러면 진짜 혼날 줄 알아!"라는 말로 위협하는 겁니다.
이는 자녀의 잘못된 행동을 바꾸기 위해
부모님이 하는 훈육 대화 중 실수로 많이 꼽히는 행태입니다.
징계사항을 정해서 그 행동에 대해 경각심을 높이는 것입니다만,
교정의 수준이 높지 않습니다.

경고/위협은 그것을 받아들이는 사람의 마음에 큰 스크래치를 남깁니다.

"한 번만 더 보고서에 오타가 보이면 오타 하나당 벌금 만원이야."

"한 번만 더 고객 클레임 들어오면 이번 고과에서 최하등급 나갈 거라는 거 기억해."

셋째, '비꼬기/냉소형'입니다.
"마음대로 할거면 니가 사장 하든가!"라는 식으로
비꼬아서 전달하는 메시지는 두 사람의 갈등을 더욱 격화시킬 뿐입니다.
정확한 정보를 제공하는 것도 아니며,
상대방의 잘못된 행동에 대한 감정적인 응어리만 던지는 격입니다.

"회의 시간에 너무 다른 사람을 배려하는 거 아니야?"

"그렇게 말 안 하고 가만히 있을 거면 차라리 참석을 하지 말지 그래?"

오해하지 마십시오.
**감정적으로 개선 피드백을 하는 것은 확실히 나쁜 겁니다.
하지만 선배의 감정을 말하는 것은 나쁜 것이 아닙니다.**

필요하다면 선배의 불편한 감정을 가감 없이 솔직하게 말해주고
이후에 개선의 방향을 논의하는 것도 좋습니다.

선배가 가진 감정을 과장 없이 있는 그대로 중립적 단어로 표현해 주면
듣는 후배의 입장에서도 자신의 언행으로 인한 문제점을 더 깊이 인식합니다.
예를 들면 다음과 같은 상황입니다.

"김과장이 자주 사람들에게 대외비성 정보를 이야기 해버리면
나는 우리 팀의 신뢰 이미지가 깨질까봐 걱정돼."

"사장님 보고드릴 때 오타가 몇 개 있어서
솔직히 많이 당황했어."

"김대리가 사람들과 일부러 어울리지 않는 모습을 보면
팀 리더로서 내 마음이 불편해."

그렇다면 어떻게 하는 것이 제대로 된 개선 피드백일까요?
후배에게 개선 피드백을 제공하는 대화를 하려면
다음의 A.I.D 모델을 활용하기를 권장합니다.

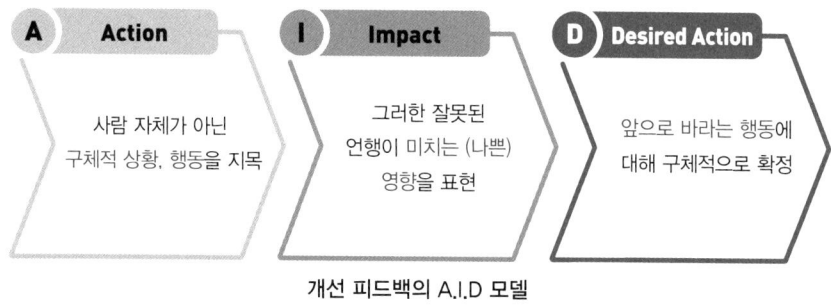

개선 피드백의 A.I.D 모델

AID 모델은 후배의 잘못된 행동과 태도를 교정함에 있어서
중립적으로 간결하게 이야기할 수 있는
3가지 메시지의 흐름을 제시합니다.

첫 번째, Action
후배가 잘못한 구체적인 상황과 그의 행동을 말합니다.
교정이 필요한 것을 정확하게 콕 짚어서 말해야
후배 스스로 그 상황을 기억해 낼 수 있습니다.
그래야 무엇이 왜 잘못되었는지를 깊이 있게 이해합니다.

두 번째, Impact
잘못된 행동, 태도로 인해서 발생해 버린
실제의 나쁜 결과 또는 바람직하지 못한 영향을 말합니다.

무엇을 잘못했다면 그게 왜 나쁜 행동인지를 알려주어야 합니다.
특히 후배에게 평가하듯 "나는 너의 이런 행동이 싫어."라는 뉘앙스가 아닌,
객관적으로 좋지 않은 언행임을 알려주어야 합니다.

즉 후배의 언행이
고객의 입장에서, 회사의 입장에서
또는 성과 측면에서 좋지 않은 이유를 알려주는 겁니다.

또한 그 행동으로 인해
후배에게 일어날 수 있는 불이익도 알려주면 좋습니다.

예를 들면 다음과 같습니다.

> "회의에서 일부러 딴지 거는 듯한 말을 하면
> 이번 프로젝트에서 동료들이 김대리와 함께 일하기 꺼릴 수도 있어."

'나를 위해서 하는 쓴소리'라고 생각되면
후배는 그나마 마음을 열고 듣기 마련입니다.

마지막 세 번째, Desired Action
앞으로는 이렇게 하면 좋겠다는 대안을 같이 정해야
후배는 해답을 얻게 됩니다. 그리고 그의 행동이 바뀝니다.

그냥 무엇이 왜 잘못되었는지만 지적하면
"그래서 어떻게 하라고?"에 대한 고민만 커지고,
결국엔 자신이 스스로 생각하는 개선 행동을 취하게 됩니다.
자칫하면 혼자만 편한 행동이 다시 시작될 수 있습니다.

또한 선배가 딱 짚어서 "이렇게 해."라고 지정해 주는 것도 방법이지만,
후배에게 "어떻게 하려고 하는지?"를 먼저 물어보면 더 좋습니다.

먼저 후배의 입으로 앞으로 어떤 행동을 할 것인지 말하게 유도하면
그때부터는 선배가 시킨 것을 하는 것이 아니라
자기가 한 말을 지키는 상황이 됩니다.
그러면 스스로 책임감과 수용하는 상황이 되니 행동의 개선은 더 빨라집니다.

다음 교정이 필요한 상황별로
AID 모델이 적용되는 개념을 확인해 보십시오.

상황 1. 작성한 보고서에 매번 오타가 많은 후배

Action : 후배의 교정이 필요한 행동과 태도를 구체적으로 언급합니다.
　　　　필요하면 그 행동의 상황까지 같이 언급해줍니다.

> "보고서에 오타가 많이 보이는군."

Impact : 후배의 잘못된 행동과 태도가 미치는 나쁜 영향을 언급합니다.

> "문서에 오타가 많이 있으면,
> 　문서 내용에 대한 신뢰도가 많이 떨어지고
> 　작성자의 성실함에도 의문이 제기될 수 있어.
> 　문서를 검토하고 책임지는 나로서는 정확함이 제일 중요하다고 생각해."

Desired Action : 선배로서 기대하는 교정된 행동과 태도를 구체적으로 언급합니다.

> "보고서 오타를 줄이려면 어떻게 하면 좋을까?
> 　직접 작성하는 사람이 내는 아이디어가 현실적이라고 생각하는데..."
> 　(후배 의견 청취, 무조건 경청, 말하고 싶어도 5번 참기)

> "그리고 전문가들이 말하는데
> 보고서를 최종 마무리할 때에는,
> 출력 후에 꼼꼼히 소리 내어 읽으면서 검토하면 오타를 많이 줄일 수 있다고 해.
> 내 경험상으로도 그렇고."

상황 2. 팀회의에 집중하지 못하고 산만하게 다른 행동을 취하는 후배

Action : 후배의 교정이 필요한 행동과 태도를 구체적으로 언급합니다.
　　　　필요하면 그 행동의 상황까지 같이 언급해줍니다.

> "어제 주간회의에서 보니, 회의에 집중을 못하고
> 전체 시간 중 절반은 스마트폰을 하더군."

Impact : 후배의 잘못된 행동과 태도가 미치는 나쁜 영향을 언급합니다.

> "회의에 집중하지 않으면, 회의 중 합의된 내용을
> 혼자만 몰라서 업무에 차질이 생길 수 있어.
> 그리고 그런 행동을 다른 사람들이 봤을 때
> 그 사람에 대한 안 좋은 인상을 가질 수도 있겠지."

Desired Action : 선배로서 기대하는 교정된 행동과 태도를 구체적으로 언급합니다.

> "어제 회의에 집중하지 못했던 이유가 있었어?"
> "이제부터 회의에 좀 더 집중하려면 어떻게 하는 것이 좋을 것 같아?"
>
> "그래. 그리고 내 경험상 중요한 회의 때는
> 직접 회의록을 작성한다고 생각하면서 메모를 해 보는 것도 좋아.
> 그러면 회의의 분위기와 토론 내용을 깊이 있게 이해할 수 있어."
> (후배 의견 청취, 무조건 경청, 말하고 싶어도 5번 참기)

상황 3. 업무미팅을 갈 때, 종종 준비물을 빠뜨리는 후배

(오늘 미팅에도 중요 서류를 빠뜨린 채로 사무실을 나서다가
회사 입구에서 최종 체크를 하는 과정 중 확인되었음)

Action : 후배의 교정이 필요한 행동과 태도를 구체적으로 언급합니다.
　　　　필요하면 그 행동의 상황까지 같이 언급해줍니다.

"오늘 정말 중요한 미팅인데 핵심서류가 누락될 뻔 했어."

Impact : 후배의 잘못된 행동과 태도가 미치는 나쁜 영향을 언급합니다.

"고객과의 미팅에서 중요한 준비사항들이 빠지게 되면 신뢰를 한 번에 잃을 수 있어.
　최악의 경우에는 계약이 성사되지 못하지...
　고객은 상품의 퀄리티나 원가보다는 실무 담당자에 대한
　믿음과 신뢰를 우선으로 보거든."

Desired Action : 선배로서 기대하는 교정된 행동과 태도를 구체적으로 언급합니다.

"혹시 서류를 못 챙긴 이유나 배경이 있을까?"

"앞으로는 준비물 체크리스트를 만들어서
　준비상황을 눈으로 직접 확인하면서 체크해 보도록 해.
　고객과 연관된 계약건은 특히나 더 말이야."
　(후배 의견 청취, 무조건 경청, 말하고 싶어도 5번 참기)

이렇듯 잘못된 언행에 대해 개선 피드백을 하는 상황에서
감정적으로 대응하지 않고, 신사적(Gentle)이면서도 근엄한 선배의 모습을
후배는 어떻게 받아들일까요?

첫째, 자신을 위한 조언이라고 생각합니다.
자신의 잘못된 점을 개선하고
미래에 더욱 나아질 수 있는 밑거름으로 생각하고 선배의 이야기를 수용합니다.
감정이 아닌 사실로 이야기를 들을 때
사람은 이성적으로 사리분별을 하기 때문입니다.

둘째, 선배의 차분함에 더욱 긴장합니다.
차분함 속에서 나오는 뼈있는 말은 사람을 더욱 긴장하게 합니다.
자신의 과오를 지적당함에 있어서
감정적인 분노 위주로 듣게 되면 방어기제가 작동합니다.
변명하고, 그 자리를 모면하려 합니다.

하지만 이성적인 차분함 속에서
자신의 잘못된 점을 구체적으로 듣게 되면
객관적인 자세로 잘못을 인정하고 상대의 관점을 수용합니다.

셋째, 현재가 아닌 다음을 생각합니다.
분노와 조롱이 섞인 대화 속에서는
지금 당장 상황을 모면하고 싶다고 생각하지만, 미래의 변화가 담긴 대화 속에서는
앞으로 내가 개선해야 할 상황을 생각합니다.

04

후배 스스로도 평가의견을 내보도록 하십시오.

"우리 부서는 참 민주적이야!"

회사의 리더급이 가장 많이 사용하는 거짓말 중 하나입니다.
거짓말이라기보다는 착각에 가깝습니다.

이는 민주주의가 무엇인지 몰라서 하는 소리입니다.
민주주의가 가지고 있는 본질은
모든 사람이 인권을 가지고 있다는 인권평등(人權平等)에서 출발합니다.
이러한 인권평등(人權平等)이 실현되기 위해 반드시 지켜져야 하는 것은
모든 사람이 자신의 목소리를 낼 수 있고, 의견이 존중받는 상황입니다.

따라서 민주주의 국가에서는
모든 사람이 의견을 표현할 수 있도록 하는 방식이
'투표'라는 형태로 실행되고 있습니다.

국민 모두가 자신의 의견을 낼 수 있도록 하는 절차가 보장되고,
그 절차를 통해 한 명 한 명의 목소리가 소중히 다루어지는가를 보면
민주주의가 실천되고 있는지 아니면 그렇지 않은지를 판단할 수 있습니다.

정리해보면
민주주의의 출발은 '모든 사람이 의견을 낼 수 있는 것'입니다.

그렇다면 이러한 민주주의 철학은
우리 직장에서 어떻게 실천되어야만 그 본질이 유지된다고 할 수 있을까요?

직장 민주주의는 복리후생제도 개선요청이나 추석 선물세트 선택 등
임직원의 의견을 수렴하는 것만이 전부가 아닙니다.

이러한 범용적인 사항에 대해 의견을 수렴하는 것을 가지고
"우리 회사는 민주적이네."
"우리 회사는 구성원의 의견을 존중해 주네."라는 말을 하는 것은 너무 우습습니다.

진정한 직장 민주주의는
후배들이 일하는 과정에서 그들의 목소리를 낼 수 있는 기회가
공식적으로 보장되는가로 판단되어야 합니다.

직장 내에서 민주주의가 실천되지 않는 대표적인 경우를 봅시다.

– 리더 또는 고참들만 공식적인 이야기를 합니다.
– 후배들은 위의 지시를 무조건 따라야 합니다.
– 생각보다는 행동이 훨씬 더 중요하고, 과정보다는 결과만으로 모든 것이 평가됩니다.
– 일에 대한 평가는 선배만이 할 수 있습니다.
– 일의 과정과 결과에 대한 개선의견을 후배가 말할 수 없습니다.
　이는 무례하고 건방진 것으로 생각합니다.

위에서 제시된 5가지의 경우는 서로 일부 중복되기는 하지만,
우리가 일하는 회사에서 흔하게 볼 수 있는 모습임은 분명합니다.

이러면서 "우리 회사는 참 민주적이야."라고 말할 수 있을까요?

대체로 회사가 민주적이라는 평가는 후배들의 입에서 나오는 것이 아니고,
선배들의 입에서 나오는 경우가 많습니다.
나쁜 선배들은 후배가 어떻게 느끼든 상관없이
자신들이 하고 싶은 말을 하고 후배들과 소통이 잘 되고 있다고 포장합니다.

이런 것이 바로 '가짜 민주주의'입니다.

진정한 직장 민주주의가 실천되려면
후배들에게도 본인의 의견을 이야기할 수 있는 기회가 부여되어야 합니다.
특히나 일의 결과에 대하여 평가받을 때는
반드시 후배도 말을 할 수 있도록 해야 합니다.

후배들은 자신이 했던 일에 대해 아래의 항목을 이야기할 수 있어야 합니다.

- 잘된 점이 있다면 어떤 것이고, 그렇게 된 비결은 무엇인지
- 부족한 점이 있다면 어떤 것이고, 어떻게 했었어야 옳은 것인지
- 어떤 애로사항이 있었고, 그 애로사항으로 인해서
  어떤 어려움을 느꼈으며 그것을 어떻게 극복했는지

좋은 선배들은 후배들이 한 일의 결과를 평가함에 있어서
후배들은 스스로 어떻게 생각하는지에 대해 묻습니다.

잘한 면이 있든 못한 면이 많든 간에
후배의 입을 통해 자신의 업무를 스스로 평가하도록 하면
다음과 같은 좋은 면이 있습니다.

1. 성공비결을 더욱 견고하게 해줍니다.
   업무의 과정을 스스로 반추하게 하면서
   자신이 어떤 강점을 가지고 있는지 자각할 수 있게 합니다.

   따라서 강점을 더욱 깊게 인식하고,
   다음번 업무에 임할 때도 이러한 강점을 잘 활용하여
   더 잘하려는 노력을 하게 합니다.

   가장 강한 동기부여는 스스로가 하는 칭찬에서 비롯됩니다.

2. 실패의 원인을 깊숙이 이해하고 반성하여 반복되지 않도록 해줍니다.
   이 또한 앞의 항목과 유사한 이유를 가지고 있습니다.
   자신이 무엇이 부족하여 이러한 결과를 초래했는지를 말하도록 하면
   그 원인에 대해서는 개선 필요성을 강하게 느낍니다.

   또한, 만약에 자신이 어쩔 수 없었던 상황에 처했었다면
   이러한 의견을 묻는 과정을 통해서
   자신의 상황에 대해 일부 변호할 기회를 줄 수도 있습니다.
   (단, 이러한 경우에 변호가 아니고 변명이 되지 않도록
   선배의 조율과 조정도 같이 병행되어야 합니다.)

3. 자신의 업무를 스스로 마무리하여 완성도를 높이도록 해줍니다.
   의식이 있고 개념이 있는 후배라면
   자신의 입으로 업무에 대한 평가를 내려야 하는 상황을 여러 번 겪게 되면
   자신의 일을 쉽게 마무리하지 않게 됩니다.

   대개 나약한 후배들의 대표적인 특징은
   업무를 대충 마무리하여 선배들에게 토스(Toss)해 주는 모습을 보입니다.

이를 일명 '일 쳐내기', '던지기'라고 합니다.

이 경우 후배의 머릿속에서는
"이 정도면 됐어. 나머지는 선배가 알아서 해줄 거야…
더이상 하면 피곤하잖아. 대충하자."라는 생각이 맴도는 겁니다.

하지만, 자신의 입으로 자신의 업무 결과에 대해
평가하도록 하고 진행 과정을 설명하도록 한다면
이러한 후배들의 안이한 생각은 확실히 줄어들 수 있습니다.

그리하여 자신의 업무에 대한 마감 품질이나 완성도를 높이려 하고
업무를 시킨 선배에게 자신의 결과물을 제시하기 전에
스스로 체크하고 꼼꼼한 상태를 최대한 지향하게 됩니다.

후배가 업무 결과에 대한 성찰을 먼저 하도록 만드는
팁을 하나 소개해 보겠습니다.

업무가 종료되면 후배는 실행결과에 대한 보고서를 쓰면서
업무의 마감을 합니다.
그리고 선배와 함께 그 보고서를 바탕으로 논의하면서
업무는 종결됩니다.

업무의 결과에 대한 그의 성찰과 교훈을 선배가 묻기 전에
스스로 성찰하도록 만들기 위해서는
업무 결과 보고서의 구조를 미리 정하고 상호 약속해 두면 좋습니다.

다음의 샘플은 제가 회사생활을 할 때
후배에게 제시했던 결과보고서의 구조입니다.

후배에게 각 작성항목에 맞춰서 보고서를 작성하게 하면
자동적으로 성찰을 하면서 교훈을 정리할 수 있습니다.

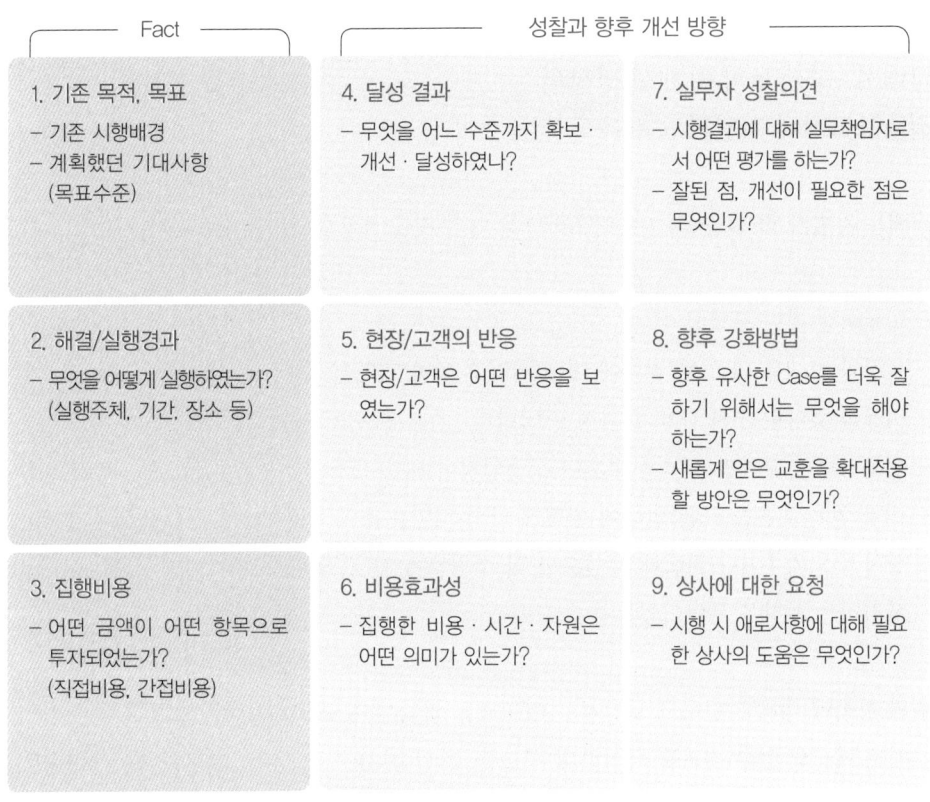

업무결과보고서의 구조

위의 결과보고서 구조표는 크게 2가지로 구분됩니다.

먼저 Fact는 후배가 일하면서 만들어낸 사실적 메시지입니다.

보통은 Fact만 쓰면서 결과보고서를 작성하면
기록물로서의 효과만 있을 뿐 후배의 성찰이 약합니다.
그저 '일을 했다.'에 멈춥니다.
후배에게 남는 것은 별로 없고, 성과가 아닌 실적에서 마무리됩니다.
그러기에는 후배의 성장에 아쉬움이 큽니다.

그래서, 성찰과 향후 개선 방향이
결과보고서에 기입되도록 유도하는 것이 좋습니다.

후배는 자기가 한 일을 스스로 반추하면서 많은 것을 배우게 될 수 있습니다.

- 이루어낸 것이 무엇인지
- 현장과 고객은 내 업무 결과에 대해 뭐라고 말하고 있는지
- 비용을 썼다면 투자 대비 효과성은 어떤지
- 실무자로서 일하면서 얻은 교훈이 무엇인지
- 내가 얻은 교훈을 다른 업무에 어떻게 다시 재활용할 수 있는지
- 상사가 도와주거나 허락해 주었으면 더 수월하게 할 수 있었다고
  생각하는 사항은 무엇이었는지

위의 항목에 대해 고민하고 보고서로 정돈하는 과정에서
후배는 자신의 업무 결과를 확실하게 성찰할 수 있습니다.

그렇게 되면 선배에게 결과보고를 하는 장면은
업무 결과를 검사받는 것이 아니라
자신의 생각과 성찰의 경험담을 소개해주는 의미 있는 자리가 될 수 있습니다.

특히나 앞장 표의 9번 항목은 선배가 꼭 눈여겨보아야 합니다.

조직이나 선배가 도와주었으면 하는 요청사항을 지나치지 말고,
개선하거나 완화시킬 환경적 장애물을 제거해 주려고 노력하는 것이
진짜 좋은 선배의 리더십입니다.

**선배가 묻기 전에 후배 스스로 성찰하는 환경을 만들어 주십시오.
업무를 바라보는 마음가짐이 확연히 달라집니다.**

마무리하며

주변에 보면 정말 안타깝게도 능력 있는 후배들이
업무적으로 휘둘리고 방치되면서
점차 자신을 잃어가는 모습을 많이 찾아볼 수 있습니다.

후배보다 먼저 들어왔다고만 해서 선배가 아닙니다.
선배는 후배들을 옳은 방향으로 이끌어 주고,
옳은 일을 할 수 있도록 하여

후배들이 최대한 빨리 성장하게 만들어야 하는
책임을 가진 존재입니다.

후배를 통해서 자신의 성과를 내야 하는 역할을 하는 모든 사람은
이 책을 보면서 내가 '좋은 선배의 모습'을 가졌는지
또는 일부 바람직한 모습을 그동안 간과하지는 않았는지
꼭 한번 생각했으면 좋겠습니다.

후배들은 당하고만 있지는 않습니다.
그들은 '나쁜 선배'에게 당하고 짓밟히면서 보이지 않는 칼을 갈고 있습니다.
그리고 결정적일 때 그 칼로 둘 사이의 악연(惡緣)을 잘라 버릴 것입니다.

퇴사를 통해서 악연을 잘라버리든
그 선배에 대해 평판을 할 때 혹평을 하든, 어떻게 해서든지 다시 돌려줍니다.
실제 리더급 승진과 인사발령 때는
주변의 동료와 후배의 평가가 많은 영향을 미칩니다.

반면, 후배들은 은혜를 받고만 있지는 않습니다.
훌륭한 선배의 모습을 닮고 배우면서 스스로 발전하고 성장합니다.
그리고 결정적일 때에 자신을 키워주고 이끌어 준 선배에게 보답합니다.
선배가 새로운 일을 하고 또 다른 도전적인 일을 하기 위한
여유를 선사할 것입니다.

지금까지 이 책에서 여러 가지를 이야기했지만
여러분이 단 하나의 문장만 기억해 준다면
이 책을 읽은 보람이 있을 것이라 생각합니다.

최고의 리더십은,
귀하게 일을 주고
귀하게 관리하다가
귀하게 거두어내는 것입니다.

좋은 책을 만드는 길, 독자님과 함께 하겠습니다.

시키지 마라, 하게 하라

개정3판1쇄 발행	2025년 09월 15일 (인쇄 2025년 07월 15일)
초 판 발 행	2017년 05월 10일 (인쇄 2017년 03월 14일)
발 행 인	박영일
책 임 편 집	이해욱
저 자	박혁종
편 집 진 행	박종옥 · 김연지
표지디자인	김도연
편집디자인	임아람 · 장성복
발 행 처	시대인
공 급 처	(주)시대고시기획
출 판 등 록	제10-1521호
주 소	서울시 마포구 큰우물로 75 [도화동 538 성지 B/D] 9F
전 화	1600-3600
팩 스	02-701-8823
홈 페 이 지	www.sdedu.co.kr
I S B N	979-11-383-9657-8 (03320)
정 가	17,000원

※ 이 책은 저작권법에 의해 보호를 받는 저작물이므로, 동영상 제작 및 무단전재와 복제, 상업적 이용을 금합니다.
※ 이 책의 전부 또는 일부 내용을 이용하려면 반드시 저작권자와 (주)시대고시기획 · 시대인의 동의를 받아야 합니다.
※ 잘못된 책은 구입하신 서점에서 바꾸어 드립니다.
※ '시대인'은 종합교육그룹 '(주)시대고시기획 · 시대교육'의 단행본 브랜드입니다.